# 重看民國人物

## 從張愛玲到杜月笙

蔡登山 著

# 目次

# 張愛玲「上海十年」（一九四三－一九五二）與其他作家交往初探

## 前言

一九四三年春天，張愛玲透過母親黃逸梵娘家的親戚，也是園藝家黃岳淵的介紹，帶著兩篇小說——〈沉香屑——第一爐香〉和〈沉香屑——第二爐香〉，去拜訪《紫羅蘭》雜誌的主編周瘦鵑。周瘦鵑讀後「深喜之」，決定馬上在剛復刊一個月的《紫羅蘭》第二期（五月號）刊出，然因篇幅所限，「兩爐香」分五期，到同年九月刊完。雖然在這之前張愛玲已開始賣文為生，但那是在《二十世紀》英文月刊，賣的是洋文。因此在《紫羅蘭》順利邁出第一步，對張愛玲而言，不啻是極大的鼓舞。從此張愛玲的作品像開了閘的水，源源不斷地發表在上海的主要雜誌上。在兩年的時間內，她發表短、中篇小說共十七篇，約二十六萬字；另外散文有四十二篇，約十五萬字。分別刊登於柯靈主編的《萬象》月刊、《新中國報》（社長袁殊）系統的《雜誌》月刊、女作家蘇青主編的《天地》月刊、周班公主編的《小天地》月刊、《新中國報》副刊「學藝」、胡蘭成創辦的《苦竹》月刊、周黎庵主編的《古今》半月刊和由一九四〇年三月在南京創刊，後來編輯部移到上海的《新東方》月刊。張愛玲快速地「占領」了上海灘幾乎所有最著名、最具影響力的雜誌，她成為名噪一時的女作家。

而在一九五〇年三月二十五日起，張愛玲以「梁京」的筆名在《亦報》連載她的第一部長篇小說《十八春》，邊寫邊登，直到一九五一年二月十一日登完。八個月後，張愛玲的另一中篇小說《小艾》在一九五一年十一月四日的《亦報》連載，直到一九五二年一月二十四日刊完。不同於《十八春》的邊寫邊登，這次則是她全部寫好，再逐日刊登。同年七月，張愛玲持香港大學批准的申請復學證明，從廣州坐車經深圳赴香港，她離開上海、離開通俗刊物、離開小報，也離開她的「傳奇」故事。

張愛玲在「上海十年」（一九四三－一九五二）的時光裡，其實她和其他作家的交往，並不活絡，這跟她的孤僻個性有關。她和這些作家的關係，大都由於投稿而建立的，也可說是編輯與作者的關係。雖然後來和柯靈、蘇青等人，有進一步的交往，但較之有些作家的人際網絡，張愛玲顯得十分單薄。因之在這時期張愛玲的文章中，除了〈我與蘇青〉一文外，還找不出其他懷友的篇章。唯在最近出版的《小團圓》中，我們看到了一些陳跡殘影，雖然《小團圓》不是自傳，而是小說，但其中真實的成分還是很大。加上與她有過交往的作家的一些陳述，筆者試圖梳理張愛玲在這段期間與其他作家間的互動，甚至想進一步瞭解她和一些作家後來凶終隙末的原因。但由於資料的蒐集，無法完整；觸及的層面，無法全面。名為「初探」，正是有待補闕，並求教於方家也。至於張愛玲與胡蘭成的交往關係，談論者已經很多，故不在此論文之列。

## 張愛玲與周瘦鵑

張愛玲的初識周瘦鵑，由於周瘦鵑的識珠，造就了現代文學的一顆巨星的冉冉升起。這會面的過程，周瘦鵑寫了〈寫在《紫羅蘭》前頭〉所謂「編者的話」，連同張愛玲的〈沉香屑——第一爐香〉一同刊在一九四三年五月的《紫羅蘭》復刊第二期上，其中寫的當為實情。張愛玲的《小團圓》中，有寫到「湯孤鶩」這個人，明眼人會猜得到他是周瘦鵑。《小團圓》是在兩人會面的三四十年後寫的，並非實錄，而有著張愛玲的愛憎成分在裡面。

藏書家謝其章在文章中說：「《小團圓》真實的成分遠遠多於虛構，某些細節對不上，想來也是張愛玲的誤記（或存心誤記），畢竟隔了三十多年，她在美國一個人寫回憶，誰也幫不上她。」[1]謝其章就指出像周瘦鵑這些事是既對得上人也對得上事還對得上細節的。他說：「張愛玲但凡對某人沒好感，這個人的容貌便先遭殃，挖苦是免不了的，既使周瘦鵑前輩亦未能倖免。《小團圓》寫到周瘦鵑不足五百字，其中還夾有這樣的話：『湯孤鶩大概還像他當年，瘦長，穿長袍，清瘦的臉，不過頭禿了，戴著個薄黑殼子假髮。』當著禿子不說光，這起碼的人情，張愛玲亦不領，還不必說周瘦鵑是最早稱讚她的編輯。……『他又並不激賞她的文字』，這也許就是張只給了《紫羅蘭》雜誌一部稿子的緣故，張愛玲是敏感的。」

張愛玲是敏感的，沒錯。但她後來在《小團圓》中說周瘦鵑「又並不激賞她的文字」，則有失公道的。這其中是另有隱情的，據王羽在她的《張愛玲傳》[2]中認為，周瘦鵑在續登〈沉香屑：第二爐香〉時，初登文壇又才

---

1 謝其章〈可憐一部《小團圓》，斷盡幾多蕩子腸〉，收入《書房之一角》，謝其章著，二〇一〇年四月，臺灣秀威出版。

2 《張愛玲傳》，王羽著，二〇〇九年十月，上海文化出版。

情噴湧的張愛玲，曾要求周瘦鵑在一期把該小說刊完，而周瘦鵑卻捨不得一次刊畢，以致雙方產生芥蒂，年輕氣盛的張愛玲從此不再為《紫羅蘭》撰稿了，而找到了柯靈接編的《萬象》雜誌了。周瘦鵑在一九四三年八月十日出版的《紫羅蘭》第五期〈寫在《紫羅蘭》前頭〉中說：「張愛玲女士的〈沉香屑〉第一爐香已燒完了，得到了讀者很多的好評。本期又燒上了第二爐香，寫香港一位英國籍的大學教授，因娶了一個不解性教育的年青妻子而演出的一段悲哀故事，敘述與描寫的技巧，仍保持她的獨特的風格。張女士因為要出單行本，本來要求我一期登完的；可是篇幅實在太長了，不能如命，抱歉得很！但這第二爐香燒完之後，可沒有第三爐香了；我真有些捨不得一次燒完它，何妨留一半兒下來，讓那沉香屑慢慢的化為灰燼，讓大家慢慢的多領略些幽香呢。」是可得到證明的。周瘦鵑是太喜歡張愛玲的文字的，兩爐香共分五期刊登，做為主編的他是有些商業考量的，但與當時「成名要早」的張愛玲想每篇一次刊完，是立場不一的。或許因為這緣故，張愛玲對最早提攜他的文壇前輩周瘦鵑是不領情，而有些揶揄的。

## 張愛玲與秦瘦鷗

張愛玲發表於一九四三年十一月的《古今》半月刊的〈洋人看京戲及其他〉一文極稱讚秦瘦鷗的《秋海棠》，她說：「《秋海棠》一劇風靡了全上海，不能不歸功於故事裡京戲氣氛的濃。……《秋海棠》裡最動人的一句話是京戲的唱詞，而京戲又是引用的鼓兒詞：『酒逢知己千杯少，話不投機半句多。』爛熟的口頭禪，可是經落魄的秋海棠這麼一回味，憑空添上了無限的蒼涼感慨。中國人向來喜歡引經據典。美麗的，精闢的斷句，兩千年前的老笑話，混在日常談吐裡自由使用著。這些看不見的纖維，組成了我們活生生的過去。傳統的本身增強了力量，因為它不停地被引用到新的人，新的事物與局面上。」其實在更早的《二十世紀》第四卷第六期（一九四三年六月）張愛玲就以英文寫了〈Still Alive〉談到《秋海棠》話劇的演出，張愛玲說：「還從來沒有一齣戲像《秋海棠》那樣激動了死水一潭的上海灘，這是一齣帶有感傷情調的情節劇，一九四二年十二月以來一直在卡爾登大戲院上演。大多數觀眾一而再，再而三地觀看這齣劇，以致能背誦臺詞，知道演員要說些什麼。一個藝名為秋海棠的京劇旦角明星的悲慘隕滅，使那些意志堅強的人也為之一掬同情之淚。這個劇的演出成功招來了一大批模仿者。一時上海同時上演描寫京劇明星私生活和幕後風流艷事的戲劇不下六個之多……」。[3]

秦瘦鷗的《秋海棠》小說，自一九四一年一月六日至一九四二年二月十三日，在周瘦鵑主編的《申報・春秋》上連載，引起相當轟動。一九四二年七月，金城圖書公司馬上發行單行本。同年十二月，由秦瘦鷗與顧仲彝改編為話劇劇本，由費穆、黃佐臨等導演，石揮、喬奇、沈敏、英子、張伐、穆宏、白文等合演的話劇，在上海連演四個半月一百五十餘場，竟打破話劇界從來未有的賣座紀錄。石揮就是因演《秋海棠》成功而紅出來的，並在一九四三年奪得「話劇皇帝」的桂冠。而一九四三年十二月，張善琨的華影公司出品，由馬徐維邦編導，李麗華、呂玉堃合演的電影《秋海棠》，也相繼推出，賣座又打破了紀錄。

雖然秦瘦鷗也在《風雨談》、《天地》等雜誌寫文章，與柳雨生、蘇青等人也很熟稔，但目前沒有資料顯示，他和張愛玲有實際的交往。但是張愛玲蠻喜歡《秋海棠》，確是事實。據一九四五年二月十二日《大上海報》柳浪的〈張愛玲與潘柳黛〉文中說：「《古今》、《天地》等七家雜誌編輯，將與名演員在元宵節義演《秋海棠》於『蘭心』。女作家張愛玲、潘柳黛亦參加演出，張飾羅湘綺，未知能否勝任；潘飾一老娼子，則頗為適

---

3 中文譯文引自《被冷落的繆斯》（Unwelcome Muse）——中國淪陷區文學史（一九三七－一九四五），耿德華（Edward M.Gunn）著，張泉譯。二〇〇六年八月，新星出版。

當。」[4]，不知是否屬實。除此而外，學者水晶更指出張愛玲的小說《十八春》（後改名為《半生緣》），相當程度受到《秋海棠》的影響。（《秋海棠》中父女相依為命的艱苦生活，為時十八載，與《十八春》的數字更是巧合。）[5]

## 張愛玲與柯靈、平襟亞

張愛玲與柯靈及平襟亞的交往，起源於張愛玲投稿於《萬象》雜誌。《萬象》創刊於一九四一年七月，由陳蝶衣擔任主編。當時主編與發行人（中央書店的老闆平襟亞）合作之初，曾有過君子協定，主編得分享經濟利益。當雜誌的銷售越佳，雙方的矛盾也就尖銳起來。最後，陳蝶衣拂袖而去，急得平襟亞到處託人推薦編輯高手，唐大郎說：「何不請柯靈出山，準行！」於是平襟亞就找到了柯靈。柯靈是一九四三年五月開始接編《萬象》的。據柯靈說同年七月的一天，「張愛玲穿著絲質碎花旗袍，色澤淡雅，也就是當時上海小姐普通的裝束；肋下夾著一個報紙包，說有一篇稿子要給我看看，那就是隨後發表在《萬象》上的小說〈心經〉，還附有她手繪的插圖。」（〈遙寄張愛玲〉）。但據平襟亞的回憶：「記得一年前吧，那時我還不認識這位女作家，有一天下午，她獨自捧了一束原稿到『萬象書屋』來看我，意思間要我把她的作品推薦給編者柯靈先生，當然我沒有使她失望。第一篇好像是〈心經〉，在我們《萬象》上登了出來。往後又好像登過她幾篇。」[6]學者蕭進認為張愛玲

---

[4] 見蕭進編著《舊聞新知張愛玲》，二〇〇九年六月，華東師大出版。
[5] 見〈張愛玲與秋海棠〉一文，收入《桂冠與荷葉》，水晶著，一九九〇年八月，臺北九歌出版。
[6] 秋翁〈記某女作家的一千元灰鈿〉，《海報》，一九四四年八月十八日。

是先認識平襟亞，平襟亞對張愛玲亦有好感，就直接負責張愛玲的稿約和稿費事件，兩人接觸頻繁，這也是後來兩人因稿費問題而鬧翻，但沒有影響到她與柯靈之間的友誼的原因。[7]柯靈在一九八四年寫的〈遙寄張愛玲〉也肯定地說：「但有一點確切無誤，我和張愛玲接觸不多，但彼此一直懷有友好的感情，不存在任何芥蒂。」從〈遙寄張愛玲〉觀之，後來張愛玲和柯靈還多所交往：一九四四年六月，柯靈被日本滬南憲兵隊逮捕，張愛玲與胡蘭成去柯靈家存問並留言，張愛玲並請胡蘭成找日軍要求釋放柯靈。同年秋，張愛玲將《傾城之戀》改編為舞臺劇本，柯靈提供了不少意見，又為之居間奔走，將她引薦給大中劇團的主持人周劍雲（戰前是明星影片公司的三巨頭之一）。《傾城之戀》在新光大戲院公演後，大獲成功，張愛玲為了答謝柯靈，送了他一段寶藍色的綢袍料。柯靈拿來做了皮袍面子，穿在身上很顯眼，導演桑弧看見了，用上海話取笑說：「赤刮剌新的末。」但在經過數十年後的《小團圓》中，柯靈以「荀樺」的面目出現，不只讓讀者「震了一震」，簡直不敢相信。謝其章說：「柯靈略去不談罷，雖然他的名篇〈遙寄張愛玲〉情辭並茂，感動了萬千張愛玲迷，可是《小團圓》裏這七個字『漢奸妻，人人可戲』，一下子使得這位文壇長者的仁厚面罩戴不住了，《小團圓》此處真該以『小說家言』視之，不然，本來悲觀的世界就更加悲觀了。張愛玲說『荀樺有點山羊臉』，我正好看到一張柯晚年的照片，覺得張愛玲看人準，落筆就準。」[8]而學者高全之也說：「柯靈是否曾在電車上非禮張愛玲，難予求證，也沒有必要考察，重點在作者藉此說明『漢奸妻，人人可戲』的蠻橫惡劣，並且提出『忘恩負義』的批斷。除非有人能夠提供柯靈曾經激怒張愛玲的其他事證，我們目前只能猜測祖師奶奶曾經過目柯靈那篇強不知以為知的〈遙寄張愛玲〉。」[9]

[7] 蕭進〈張愛玲與《萬象》矛盾的歷史考察〉，收入蕭進編著《舊聞新知張愛玲》，二〇〇九年六月，華東師大出版。
[8] 同註一。
[9] 高全之〈懺悔與虛實——《小團圓》的一種讀法〉，《現代中文學刊》，二〇〇九年第三期。

平襟亞在〈記某女作家的一千元灰鈿〉文中回憶說：「她寫信給我的本旨，似乎要我替她出版一冊單行本短篇小說集。我無可無不可的答應了她。」一九四三年八月《雜誌》的〈文化報導〉欄，有這樣的預告：「張愛玲之《香港傳奇》短篇小說集，將由中央書店出版。」柯靈在〈遙寄張愛玲〉中也回憶說：「不久我接到她的來信，據說平襟亞願意給她出一本小說集，承她信賴，向我徵詢意見。」柯靈給張愛玲寄了一份中央書店的書目，中央書店當時是靠「一折八扣」起家的，言下之意，是要她婉謝垂青。而平襟亞在同年九月十五日的《海報》上，以「秋翁」之名，發表〈張愛玲之創作〉談到：「……繼以〈心經〉一稿投《萬象》，同時投函及予，曾數次約談，且以未刊稿三篇及已刊小說七篇，要求予代出單行本，復以紙貴如金箔，未成議。予將〈傾城之戀〉及另一篇長稿，退還愛玲，留下〈琉璃瓦〉一篇，備《萬象》登載。」[10]《萬象》在一九四三年八月、九月刊出〈心經〉（一）、（二），十一月刊出〈琉璃瓦〉；一九四四年一月起則刊登連載小說《連環套》，至六月連載六期就「腰斬」了。同年八月十五日張愛玲的小說集《傳奇》改由《雜誌》月刊社出版，大受歡迎，出版四天就再版，一時之間洛陽紙貴。八月十八、十九日平襟亞在《海報》上發表〈記某女作家的一千元灰鈿〉，認為張愛玲寫《連環套》時，多拿《萬象》一千元而不予供稿。學者蕭進認為稿費事件發生在五月份，而平襟亞直到八月份才提出，顯係因見到張愛玲的小說集大賣，一筆到手的生意泡了湯，因此遷怒於張愛玲，於是只有藉助一千元灰鈿事件來做文章，不僅在小報上大罵張愛玲「生意眼」、「市儈」，還把張愛玲給他的私人信件公之於眾，譏諷張愛玲所謂的「貴族身份」，實在有失風範！[11]

[10] 引自《張愛玲傳》，王羽著，二〇〇九年十月，上海文化出版。
[11] 同註七。

## 張愛玲與汪宏聲、錢公俠

張愛玲的高中國文老師汪宏聲寫了一篇〈記張愛玲〉，為我們留下了張愛玲求學的重要史料。但有關汪宏聲的生平資料，卻都無人言及。張愛玲說：「中學時代的先生我最喜歡的一位是汪宏聲先生，教授法新穎，人又是非常好的。所以從香港回上海來，我見到老同學就問起汪先生的近況，正巧他不在上海，沒有機會見到，很惆悵。」

據史料家秦賢次的資料說，汪宏聲是浙江吳興人，一九一〇年生，一九三〇年於上海光華大學第五屆教育系畢業。一九三六年九月，任上海聖瑪麗亞女校國文部主任，成為張愛玲高三畢業班的國文老師。汪宏聲也是翻譯家，曾譯有美國小說家奧爾珂德的長篇小說三部曲《好妻子》（一九三六年五月）、《小婦人》（同上）、《小男兒》（一九三七年一月），收入錢公俠主編的《世界文學名著》叢書中；另以沈佩秋筆名譯有王爾德的《莎樂美》（一九三七年一月）、易卜生的《娜拉》（一九三七年四月）、果戈里的《巡按》（一九三七年五月），收入錢公俠、謝炳文（後改名謝然之，一九四九年到臺灣後，寖至成為臺灣新聞界大老。）主編的《世界戲劇名著》叢書中[12]。

錢公俠（一九〇七－一九七七）浙江嘉興人。一九二八年十月，當錢公俠還在上海光華大學二年級時，已在上海春潮書局出版他的第一部作品《悵惘及其他》，收短篇小說七篇。錢公俠係當時光華大學鋒頭最健的學

12 參見秦賢次〈儲安平及其同時代的光華文人〉，收入謝泳編《儲安平和他的時代》論文集，二〇〇九年十二月，秀威出版。

生之一。一九二九年四月九日，曾與沈祖牟以「光華文學會」名義拜訪魯迅，邀請魯迅及郁達夫來光華演講。一九二九年六月七日，又與儲安平等組織「光華劇團」，顯示出他在文藝上的多方面興趣。抗戰時期，錢公俠在上海淪陷區亦是一活躍的作家、編輯家。一九四二年十二月，在上海與周越然、柳雨生（光華附中出身）、周黎庵、陶亢德、潘序祖（光華附中教師）、馮和儀（蘇青）、楊光政（原名晉豪）、楊樺（之華）等人發起籌建「中國文化人協會」。其後任《語林》月刊（一九四四年十二月二十五日至一九四五年七月一日）主編，《中華日報》主筆等。[13]

一九四四年十二月錢公俠創辦《語林》月刊時，他希望借張愛玲的名聲為自己的雜誌大壯聲威，於是他找到他光華的學長汪宏聲寫了一篇〈記張愛玲〉。張愛玲說：「沒想到今天在路上遇到錢公俠先生，知道汪先生為《語林》寫了一篇文章關於我。我等不及，立刻跟錢先生到印刷所去看清樣。」錢公俠與張愛玲應是熟識的，在這之前他們同在《雜誌》寫稿。一九四四年八月二十六日《雜誌》社在康樂酒家舉行「《傳奇》集評茶會」，出席的人員中就有錢公俠。

〈記張愛玲〉一文其中有一段說：「她一貫地懶惰，還是什麼都『我忘啦！』我記得有一次她欠交了一期作文，我催他，她說『我——』我不等她說下去，便接著說『——忘啦！』她笑笑，隔不多久，她交來一篇。我一看，卻就是〈霸王別姬〉的上半篇，原來她要把這一篇充兩期作文哩！所以最近在報上看到了平襟亞先生與張愛玲的一番『灰鈿』交涉，我若有所悟，想起了〈霸王別姬〉充兩期作文的一樁公案，『夫子』不禁『莞爾』了。」汪宏聲萬萬沒有想到，他這種玩笑似的聯想，正好進一步坐實了張愛玲可能多拿一千元而忘了的負面形象。對「一千元錢灰鈿」這件事，張愛玲本不願多言，為不使自己尊重的國文老師汪宏聲甚至大眾誤解，她寫了

13 同註十二。

一篇〈不得不說的廢話〉在一九四五年一月二十五日出版的《語林》月刊加以申辯：「我替《萬象》寫《連環套》。當時言明每月預付稿費一千元，陸續寫了六個月，我覺得這樣一期一期地趕，太逼促了，就沒有寫下去。此後秋翁先生就在《海報》上發表了〈一千元的灰鈿〉那篇文章，說我多拿了一個月的稿費。柯靈先生的好意，他想著我不是賴這一千元的人，想必我是一時疏忽，所以寫了一篇文章在《海報》上為我洗刷，想不到反而坐實了這件事。其實錯的地方是在《連環套》還未起頭刊載的時候——三十二年十一月底，秋翁先生當面交給我一張兩千元的支票，作為下年正月份二月份的稿費。我說：『講好了每月一千元，還是每月拿罷，不然寅年吃了卯年糧，使我很擔心。』於是他收回那張支票，另開了一張一千元的給我。但是不知為什麼帳簿上記下的還是兩千元。」

編者錢公俠為公平起見特別在這一期有一說明：「本刊前期所載汪宏聲先生之〈記張愛玲〉一文，其中提到『一千元灰鈿』的話，作者無心，編者失察，致張女士不能不來稿聲明，以免讀者誤會。然此事既與秋翁先生有關，編者乃不能不事前向翁說明，請略書數語，與張文同時發表，以避免片面攻訐之嫌。編者並向翁聲明，不能將張文出示，以昭公道，故秋文僅為事實之說明而已。」於是平襟亞又寫了〈「一千元」的經過〉同時登載這期雜誌，平襟亞並把《連環套》的稿費清單附於文後，詳注張愛玲收取稿費的日期、數額和取款方式，總之，他堅持認為張愛玲欠款一事確鑿無誤。而汪宏聲有〈「灰鈿」之聲明〉：「予之『若有所悟』乃指愛玲因平先生不加稿費，而縮短篇幅，頗與一稿充兩期作文事相類，故而『莞爾』並非即以『灰鈿』確有其事，亦非以學生時代一篇作文充二篇與作家時代之『灰鈿』云云有何因果關係也。」。

錢公俠對張愛玲是相當推崇的，在一九四五年七月十六日的《大上海報》〈談女作家〉一文中，錢公俠說：「她（張愛玲）至今是一個象牙塔裡的閨秀。她對於社會曾採取一種孤立主義，遠遠的站開著，絕不與人纏夾，因為她沒有蘇青女士那種潑辣大膽，也沒有王淵女士那種渾然無我的感覺。人家看她，彷彿又遠又高，而她就在那遠處高處奏出人間天上的音樂。」

# 張愛玲與袁殊

張愛玲與《雜誌》的結緣早於《萬象》。一九四三年七月，張愛玲便有小說〈茉莉香片〉在《雜誌》刊出，直至一九四五年六月，是合作最久、投稿數量最多的刊物。據沈鵬年先生說：「……袁殊看到《紫羅蘭》發表張愛玲〈沉香屑——第一爐香〉，頓覺眼睛一亮，像在群馬中發現了驊騮。他便驅車靜安寺路常德路的公寓樓上，向這個可以做他女兒的小姑娘移樽就教。張愛玲當然不會知道，此人竟是共產黨員。張愛玲本來都是自己投稿的，這一次，《雜誌》創辦人卻來上門約稿了。〈茉莉香片〉是張愛玲在《雜誌》上發表的第一篇小說，從此以後直至刊物停辦，《雜誌》上幾乎期期有她的文章。〈傾城之戀〉脫稿，袁殊他們連聲叫好。吳誠之與魯風決定把篇名套紅印上封面，以示醒目。惲逸群主張和另一篇同樣具有吸引力的〈杜月笙論〉（案：作者署名劉洪，實際是惲逸群）並列刊出。……刊物還沒有出版，就先在《新中國報》、《晚報》和電臺上大做廣告，使張愛玲的名字幾乎家喻戶曉。於是這期《雜誌》竟萬人爭閱，立刻搶購一空。張愛玲一成名，《雜誌》社立刻為她出版單行本。由於宣傳及時，初版四天售罄。在吳誠之與魯風同志主持下，《雜誌》社特地舉行了『《傳奇》集評茶會』。魯風原名劉祖澄，滬江大學新聞系畢業後在新光通訊社當記者，與袁殊相識後一直充當他的助手。由袁殊發展入黨。因此說，張愛玲的成名，最初是靠了中國共產黨的地下黨員苦心扶持所致。」[14]

[14] 沈鵬年〈共產黨慧眼識真才——記袁殊與張愛玲的成名〉，《行雲流水記往》，沈鵬年著，二〇〇九年三月，上海三聯出版。

袁殊原名袁學易，湖北蘄春人。三十年代在上海主編《文藝新聞》的左翼作家，中共秘密黨員。四十年代成為潛伏在汪偽政權內部的中共地下組織的主要成員之一，直接隸屬潘漢年領導。他是一個傳奇式的人物，是所謂的「多面間諜」，與國民黨中統、軍統和日本情報機關都有過密切關係。上海淪陷時期，一躍而成為江蘇省教育廳長，還主持一張報紙——《新中國報》，和一個刊物——《雜誌》。一九四四年三月，袁殊曾請一些在上海的作家到蘇州去玩，他在江蘇教育廳官邸拙政園盡了一份地主之誼。那次蘇州之遊，《雜誌》還特別做了「春遊蘇州」的專輯（第十二卷第六期），蘇青還寫了散文〈蘇遊日記〉，同遊的還有文載道（撰有〈蘇臺散策記〉）、譚惟翰、予且、實齋、譚正璧、班公、錢公俠、吳嬰之、關露等多人，張愛玲借口感冒，婉拒了春遊蘇州的邀約。

《雜誌》當時由於特殊的政治背景，許多不明真相的作家是恥於與其來往的，為此編輯也曾向可靠的作家亮明身份的。作家胡山源多年後回憶說：「抗日戰爭時期，吳江楓為《雜誌》來向我徵稿，一再聲明，這是共產黨內地下工作者奉命辦的，表面是漢奸刊物，其實不然。」[15]但也不是每位作者都被告知此事，像蘇青後來在《續結婚十年》中說袁殊這人身邊美女不斷，每天要換上一個。不過蘇青出這書的時候，袁殊已經在上海失蹤了，變成了新四軍中的曾達齋，與關露在一起。這是蘇青不知道的，所以她會大膽地說這樣的真相。張愛玲在《小團圓》裏並沒有寫到袁殊，但在一九七六年四月二十二日她給好友宋淇的信中這麼說：「袁殊自命為中共地下工作者，戰後大搖大擺帶著廚子等一行十餘人入共區，立即被拘留。」（見宋以朗在《小團圓》的前言）則顯係她知道袁殊的真實身份。

[15] 胡山源《文壇管窺——和我有過往來的文人》，二〇〇〇年九月，上海古籍出版。

# 張愛玲與蘇青

在同時代的女作家中，蘇青是唯一和張愛玲關係密切的。張愛玲在蘇青的《天地》發表的篇數在眾多雜誌中，僅次於《雜誌》，位居第二。除了寫文章外，在《天地》第七、八期合刊中，張愛玲還幫蘇青的〈救救孩子〉一文畫插圖。而從第十一期開始張愛玲還幫《天地》設計封面。一九四三年十月十日《天地》創刊，張愛玲看在「叨在同性」的份上，第二期就有〈封鎖〉登場，〈封鎖〉成就了後來的胡張之戀，蘇青無意間扮演了紅娘的角色。但胡蘭成認識蘇青在先，而且跟蘇青的交往很不一般，《今生今世》裏就講過「當初有一晚上，我去蘇青家裏，恰值愛玲也來到。她喜歡也在眾人面前看著我，但是她又妒忌，會覺得她自己很委屈。」張愛玲為什麼會覺得「妒忌」和「委屈」呢？其中實在大可玩味。尤其是胡蘭成在一九四四年八月在周班公主編的《小天地》刊出的〈談談蘇青〉一文，對蘇青的人與文的深刻瞭解，實遠較張愛玲在這之後（一九四五年四月）發表在《天地》的〈我看蘇青〉來得透徹。張愛玲的文章有許多地方太過客套了，有些故意討好蘇青，例如「把我同冰心、白薇她們來比較，我實在不能引以為榮，只有和蘇青相提並論我是甘心情願的。」就顯得有些言不由衷。

黃惲在考察蘇青的自傳體小說《續結婚十年》（出版於一九四七年二月）一書，其中第十一章〈黃昏的來客〉寫了原型是胡蘭成的「談維明」，以各種精彩的話語折服了獨居的蘇青，於是兩人竟上了床，一陣激情之後：「談維明抱歉地對我說：『你滿意嗎？』我默默無語。半晌，他又訕訕的說：『你沒有生過什麼病吧？』」[16]而《小團圓》中說：「文姬大概像有些歐美日本女作家，不修邊幅，石像一樣清俊的長長的臉，身材趨向矮胖，旗袍上罩件臃腫的咖啡色絨線衫，織出累累的葡萄串花樣，她那麼浪漫，那次當然不能當回槽事。『你有性病沒有？』文姬忽然問。他笑了。『你呢？你有沒有？』」，似乎亦坐實了胡蘇兩人的情事。黃惲指出「當蘇青瞭解到張、胡的戀情之後，蘇青心裏必定會有我不如張之感，那麼最好的報復就是：我用過了，很無能，不屑再顧，由你拿去的不過是我的唾餘而已。這樣才能從心底裏吐出一口惡氣，正可謂凶終隙末。而在寫這段文章時，也就是蘇青與張愛玲永遠絕交的時候了。」而張愛玲也以《小團圓》來報復三十年前的舊恨，只是當書出版時，蘇青早已墓木已拱了。（蘇青於一九八二年去世）。

## 張愛玲與柳雨生、周黎庵

柳雨生（柳存仁）一九四三年四月在上海創刊《風雨談》，倚仗太平印刷公司的雄厚財力，《風雨談》一出版便是一百五十六頁的三十二開本，更集結了一批南北名家如周作人、沈啟无、周越然、紀果庵、譚正璧、譚惟翰、予且、周黎庵、陶亢德、蘇青等人。蘇青的成名作《結婚十年》，便是在《風雨談》連載的。柳雨生與蘇青交往甚多。蘇青的《續結婚十年》中那個與女主人公親密無間的「秀美書生」潘子美的原型，據黃惲的考證，就是柳雨生[17]。柳雨生也在《天地》寫過稿，《天地》第四期扉頁背面就登過五個作家的照片，五顆星式的佈局，

16 黃惲〈凶終隙末的蘇青與張愛玲〉，《萬象》第十卷第十二期，二〇〇八年十二月。
17 黃惲〈蘇青《續結婚十年》與人物原型對照表〉，《萬象》第十一卷第六期，二〇〇九年六月。

張愛玲居中，左上角是柳雨生，右上角紀果庵，左下周班公，右下譚惟翰。張愛玲並沒有為《風雨談》寫過任何一篇稿子，倒是柳雨生在一九四四年十月《風雨談》第十五期寫了〈說張愛玲〉一文，其中云：「尋思我國有過什麼時代出產過這樣的一位不庸俗的文士呢？在近年不是久矣沒有看到的麼？其作品所描寫的人們之生活，如以香港的華洋雜處的婦女們之私生活為背景的，其錦繡古玩，服裝華飾，一隻玉鐲，一瓶鼻煙，何一非承繼盛伯熙或潘伯鷹們的時代之所謂盛世的氛圍而來的呢？其言語、舉止、笑貌、嗚咽，以及其淒麗的沒落的環境，有什麼不可以為我們興悲或哀鬱的對象的呢？」而在《傾城之戀演出特刊》中柳雨生寫了〈如果《傾城之戀》排了戲〉評介道：「在此動盪的時代環境裏而猶能見到如此精練圓熟的文字，未嘗不可說是一種非偶然的奇蹟。」一九四四年十二月十六日起《傾城之戀》在新光大戲院公演，柳雨生說：「她（案：張愛玲）送了我十七夜場的戲票。可是，我因為急於快睹，十六夜先偕友人石小姐同往一觀。」在十二月二十八日的上海《中華日報・中華副刊》，柳雨生發表了〈觀《傾城之戀》〉，他說：「這戲無疑地仍舊不失為一九四四至四五年間的一齣好戲——重頭的、生動的、有血肉的哀艷故事。」

一九四二年三月二十五日，朱樸在上海創辦了《古今》雜誌，《古今》從第三期開始由曾經編輯過《宇宙風乙刊》的周黎庵（案：《宇宙風乙刊》開始由陶亢德編，到第二十期，周黎庵編才介入。）任主編。張愛玲有兩篇文章，發表在《古今》，那是一九四三年十一月一日在第三十四期上刊登的〈洋人看京戲及其它〉和同年十二月一日在第三十六期上刊登的〈更衣記〉。周黎庵在〈魂兮歸來，張愛玲〉一文中說：「我那時正在編輯一本專談掌故書畫的刊物，她經柳存仁的介紹來看我，並以文稿一篇為贄。她生得並不算美，但風度甚佳，衣著卻很奇異，後來才知道她的第二個愛好是衣裳的裁製。」又說：「張愛玲給我的文稿記得是談服裝裁製和西洋人看京戲的。要是像沈從文那種談古代服飾的倒很適於接受，可惜她談的是她本人設計的現代服裝，殊不合我編輯雜誌的格調；但為了柳存仁殷殷致意的介紹，只好用小字放在刊物的末尾發表。她對此大概很為不滿，以後便不再來稿而轉向柯靈和周瘦鵑編輯的刊物投稿，便如魚得水，頓時轟動上海；不過她在上海發表的處女作，則確是那篇談服裝的近二千字短文。我和她僅此一面，以後雖同在上海，卻未再有晤面的機會，算來已是五十多年前的舊事了。」[18]由於周黎庵在寫此文時年事已高，記憶難免有誤。張愛玲早在周瘦鵑及柯靈主編的刊物發表文章了，遠在《古今》之前，非在這之後；至於張愛玲上海發表的處女作，更非是《古今》的〈更衣記〉。再者周黎庵又記錯一事，實際上是〈洋人看京戲及其它〉發表在前，〈更衣記〉發表在後。〈更衣記〉不是用小字發表的，用小字發表的倒是〈洋人看京戲及其它〉。至於這是否因此引發張愛玲的不滿，我們不得而知。但確實是張愛玲擲下二文後，從此沒有在《古今》發表文章了。

## 張愛玲與沈啟无、關永吉

《小團圓》說：「他從華北找了虞克潛來，到報社幫忙。虞克潛是當代首席名作家的大弟子。之雍帶他來看九莉。虞克潛學者風度，但是她看見他眼睛在眼鏡框邊緣下斜溜著她，不禁想到『這人心術不正』」。文中的「首席名作家」是指周作人，虞克潛則指沈啟无，沈啟无曾是周作人的「四大弟子」之一，後來周沈交惡，周作人公開發表破門聲明，從一九四四年的五月到十月，沈啟无靠變賣書物維持生活。之後，胡蘭成約他去南京編《苦竹》雜誌。《小團圓》說胡蘭成：「他也的確是忙累，辦報外又創辦一個文藝月刊，除了少數轉載，一個雜誌全是他一個人化名寫的」。張愛玲有一段時間也在南京幫胡蘭成辦《苦竹》雜誌（《對照記》有云：「炎櫻的

[18] 見《葑溪尋夢》一書，周劭著，一九九九年二月，古吳軒出版。

大姨媽住在南京，我到他們家去過。」），張愛玲在《苦竹》雜誌上發表過〈談音樂〉（第一期），〈自己的文章〉、〈桂花蒸阿小悲秋〉（第二期）。沈啟无在《苦竹》雜誌上發表過散文〈南來隨筆〉和新詩〈十月〉（第二期）。其中〈南來隨筆〉中有段評論張愛玲的文章，沈啟无說：「彷彿天生的一樹繁花異果，而這些花果，又都是從人間的溫厚情感洗鍊出來的。她不是六朝人的空氣，卻有六朝人的華瞻。」又說：「張愛玲，蘭成說她的文章背景闊大，才華深厚，要占有一個時代的，也將在一切時代裡存在。這話我並不以為是過譽，看她文章的發展，是有著多方面的，正如蘭成說的，『青春能長在，自由能長在，才華能長在』。生活對於她，不是一個故事，而是生命的渲染。沒有故事，文章也寫得很美。因為有人生做底子，所以不是空虛的浮華。她不像西洋厭世派，只寫了感覺，在他們的手下，詞藻只做成『感覺的盛宴』。而她，把感覺寫繪成功感情，幾乎沒有一樣感覺不可以寫出來的，沒有一樣感覺不是感情的。她走進一切的生命裡去，一切有情無情在她的作品裡也『各正性命』，得到一個完全的安靜。所以，她的文章是溫暖的，有莊嚴的華麗，也有悲哀，但不是慘傷的淒厲，所謂『眾生有情』，對人監視有著廣大的愛悅的。」沈啟无說他是針對張愛玲談音樂、談畫的諸多文章而寫的感想，至於張愛玲的小說《傳奇》他還未即細讀，總體而言沈啟无的批評是有其見地的。

一九四五年初，沈啟无隨胡蘭成到漢口接辦《大楚報》。胡蘭成任社長，他任副社長，後又找關永吉任編輯部長。關永吉在《大楚報》上恢復了《文筆》副刊（雙週刊），名義上由沈啟无主編，實際上還是關永吉在負責，沈啟无只是在每期上發表一些詩歌。他在《文筆》上寫的新詩，連同以前的舊作，包括他針對周作人寫的〈你也須要安靜〉，共二十七首，由《大楚報》社印成一冊《思念集》。亂世中兩個成年男人在一起共事，自然可以看出彼此為人處事中遠距離難以觀察到的層面。胡蘭成在回憶錄《今生今世》〈漢皋解佩〉一章中，有對沈啟无側面的記述：「沈啟无風度凝莊，可是眼睛常從眼鏡邊框外瞟人。他會作詩，原與廢名、俞平伯及還有一個誰，是周作人的四大弟子，北京的學術空氣及住家的舒服溫暖，在他都成了一種沉湎的嗜好。他的人事各既成藝術品，可以擺在桌上供神，但他的血肉之軀在藝術邊外的就是貪婪。他要人供奉他，可是他從來亦不顧別人。」胡蘭成的文字簡約，然而嫌惡之情，溢於言表。不過，他們之間有經濟上的糾葛，胡蘭成又對沈啟无在他的情人小護士周訓德面前說他的壞話一事，耿耿於懷，他說：「第二天我與啟无從報館回來，在漢陽路上走時，我責問他：『你對小周怎麼說話這樣齷齪！』啟无道，『小周都告訴你了麼？』我叱道，『卑鄙！』他見我盛怒，不敢作聲，只挾著公事皮包走路，仍是那種風度凝莊，我連不忍看他的臉。兩人如此默默的一直走到醫院，我走在前面，他跟在後頭，像拖了一隻在沉沒的船。啟无從此懼怕我，出入只與永吉同行，有幾次我在漢水渡船上望見他們兩人已上岸先走了，像紅樓夢裡的一僧一道，飄然而去。」胡蘭成的記述是難以全拿來當信史看的，況且他本身就是一個無行的文人。《小團圓》中「她看見他眼睛在眼鏡框邊緣下斜溜著她，不禁想到『這人心術不正』」，顯然地張愛玲受到胡蘭成極大的影響。

關永吉（一九一六－二〇〇八）原名張守謙，筆名張島。為華北淪陷區有影響的小說家、鄉土文學的提倡者。一九四四年秋，去南京覓職未果，十一月初赴漢口任《大楚報》編輯部長。當時《大楚報》社，是武漢地區淪陷時期文藝書籍的重要出版單位，從一則「大楚報社新書」的預告，我們看到有「新評論叢刊」：《中日問題與日本問題》（胡蘭成著）、《文明的傳統》（胡蘭成著）、《我所見到的中國》（傅天行著）。「快讀文庫」：《苗是怎樣長成的》（關永吉著）、《傾城之戀》（張愛玲著）、《怒吼吧！中國》（王陵改編，俄國同名劇本）、《組織就是力量》（大楚報社論集）、《與武漢市民同在》（大楚報社論集）。「南北叢書」：《思念集》（開元著）、《懷狐集》（吳公汗著）、《鎮長及其他》（關永吉著）、《牛》（關永吉著）、《奴隸之愛》（袁犀著）、《某小說家手記》（高深著）等書的預告。張愛玲的《傾城之戀》在一九四五年五月在漢口大楚報社以「大楚報快讀文庫」之一出版。

## 張愛玲與路易士

張愛玲與路易士的關係，也是因胡蘭成而起的。胡蘭成在〈路易士〉（收入一九四四年一月上海中華日報社初版的《文壇史料》）文中說：「我和路易士相識，已有六年之久。」據王宇平的考證，一九三八年下半年路易士回昆明去接了家眷來，在香港學士臺下面的一層桃李臺找到了房子，先住十號，後來搬到二號。同年冬天，胡蘭成也搬到了學士臺，他在上海淪陷後被調到香港的《南華日報》擔任主筆，同時在蔚藍書店兼職。路易士經杜衡介紹結識胡蘭成。[19]

《小團圓》中提到邵之雍資助一個畫家和一位詩人，詩人即路易士。路易士在《紀弦回憶錄》中也說過胡蘭成對他的幫助：「他知道我很窮，家累又重，離港返滬，已身無分文了，於是使用適當方法，給我以經濟上的支援，而且，盡可能地不使我丟面子——例如暗中通知各報刊給我以特高的稿費；逢年過節，和我夫婦的生日，他都會派人送來一份厚禮，除了蛋糕，還有個紅包哩。」。一九四二年秋天，路易士到南京看望在胡蘭成，希望能給他解決生活問題，胡蘭成便安排他任偽「法制局」秘書一職，但為時不久。路易士曾組織南京、上海、北京等地青年詩人成立「詩領土社」，出版《詩領土》雜誌。我們看後來胡蘭成辦的《苦竹》第一期，除了胡蘭成和他用化名寫的大量文章外，就只剩下張愛玲的〈談音樂〉和炎櫻的〈死歌〉及路易士的「詩四首」——〈大世界前〉、〈不唱的歌〉、〈真理〉、〈看雲篇〉。《苦竹》在這可說是胡蘭成個人的雜誌中，路易士還是被看重的。

[19] 王宇平〈學士臺風雲——抗戰初中期內地作家在香港的聚合與分化〉，《中國現代文學研究叢刊》二〇〇七年第二期。

張愛玲在一九四四年八月十日發表在《雜誌》的〈詩與胡說〉中說：「我想起路易士。第一次看見他的詩，是在雜誌的『每月文摘』裏的〈散步的魚〉，那倒不是胡話，不過太做作了一點。小報上逐日笑他的時候，我也跟著笑，笑了許多天，在這些事上，我比小報還要全無心肝……」。張愛玲又說後來讀到了路易士的好詩，也就容忍了他「一切幼稚惡劣的做作」。她認為「路易士的最好的句子全是一樣的潔淨，淒清，用色吝惜，有如墨竹。眼界小，然而沒有時間性，地方性，所以是世界的，永久的。」一九四五年四月十一日，上海《東方日報》有一則小方塊，標題是〈張愛玲讚美路易士〉，云路易士的詩既蒙當紅女作家讚美，必定是好的，可惜自己看不懂：「近代新詩的進步，大概就是在令人難懂上面出顏色，張女士能懂得而加以讚美，此所以能成就女作家也夫？」

## 張愛玲與唐大郎、胡梯維、桑弧

小報界的「江南第一枝筆」唐大郎與實業家文化名人胡梯維及電影導演桑弧三人親密無間，人稱「三劍客」。唐大郎是唐雲旌（一九〇八－一九八〇）的筆名，他還用過高唐、劉郎等筆名。唐大郎原在中國銀行工作，一九三二年因雅愛寫作，遂脫離銀行，任小型報《東方日報》編輯，也因此認識了也在該報編電影版的龔之方。後來他倆一直合作，形影不離，成為老搭檔了。一九四五年四月龔之方和唐大郎創辦《光化日報》，雖沿襲小報的一向傳統，偏重趣味和娛樂，但品格、情調不失正派，故在污濁的淪陷上海報壇，不失為一枝玉立青蓮。二〇〇七年發現的張愛玲佚文〈天地人〉，便是發表在一九四五年四月十五日的《光化日報》第二號上，全文由六則互不相干的雜感組成，共六百餘字。學者陳子善認為此文的亮相，只是張愛玲與龔、唐兩人八年愉快合作的序幕。後來張愛玲在《大家》發表〈多少恨〉和〈華麗緣〉，在《亦報》發表《十八春》和《小艾》等，也都是龔、唐兩人慧眼識寶，一手促成的。[20]在張愛玲的文學生涯中，龔、唐兩人所扮演的角色實在是太重要了。

一九四六年十一月張愛玲的《傳奇》出了增訂本，是由龔之方與唐大郎虛設的山河圖書公司出版的，據龔之方說，當時出書必須有堂堂正正的刊行者和總經銷，山河圖書公司實際上是一塊空招牌而已，所刊出的地址、電話是他和唐大郎寫稿的地方。[21]據沈鵬年《行雲流水記往》書中說，唐大郎不但請上海著名的書法家鄧散木為此書題寫封面；還慫恿張愛玲寫了〈有幾句話同讀者說〉刊於卷首，公開闢謠。唐大郎在一九四六、四七年間，曾為上海小報《鐵報》寫專欄《高唐散記》，在〈序與跋〉文中：「去年，《傳奇》增訂本出版，張愛玲送我一本，新近我翻出來又看了一遍，作者在封面的背頁，給我寫上了下面這幾行字……我忽然想着，張小姐這幾句話可以用作《唐詩三百首》（案：唐詩，唐大郎之詩）的短跋，同時請桑弧寫一篇序文。他們在電影上，一個是編劇，一個是導演，在這本詩冊上，再讓他們做一次搭檔。」張愛玲給唐大郎的題字是——「讀到的唐先生的詩文，如同元宵節，將花燈影裏一瞥即逝的許多亂世人評頭論足。於世故中能夠有那樣的天真；過眼繁華，卻有那樣深厚的意境，……我雖然懂得很少，看見了也知道尊敬與珍貴。您自己也許倒不呢！——有些稿子沒留下真可惜，因為在我看來已經是傳統的一部分。」這段文字倒是張愛玲的佚文。

一九四六年十二月三日唐大郎以「唐人」筆名在《文匯報》發表〈浮世新詠・讀張愛玲著《傳奇增訂本》後〉云：「傳奇本是重增訂，金鳳君當著意描。」注曰：「張有《描金鳳》小說，至今尚未殺青。」其實早在一九四五年七月《雜誌》的〈文化報導〉，就說：「張愛玲近頃甚少文章發表，現正埋頭寫作一中型長篇或長型

---

20 陳子善〈張愛玲與小報——從《天地人》「出土」說起〉，《書城》第十六期，二〇〇七年九月號。
21 龔之方〈離滬之前〉，載《永遠的張愛玲》季季、關鴻編，學林出版社一九九六年版。

中篇，約十萬字之小說：《描金鳳》。將收在其將於不日出版之小說集中。」但據方型周刊《海風》說：「據與她相熟的人說起，這部書一直到現在，還沒有殺青，奇怪的是她在全部脫稿以後，忽然嫌她起頭的一部分，並不滿意，所以截下來焚燬了，而現在只賸了下半部。」[22]

胡梯維原名治藩（一九〇二－一九六六），是中國第一家民營銀行浙江實業銀行的掌權者，業餘卻辦《司的克報》小報、以「梯公」、「鵜鶘」、「不飲冰生」、「拂雲生」之名在《金鋼鑽報》、《社會日報》等小報上寫短文，混跡於中下市民的文化圈子，是劇評家、京劇名票。抗戰勝利後，胡梯維以浙江實業家身份接手並執掌了由大光明、國泰、美琪等影戲院組成的上海國光影院公司。張愛玲的姑姑張茂淵，在胡梯維任大光明電影院總經理期間，做過胡的機要秘書達十年之久。據張茂淵的同事朱曼華說：「張愛玲有時隨她姑姑一道看試片，和在座的人見面，也只微笑點頭而已。」[23]胡梯維的夫人金素雯是「江南四大坤旦」之一，長期與周信芳（麒麟童）同臺搭檔，也能演話劇。一九四〇年在卡爾登演出《雷雨》，周信芳飾周樸園，金素雯飾繁漪，胡梯維飾周萍。後來和桑弧一道，乾脆成立了業餘話劇團「孤鷹」，該劇團排演過洪深的《寄生草》等。

桑弧原名李培林（一九一六－二〇〇四），一九三三年肄業於滬江大學新聞系，曾任中國實業銀行職員。後來因得識著名導演朱石麟，在朱的鼓勵下從事劇本寫作。他起初寫的三個劇本《靈與肉》、《洞房花燭夜》、《人約黃昏後》，均由朱石麟先後搬上銀幕。一九四四年夏到一九四五年初，在朱石麟及陸潔的支持下，桑弧自編自導了《教師萬歲》與《人海雙姝》。文華影片公司成立後，桑弧成為該公司第一位基本導演。桑弧是經柯靈介紹認識張愛玲的。《不了情》、《太太萬歲》，四十年代兩人合作的影片曾在上海灘名噪一時。一編一導珠聯

22 一九四六年五月十八日《海風》第二七期，〈張愛玲腰斬描金鳳〉。
23 朱曼華〈張愛玲和她的姑姑〉，載《張愛玲研究資料》，于青編，一九九四年十二月，海峽文藝出版。

璧合的搭配，轟動一時。桑弧與張愛玲之間的情事，一度充斥上海各大小報。緋聞並非空穴來風，《小團圓》最後一個出場的重要人物叫燕山，明眼人一看即知，此人乃桑弧無疑。《小團圓》細寫兩人的情事，更坐實了傳說。曾是上海電影製片廠離休老幹部的沈鵬年也說「龔之方曾主動想使桑弧與張愛玲締結秦晉之好。解放後，前輩夏衍同志是上海市的文化主管，把桑弧吸收入上海電影製片廠任導演；把張愛玲吸收入劇本創作所任編劇，我親眼看到『桑弧與張愛玲合影』的彩色照片——這在當時，市場上沒有彩色照片，只有電影廠有此條件。」[24]一九九五年一月我們在拍張愛玲的紀錄片時曾訪問過桑弧，他看著我們遞給他的張愛玲的照片時，他說「因為幾十年沒通音信了，我很難發表意見，我不準備談」，幾句話輕輕帶過，箇中消息，令人難以索解。

一九五〇年三月二十四日《十八春》在《亦報》連載的前一天，桑弧就以「叔紅」的筆名發表〈推薦梁京的小說〉，他傾情禮贊：「我讀梁京新近所寫的《十八春》，彷彿覺得他是在變了。我覺得他的文章比從前來得疏朗，也來得醇厚，但在基本上仍保持原有的明艷的色調。同時，在思想感情上，他也顯出比從前沉著而安穩，這是他的可喜的進步。」十天之後，有筆名「傳奇」的發表〈梁京何人？〉此人故做神秘地猜測「梁京」是何人，要引起讀者的好奇，是深知宣傳的高手，從文中提到他夫人亦是藝文圈內人，娘家在杭州來判斷這對夫妻就是胡梯維、金素雯夫婦了。據魏紹昌文章說：「一九四六年七月，桑弧約我去石門一路旭東里他的家裡宴會，同座的有柯靈、張愛玲、炎櫻、胡梯維、金素雯、管敏莉、唐大郎、龔之方等。」[25]可見他們彼此早就熟識了。《十八春》在連載期間，曾有「鬧了歸齊」一句，編者不懂去問唐大郎，唐大郎平常自詡多能聽得懂北方土話，卻也弄不清楚「歸齊」兩個字，只得把小樣送去給張愛玲，問她看有沒有錯，張愛玲在小樣上批道：「歸齊」是北方

24 沈鵬年〈張愛玲論唐大郎的詩文——《大郎小品》中的張愛玲佚文〉，《行雲流水記往》，沈鵬年著，二〇〇九年三月，上海三聯出版。
25 魏紹昌〈在上海的最後幾年〉，載「回望張愛玲」書系《昨夜月色》，金宏達主編，二〇〇三年元月，文化藝術出版。

話，沒有錯。[26]（案：是「終了」的意思）為此學者陳子善說：「殊不知張愛玲雖然生在上海，長在香港，其祖籍乃河北豐潤，祖父張佩綸是滿清大臣，祖母是李鴻章之女，因此她對北方話也很熟悉，寫作時能夠信手拈來，恰到好處，難怪自詡懂得北方土語的唐大郎先生要自愧弗如。」[27]《十八春》連載完後的第二天，唐大郎就去看張愛玲，之後馬上登出〈訪梁京〉一文，告知讀者俟《十八春》修訂好後，《亦報》馬上出單行本，而梁京也將再有新作刊登《亦報》。這「三劍客」一路護駕著「祖師奶奶」，可謂「有情有義」了。

## 張愛玲與李君維

李君維（筆名東方蝃蝀），上世紀四〇年代就有「男張愛玲」的稱號，一直被認為是張派傳人，其實他只比張愛玲小二歲。李君維和炎櫻是上海聖約翰大學的同學，李君維說：「一時心血來潮，就請炎櫻作介前往訪張。某日我與現在的翻譯家董樂山一起如約登上這座公寓六樓，在她家的小客廳作客。這也是一間雅致脫俗的小客廳。張愛玲設茶招待，虧得炎櫻出口風趣，沖淡了初次見面的陌生、窘迫感。張愛玲那天穿一件民初時行的大圓角緞襖，就像《秋海棠》劇中羅湘綺所穿的，就是下面沒有繫百褶裙。」儘管後來李君維想辦一刊物，擬請張愛玲寫稿，張愛玲當時正忙於寫〈多少恨〉，是否應允寫稿，未置可否。數日後，張愛玲請炎櫻轉交給他一便條，婉言相拒了。[28]但他對張愛玲還是傾佩的，在同年十二月電影《太太萬歲》上演特刊上，李君維寫了〈張愛玲的

[26] 見高唐（唐大郎）〈歸齊〉一文，一九五〇年六月四日，《亦報》。引自注二六。
[27] 陳子善〈《亦報》載有關張愛玲文章補遺〉，《明報月刊》兩百五十八期，一九八七年六月。
[28] 見《人書俱老》，李君維著，二〇〇五年三月，嶽麓書社。

風氣〉說：「她的風氣是一股潛流，在你生活裡澌澌地流著，流著，流過了手掌心成了一酌溫暖的泉水，而你手掌裡一直感到它的暖濕。」

## 結語

張愛玲的「上海十年」的寫作生涯，前兩年可說是全盛時期，她一出手就風華絕代，才情噴湧。同時在多份雜誌上發表作品，甚至在作品還沒登完，就急著要出小說集了，這正應證了她的話——「出名要早」。因此她會要求周瘦鵑一期把長文刊完，會找平襟亞急於出單行本，她急於求成的心態可見一斑。當然這最後也導致了雙方不再合作的主因。而《雜誌》除了答應張愛玲的出書條件外，還舉辦新書集評會、座談會等等，全力打造明星作家。張愛玲一時紅遍上海灘跟《雜誌》及《新中國報》的大力宣傳有關，使原來「文壇美麗的收穫」，更是錦上添花。但由於張愛玲較為孤僻的個性，使她與這些編輯作家的交往，並不如想像中那麼密切。正如她在〈我看蘇青〉一文的描述：「蘇青與我，不是像一般人所想的那樣密切的朋友，我們其實很少見面。……至於私交，如果說她同我不過是業務上的關係，她敷衍我，為了拉稿子，我敷衍她，為了要稿費，那也許是較近事實的，可是我總覺得，也不能說一點感情也沒有。」

抗戰勝利到一九四七年四月，將近兩年的時間裡，張愛玲遭受輿論與感情的雙重打擊，她放下手中的筆完全沒有一篇作品發表。而在一九四六年七月，桑弧委託柯靈請張愛玲編劇，並策劃了一次文藝性的聚會。張愛玲和炎櫻一同參加聚會，大家勸她從事劇本的創作，張愛玲最終同意了。在當時輿論「嚴相逼」的情況下，無疑地是桑弧等人給她機會，對此張愛玲始終懷著感激之情。在《小團圓》中她說：「燕山的事她從來沒懊悔過，因為那時幸虧有他。」確實是桑弧開啟了張愛玲的編劇之路，使得從小喜歡看電影，繼而寫影評的張愛玲，更接近電影一步了——創作起電影來了。由於桑弧也是編劇出身，進而為導演，因此他對於張愛玲的劇本極為尊重，我們雖然看不到《不了情》的劇本，但由其改寫的小說〈多少恨〉與電影相較，其實差異不大。

桑弧甚至唐大郎、龔之方等人，帶給張愛玲的無疑的是溫暖的。尤其唐龔二人，可說是頭號的「張迷」，張愛玲《傳奇增訂本》的出版，在《大家》雜誌、《光化日報》、《亦報》的發表作品，都要歸功於他們兩人。一九五二年七月，張愛玲離開她心繫的上海、她的朋友、她的小報，她預感到將「時移世變」，果真不久連小報也沒有了。張愛玲的「上海十年」就此劃下句點。

# 張愛玲夢魘
## ——讀《張愛玲給我的信件》札記

周作人曾說：「日記與尺牘是文學中特別有趣的東西，因此比別的文章更鮮明的表出作者的個性。詩文小說戲曲是做給第三者看的，所以藝術雖然更加精鍊，也就多有一點做作的痕跡。信札只是寫給第二個人，日記則是給自己看的（寫了日記預備將來石印出書的，算是例外），自然更真實更天然的了」。是的，日記和書信對一位作家或學者而言，已道盡了平生生活的點點滴滴，它比作品的本身更真實、更生動、更本色地見出其一生的風風雨雨。這最顯著的有《胡適日記》、《顧頡剛日記》及《吳宓日記》，還有《胡適秘藏書信》等等，都是研究者不可多得的重要材料。

張愛玲沒有寫日記，但卻寫了不少的書信，其中最多的是給宋淇的六百多封共四十萬字，其次是給夏志清的一百一十八封，依次還有給莊信正的八十四封。其中給夏志清的信，早在一九九七年四月號的《聯合文學》一百五十期開始披露，陸陸續續直至二〇〇二年七月號的兩百一十三期，還尚未登完。這些書信的特殊性是夏老對它都加上按語，使原本不甚明晰的人物、事件，更能溯本清源，也同時看到夏、張兩人對話（雖然不是直接的）的可能性，這對讀者而言，無疑地是多了一重的解讀。面對如此重要的史料，我曾多次向《聯合文學》的編輯提過要趕快結集出版，尤其是當莊信正的《張愛玲莊信正通信集》出版之後，《張愛玲給我的信件》的出版更形迫切。如今歷經十載有餘，終於千呼萬喚始出來，筆者在欣喜之餘，展讀這些信件時隨手寫了些札記。其實在該書之前已有王德威老師的導讀，翔實而精準地道出其中的底蘊，宛如「崔灝題詩在上頭」，本當擲筆而嘆，之所以不揣淺漏，只是一抒個人之管見，就當狗尾續貂吧！

張愛玲給夏志清的信，起自一九六三年五月九日，迄於一九九四年五月二日。時間上橫跨三十一年之久，地點則來自華盛頓、俄亥俄州牛津、曼哈頓、麻州康橋、加州柏克萊、洛杉磯等地，可說是涵蓋了張愛玲到美國後的第八年起的所有時光及居停地，它其實已構成張愛玲客居美國的部分生活史了，其重要性不言可喻。筆者今擇要挑出一些信件中的部分段落及夏志清的按語，做些解讀，更多是補充一些史實，這當然這是「見仁見智」的，讀者逕自也可有不同的解讀。

## 札記一：

張愛玲一九六三年九月二十五日的信（編號：二一）：「至於為什麼需要大改特改，我想一個原因是一九四九年曾改編電影，因共黨來滬未拍成，留下些電影劇本的成分未經消化。」

王德威曾談到，張愛玲不少重要小說都有一個修改或改寫的過程，如她的成名作之一的〈金鎖記〉，在後來的二十四年內，她先後改寫為《Pink Tears》（粉淚）、《Rouge of the North》（北地胭脂）及《怨女》，以中、英兩種語言，先後將同樣的故事改寫了四次。張愛玲在此信中提到《金鎖記》之後，還有一個《金鎖記》電影劇本，據一九四八年元旦《電影雜誌》第七期，曾刊出一則消息云：「張愛玲繼《太太萬歲》之後，新作為《金鎖記》，該片將仍由桑弧導演，女主角可能為張瑞芳，張愛玲為編寫是劇，曾與張瑞芳商討是劇之內容。」可惜的是

《金鎖記》電影後來沒拍成，張愛玲的劇本亦不知所終，否則我們將可看出她從小說到電影劇本間改寫的過程。

張愛玲的寫作受《紅樓夢》影響極大，她認為曹雪芹是在一個前無古人，毫無依傍之下，「完全孤獨」地摸索著創造一種全新的寫作之路，他從幼稚一步步趨向成熟的階段，其中有過摸索中的猶疑徘徊，因此「從改寫的過程上可以看出他的成長，有時候我覺得是天才的橫剖面」。而這話又何嘗不是張愛玲自身的寫照，我們亦可從她不斷地改寫的過程中看出她寫作技法的愈趨嫻熟和她在故事原型外的「靈魂偷渡」。

## 札記二：

張愛玲一九六四年四月二十三日的信（編號：三），此信在稱謂上稱「夏先生」。據夏志清的按語，說張愛玲要他把《金鎖記》的英文稿託他拿去請人看，但又不見她把稿子寄來，夏志清性急，便請高克毅（翻譯名家喬治高）帶口信給張愛玲，這反而把張愛玲急壞了，也因此有些介意，所以此封信稱「夏先生」，顯得有些生份，這是一百一十八封信中的唯一一次，可見出張愛玲敏感的個性。

## 札記三：

張愛玲一九六五年十月三十一日的信（編號：十）：「譯《海上花》事你想的非常周到。這本書胡適特別賞識，我剛到紐約時見到他，也忘了提，後來當然也來不及了。」

一九五四年七月張愛玲的《秧歌》在香港出了中文版，同年十月二十五日她給當時在美國的胡適寄了一本，其用意除希望獲得胡適的青睞外，恐怕也想借他之力向外界推介。因此張愛玲還隨書附有一封短信（案：張信黏貼在《胡適日記》一九五五年一月二十三日裡）：「……很久以前我讀到您寫的《醒世姻緣》與《海上花》的考證，印象非常深，後來找了這兩部小說來看，這些年來前後不知看了多少遍，自己以為得到不少益處。」胡適接到《秧歌》後，先後讀了兩遍，並寫了一封頗長的回信給張愛玲（案：此信胡適沒留底稿，原信抄件見張愛玲〈憶胡適之〉一文）。胡適在一九五五年一月二十三日補寫的日記上說：「去年十一月，我收到香港張愛玲女士寄來她的小說《秧歌》，並附有一信。我讀了這本小說，覺得很好。後來又讀了一遍，更覺得作者確已能做到『平淡而近自然』的境界。近年所出中國小說，這本小說可算是最好的了。一月二十五日，我發她一信，很稱讚此書。我說，『如果我提倡《醒世姻緣》與《海上花》的結果單只產生了你這本小說，我也應該很滿意了。』」

張愛玲在接到胡適的信，在一九五五年二月二十日，又寄了五本《秧歌》及一本《傳奇》、一本《流言》及一本《赤地之戀》給胡適，並寫了一封長信，其中云：「《醒世姻緣》和《海上花》一個寫得濃，一個寫得淡，但同樣是最好的寫實的作品。我常常替它們不平，總覺它們是世界名著。……我一直有一個志願，希望將來能把《海上花》和《醒世姻緣》譯成英文。裡面對白的語氣非常難譯，但是也並不是絕對不能譯的。」（案：引自張愛玲〈憶胡適之〉一文）。

胡適曾盛讚《海上花》為「吳語文學的第一部傑作」。可見，《海上花》是聯繫他們兩人的紐帶，而其「平淡而近自然」的藝術風格，也是他們兩人共同的興趣。張愛玲對《海上花》的譯注，可說是由於胡適的點撥而成的。後來張愛玲除將書中的吳語對白悉數譯為國語外，還將其譯為英文，可見其用力之深。除此而外張愛玲還剔除《海上花》書中「潰爛」的部分，並重新修補，成為情節緊湊的六十回本，這已仿效當年才子金聖嘆的「腰斬」《水滸傳》為七十回本的做法。而張愛玲對作者韓邦慶最自負的「穿插、藏閃」法，在欣賞領悟之餘，又特將其注出，猶如金聖嘆之批《水滸傳》、張竹坡之批《金瓶梅》、脂硯齋之批《紅樓夢》。張愛玲別具會心的抉隱發微，有意無意間延續了明清評點小說的傳統。

## 札記四：

張愛玲一九六六年三月三十一日的信（編號：十一）：「收到十日的信，對於我找工作的事實在費心，我確是感激得說不出話來」。

夏志清說：「我的回信見不到，但想來鼓勵她不要氣餒，向某些基金會，大學研究機構申請一筆錢翻譯中國名著還不算太困難。兩年之後，愛玲能請到一筆獎金去翻譯《海上花》，我想同這次通信有些關係的。」確實英譯《海上花》的具體做法，是夏志清的建議，因此一九六七年張愛玲獲邀擔任美國雷德克里芙學校駐校作家，不久就申請到一筆獎金，同年七月一日開始英譯《海上花》。一九八五年，一向居無定所，一度以汽車旅館為家的張愛玲向警方報案，稱她翻譯了近十八年的《海上花》英譯稿遭竊失蹤。在她過世的兩年後，譯稿卻又奇蹟般地出現了：一九九七年，旅美學者張錯以美國南加州大學成立張愛玲文物特藏中心為名，得到宋淇遺孀鄺文美的同意，將兩箱張愛玲文稿送交南加州大學圖書館，赫然發現《海上花》英譯稿竟在其中。後來再經過香港翻譯家孔慧怡以三年的翻譯修訂、潤稿、編排，二〇〇五年由哥倫比亞大學出版社出版，此時張愛玲已過世十年了。

## 札記五：

張愛玲一九六六年八月十九日信（編號：十六）：「《怨女》事接洽得一團糟，實在可笑。……最好請你全權代辦連載語出單行本事，我改天再分別寫信跟他們解釋。」張愛玲一九六六年十月三日信（編號：二十一）：「那部potboiler長篇幾乎有四百頁長，最末五十頁需刪改，還是等你抵港後寄給你。如向平提起，可說是故事性強的多角戀愛故事，以一九四幾年的上海南京為背景，無政治性。」

夏志清在〈瓊瑤、平鑫濤《皇冠》〉一文裡寫道：「我在臺北那半年（案：一九六六下半年），愛玲正有意把自己的作品交皇冠出版，我同宋淇既是至交，愛玲也認為我是位最可靠的朋友，這件事就由宋淇書面託我直接同平先生接洽了。」但由此信可知，張愛玲曾囑咐夏志清為她的「全權」代表。夏志清說：「我同平鑫濤的初次會談，解決了張愛玲下半生的生活問題。愛玲只要我『全權代辦』有關《怨女》的『連載與出版單行本事』，但那次會談，我顯然向鑫濤兄建議為張愛玲出全集的事，而他必然也贊同，且答應在稿費和版稅這兩方面予以特別優待。」而那部張愛玲謙稱potboiler（為餬口而寫的）的長篇小說，即是在上海《亦報》連載過的《十八春》，後來經其修改，改名為《半生緣》（連載時一度曾名為《惘然記》）。

## 札記六：

張愛玲一九六七年五月十四日信（編號：三十二）：「星期一、二都約好去看醫生，以後還要去許多次。天天從下午忙到天亮，雖然想聽唱片，也想到府上見你太太，都只好擱下來，自己朋友，想你不會生氣的。」

夏志清說：「根據鄺文美一九七六年三月二十五日的信（見《小團圓》，皇冠，二〇〇九，頁七），愛玲到紐約是來打胎的。難怪沒時間，精力和心情來看我太太與我吃午餐了。一個女人即使不愛孩子，怎捨得把自己的骨肉打掉？我猜她是經濟不許可，照顧多病的丈夫已很不容易，自己必須工作，那有餘力養孩子？打胎後沒有調養，日後身體更壞，影響工作成績，創作力。我一直認為愛玲的才華，晚年沒有發揮，是嫁了兩個壞丈夫。」夏志清口中的兩個壞丈夫，一是「漢奸」胡蘭成，一是老劇作家賴雅（Ferdinand Rayher，一八九一－一九六七）。

根據資料一九五六年三月十三日張愛玲與賴雅在麥克道威爾文藝營（MacDowell Colony），第一次見面，之後又有了一次小敘，開始時他們常在餐桌旁、走道上對談，半個月後，他們便開始到對方的工作室做客了。張愛玲把自己英文版的小說給賴雅看，賴雅對它讚賞不已。緊接著，他們單獨來往了。五月十二日，據賴雅日記記載，「去小屋，一同過夜」。兩天後，賴雅在文藝營的期限到了，不得不離開。一個多月後，張愛玲也離開了文藝營。七月五日，賴雅接到張愛玲的一封信，說已懷了他的孩子。賴雅向張愛玲求婚，但要求她墮胎。一九五六年八月十四日，三十六歲的張愛玲與六十五歲的賴雅在紐約結婚了。張愛玲打胎應在一九五六年七、八月間，因此一九六七年五月中張愛玲在紐約看醫生，顯係非為打胎。況且在這之前賴雅早已中風癱瘓在床，幾個月之後的十月八日就病逝了。

## 札記七：

張愛玲一九六八年七月一日信（編號：三十八）：「我本來不過是寫《怨女》序提到《紅樓夢》，因為興趣關係，越寫越長，喧賓奪主，結果只好光只寫它，完全是個奢侈品，浪費無數的時間，叫苦不迭。」

張愛玲終於寫出一部《紅樓夢魘》來，該書對《紅樓夢》情節更迭改寫的動機、時間次序，以及脂批年代的先後，都做了翔實精細的考訂，而這些考訂又滲入張愛玲多年創作小說的經驗，因此有些想像發揮則膽大放恣，又符合了胡適的「大膽假設，小心求證」的原則。於是我們看到張愛玲率領著一群紅迷，隨著她追蹤曹雪芹二十年間在悼紅軒的「批閱」與「增刪」，是那樣地逸興遄飛，那樣地激動喜悅！《紅樓夢魘》讓張愛玲了卻了她一往情深的有關《紅樓夢》的另一件「創作」！

## 札記八：

張愛玲一九六八年九月二十四日信（編號：三十九）：「他（宋淇）承認我的《紅樓夢》比誰都熟。」、「現在趁手邊有周汝昌的《紅樓夢新證》（有些理論非常可笑，但是這兩段我很贊成）」

宋淇是紅學前輩，早在上個世紀七〇年代初，他就發表了如〈新紅學的發展方向〉、〈論大觀園〉、〈論賈寶玉為諸豔之冠〉等一系列研究《紅樓夢》的論文，每一篇文章都在《紅樓夢》研究領域產生很大影響。後來這些紅學論文結集，名曰《紅樓夢識要》，於二〇〇〇年十二月由中國書店出版。人們通常把紅學研究歸納為索隱派、考證派和文學批評派三大派，宋淇無疑是屬於文學批評派。他研究《紅樓夢》的基本出發點，是認為《紅樓夢》是一部文學作品，是小說，因此他十分注重對《紅樓夢》的文學成就、藝術特色、人物形象及在世界文學史上的地位的研究。

張愛玲八歲開始讀《紅樓夢》，以後每隔三、四年讀一次，從不中斷。她對《紅樓夢》已經熟到「不同的本子不用留神看，稍微眼生點的字自會蹦出來」。小時候她沒有能力辨別續書的真偽，待到看了《胡適文存》裡一篇《紅樓夢》考證，方知有個「舊時真本」，寫湘雲為丐，寶玉做更夫，雪夜重逢結為夫婦，「看了真是石破天驚，雲垂海立，永遠不能忘記。」於是她「十年一覺迷紅樓」，豈只是十年，應該是三十年！

於二〇一二年五月三十一日逝世的紅學專家周汝昌，是享譽海內外的考證派主力和集大成者。他一九五三年出版的《紅樓夢新證》，被譽為「紅學史上一部劃時代的著作」，也奠定了他在紅學上的地位。張愛玲卻直言他的有些理論非常「可笑」。而周汝昌很早以前就接觸到張愛玲的《紅樓夢魘》，但由於張愛玲將《紅樓夢》與「夢魘」二字並列，引發他的反感，竟沒去讀它，這一擱就是十幾年。到了耄耋之年，視力已經不行了，才由他的兩個女兒讀《紅樓夢魘》給他聽。他不但驚歎於張愛玲之才華稟賦，更是對某些「紅學」觀念產生了惺惺相惜的知己感，二〇〇五年他出版了《定是紅樓夢裡人——張愛玲與紅樓夢》，這不僅僅是一本「研紅」之書，還是一本「研張」之書，他詳細地分析了張愛玲對《紅樓夢》研究的方方面面，並肯定了張愛玲在版本學和探佚學的成就，他的每一篇章都像是一封信，一封寫給張愛玲的探討紅學的信，只是在九泉之下的張愛玲，不會有任何回應了。

## 札記九：

張愛玲一九六九年二月二十二日信（編號：四十二）：「我上次信上說到《紅樓夢》前八十回改寫經過，是先證明吳世昌的〈棠村小序〉不對——他說回首批是曹雪芹弟弟寫的《風月寶鑑》序——但是他這條路子對，嚴格執行起來，可以發現一個早本，內容不到現在一半。缺的部份怎樣一件件先後添出，都給算出來，連帶證明三十三／五的這三回本來位置較後。」

我們知道紅學的研究是從所謂「索隱派」開始的，到了一九二一年胡適的考證派又開啟了新紅學的時代。張愛玲雖對胡適有若神明般的敬重，但她卻反對胡適的「自傳說」。她以自己創作小說的經驗認為，雖然《紅樓夢》中有「細節套用實事」的地方，但基本上它是虛構的文學作品，因此要回到文學的層面來研究它的不同版本和改寫，從而看出曹雪芹如何處理情節架構、人物塑造等等，它應該是文學、文本的探究，而非歷史、曹家的考證。

張愛玲在《紅樓夢魘》一書中，曾經煞費筆墨地研究了《紅樓夢》的版本改寫，其中〈四詳紅樓夢〉、〈五詳紅樓夢〉諸文則是直接地就「改寫」和「舊時真本」為重點，反覆對照，細緻入微地挖掘其中的成因、深意和相異之處。張愛玲以她創作的體驗指出《紅樓夢》的原作者，是如何將寶、黛的愛情故事（根據脂硯小時候的一段戀情擬想的），逐漸暗化、轉化、提煉、發揮、補充的過程，並看出原作者如何在小說中偷渡自己的靈魂，但最終仍然分得清創作和真實究竟是不同的兩碼事。張愛玲晚年這些一針見血的精闢論調，無可諱言的是來自她自身改寫作品的心得。

而關於《紅樓夢》的增刪，張愛玲是反對紅學家吳世昌（著有《紅樓夢探源》）處處將新舊稿對立，她認為那是過分簡單的看法。因為新舊稿之間應該是血脈相連的，而在這無數次的增刪中，能夠看出其中的端倪，才算得上是獨具慧眼的。

## 札記十：

張愛玲一九六九年元月三日信（編號：四十一）：「（《十八春》）末尾改寫過，你猜得很對。叔惠原赴延安，改出國，返滬改勝利後，提早四五年。曼楨世鈞重逢本來也是這樣，不過寫得perfunctory，沒精打彩的。最後叔惠翠芝一場沒有。翠芝被說服，帶著孩子偕世鈞曼楨同報名赴東北服務——二女的場面沒有，都極簡單——一次晚會看表演，遇見豫瑾，與世鈞招呼：「你也到東北來了？曼楨呢？」世鈞說：「她也來了，今天有點不舒服，在宿舍裡，你待會去看看她，正用得著你這醫生。」豫瑾聽見曼楨與他同來，以為她離婚後一定與世鈞結合了。世鈞知道他誤會了，忙介紹翠芝：「這是我的愛人。」看豫瑾這一會工夫面色倒變了兩次。臺上正唱得熱鬧，一回頭發現豫瑾已經不見了，去找曼楨去了。」

張愛玲從《十八春》到《半生緣》的改寫，光題目就曾經有過五、六個，一九六八年在《皇冠》雜誌的第二十八卷第二期到第二十九卷第五期連載時，題目是用《惘然記》並在題名後引了李商隱的「此情可待成追憶，只是當時已惘然」的詩句。張愛玲是喜歡《惘然記》這書名的，後來會改為《半生緣》是宋淇的建議，因為《惘然記》固然別緻，但不像小說名字，至少電影版權是很難賣掉的。《半生緣》俗氣得多，可是容易為讀者所接受。

首先《半生緣》一開頭，張愛玲把原有的十八年改為十四年，看來她除想迴避《十八春》原有的直接對男性自私的批判外（案：〈十八春〉原是傳統京戲《汾河灣》中的唱詞，這齣戲敘述薛仁貴與妻子柳迎春分別十八載，驀地重逢，仁貴卻懷疑妻子有私情。），是因為小說結局從解放後提早到解放前，他們認識的時間不變，但重逢的時間提早了四年。原有《十八春》有十八章，到了《半生緣》改成十七章，小說前面三分之二除時間的修改和一些極個別字句、段落的增刪外，和《十八春》沒有兩樣。但從第十三章叔惠的出國，改動較大。共有三處更動，一是將張慕瑾（改為豫瑾）本人被誣為漢奸遭國民黨逮捕，其妻受酷刑致死這段交代，改成了張妻被日本人輪姦死去，張本人被抓後，下落不明。二是將許叔惠赴延安變為到美國留學。三是准團圓的結尾被刪去，《十八春》的結尾，寫世鈞、曼楨、翠芝等都到東北去「參加革命」，其時已到了解放後，這不知怎麼就成了世鈞和翠芝「感情的再出發」；同時還出現了對曼楨傾慕已久的男子慕瑾，作者的用意似乎想藉此暗示曼楨日後的幸福。

張愛玲似乎也覺得這個特意弄出來的尾巴不像樣、不和諧，對她的人物的「新生」和幸福的有意暗示，不過是一種虛假的允諾，缺乏邏輯發展的依據和基本的常理認同。於是在《半生緣》時，她割掉這多餘的尾巴。因此《半生緣》完全擺脫時代政治的影子，較《十八春》多了張愛玲式的人生況味，又回到了早期作品《傳奇》的天地裡，當然它也留下一個美麗而蒼涼的手勢。

## 札記十一：

同上封信，張愛玲又說：「柳存仁我認識，宋淇也告訴我他要到哈佛來，我已經寄書給他。他那篇〈倫敦兩個圖書館的中國通俗小說〉登在什麼刊物上，我想在下一篇提一聲作為更正。」

柳存仁就是四〇年代與張愛玲同時期的作家柳雨生（一九一七－二〇〇九），他在一九四三年四月於上海創刊《風雨談》雜誌，倚仗太平印刷公司的雄厚財力（甚至有汪偽資金），《風雨談》一出版便是一百五十六頁的三十二開本，更集結了一批南北名家如周作人、沈啟无、周越然、紀果庵、譚正璧、譚惟翰、予且、周黎庵、陶亢德、蘇青等人。柳雨生也在蘇青《天地》寫過稿，《天地》第四期扉頁背面就登過五個作家的照片，五顆星式的佈局，張愛玲居中，左上角是柳雨生，右上角紀果庵，左下周班公，右下譚惟翰。《風雨談》是明顯親日的雜誌，張愛玲並沒有為《風雨談》寫過任何一篇稿子，倒是柳雨生在一九四四年十月《風雨談》第十五月期寫了〈說張愛玲〉一文，其中云：「尋思我國有過什麼時代出產過這樣的一位不庸俗的文士呢？在近年不是久矣沒有看到的麼？其作品所描寫的人們之生活，如以香港的華洋雜處的婦女們之私生活為背景的，其錦繡古玩，服裝華飾，一隻玉鐲，一瓶鼻煙，何一非承繼盛伯熙或潘伯鷹們的時代之所謂盛世的氛圍而來的呢？其言語、舉止、笑貌、嗚咽，以及其淒麗的沒落的環境，有什麼不可以為我們興悲或哀鬱的對象的呢？」而在《傾城之戀演出特刊》中柳雨生寫了〈如果《傾城之戀》排了戲〉評介道：「在此動盪的時代環境裏而猶能見到如此精練圓熟的文字，未嘗不可說是一種非偶然的奇蹟。」一九四四年十二月十六日起《傾城之戀》在新光大戲院公演，柳雨生說：「她（案：張愛玲）送了我十七夜場的戲票。可是，我因為急於快睹，十六夜先偕友人石小姐同往一觀。」在十二月二十八日的上海《中華日報・中華副刊》，柳雨生發表了〈觀《傾城之戀》〉，他說：「這戲無疑地仍舊不失為一九四四至四五年間的一齣好戲——重頭的、生動的、有血肉的哀艷故事。」

柳雨生是上海淪陷時期漢奸文學活動的「臺柱」之一。因此戰後被以「漢奸文人」罪名緝捕治罪。不久被釋放後的柳雨生來到香港，先後任教於香港皇仁書院和羅富國師範學院。一九五七年以《佛道教影響中國小說考》（《Buddhist and Taoist Influences on Chinese Novels》）的論文，獲得英國倫敦大學哲學博士學位。從此轉入學術研究，並以柳存仁之名聞於世，一九六二年被澳洲國立大學聘為中文系教授，從此他就定居澳洲。曾被邀到美國哥倫比亞大學、夏威夷大學、哈佛燕京社、巴黎大學、香港中文大學、日本早稻田大學、馬來亞大學和新加坡大學做訪問教授和訪問研究員，是國際著名的道藏學者。

〈倫敦兩個圖書館的中國通俗小說〉顯係張愛玲記錯了，它非是一篇文章，而是一本書。柳存仁說，住在倫敦總是要做點事，所以他就寫了《倫敦所見中國小說書錄》（Chinese Popular Fiction in Two London Libraries）「其實是一本英文書，那本英文書就把我所見的英國博物院、英國亞洲學會所藏的明清小說，大概都看過了，每一本都做了提要。」該書一九六七年由香港龍門書店出版。

## 札記十二：

張愛玲一九六九年十月十三日信（編號：四五）：「這些事姚克最清楚，而且熱心解答。我有些零碎的問題預備積得多些再問他，你大概等著用，不然我可以代問。」

夏志清說：「我想早在四〇年代的上海，愛玲即同姚克相識了，深知其雜學之博廣，所以『零碎問題』積多了即去問他。她在十月十三日信上把姚推薦給我。世上真有巧事，不出多天我即收到了莘農先生同月三十日從火奴魯魯寄我的生平第一封信，謂『客中無俚，先生如不嫌棄，希望通信賜教，這是我所企望的』。顯然那年夏天，他率家眷從香港來夏威夷大學亞太語言系（Department of Asian and Pacific Languages）就任新職，美國同行朋友不多，特別來信同我聯絡感情的。」

姚克（一九〇五－一九九一），字莘農。他成名甚早，早在一九三五年就是被稱為民國以來水準最高的英文學術性刊物《天下》月刊（T'ien Hsia Monthly）的編輯之一。一九三六年起，姚克投身於上海的電影、戲劇事業。後來，他獲得洛克菲勒基金會研究基金到美國耶魯大學戲劇學院研究戲劇。一九四〇年夏，他返回「孤島」上海，一面在聖約翰大學任教，一面又從事戲劇活動，與黃佐臨、吳仞之等創辦「上海職業劇團」，主持「金星訓練班」、「苦幹訓練班」。一九四一年由姚克編劇，費穆導演之四幕史劇《清宮怨》，一時好評如潮，轟動劇壇，咸推為其代表作。一九四二年張愛玲從香港大學肄業回到上海，夏志清說姚、張兩人在四〇年代相識，只是他個人的猜想，目前查不到任何有關的文獻記載，直到一九四八年秋，這五、六年期間不排除兩人有見面的可能。一九四八年秋，姚克就南下香港，在香江居停二十一年之久。更大的可能是兩人在香港見過面，據作家符立中說，電懋（國際電影懋業公司）老闆陸運濤成立劇本審查委員會，邀集戲劇大師姚克、哈佛文學博士孫晉三及宋淇、張愛玲等文化俊彥共同組成。張愛玲一九五五年離港赴美前夕，其實是預支了一部分的劇本費，《情場如戰場》和《人財兩得》電影劇本是到美國之後，寫完寄回香港的。

## 札記十三：

張愛玲一九七四年四月五日信致水晶函（編號：六四的附件）：「又，那些集體照片上有些有干礙的人物，不便發表，不犯著又招罵，於我姑姑也有礙。」

張愛玲所說的那些集體照片，是指一九四五年七月二十一日，《雜誌》月刊社在上海咸陽路二號舉辦的〈納涼會〉會後的合影。張愛玲坐在前排（獨自一人），其餘諸人立於其後，從右起分別是：金雄白、陳彬龢、陳女士、李香蘭、炎櫻、張愛玲姑姑張茂淵。除此而外參加〈納涼會〉，但沒入鏡的還有日本軍方的松本大尉及掌理日本在華文化宣傳的「中華電影社」副社長川喜多長政。其中金雄白、陳彬龢當時都是親汪偽或親日的新聞界前輩，在抗戰勝利後被以「漢奸」罪論處，金雄白被關進了監獄，財產遭籍沒，原被判處十年有期徒刑，後減刑為兩年半；陳彬龢則潛匿在東南鄰近各省的小城鎮中，逃亡兩年，歷經九省，竟然躲過「追捕漢奸」的羅網，一九四七年年底，終於逃到香港定居。

那次〈納涼會〉也成了張愛玲在淪陷時期公開場合露面的最後一次。對於此次的座談會，學者余斌認為「以她（張愛玲）的交往，她對時局的變化不會一無所知，按照常理，在這種時候她多少應該存個心，不要和李香蘭、金雄白、陳彬龢這些有漢奸嫌疑的人物攪在一起（何況是公開露面），免得以後更說不清。但是張愛玲就是張愛玲，……她有她自己的判斷，有她自己的完整，有屬於她自己的與旁人無干的天地。以此，她拒絕出席『大東亞文學者大會』，也以此，她不避嫌疑在這個時候去參加〈納涼會〉。」

抗戰勝利後，張愛玲因是漢奸胡蘭成的太太，一時間她成為公眾謾罵的焦點，社會輿論欲置之於死地而後快。從一九四五年八月到一九四六年十一月的一年多的時間裡面，張愛玲沒有發表任何一篇文章，事實上也沒有任何機會讓她發表文章。面對輿論排山倒海地指責她是「海上文妖」，她只有關在家裡自我沉潛，忍受最深沉的煎熬。

由於有上海時期的慘痛教訓，張愛玲對於「漢奸」的指責是極為敏感的。此時她要水晶不要發表那些照片，顯然有些憂讒畏譏的心理。這可以和她後來在一九七七年十二月發表〈色，戒〉後，張系國的指控，張愛玲的反駁，連在一起看。

張愛玲一九七八年十一月二十六日信（編號：八十九）：「我也寫了篇東西關於〈色，戒〉，講域外人那篇文章。我投稿都託宋淇轉寄，也是讓他幫著看看有沒有礙語。這次剛碰上香港郵局怠工，現在才收到信，知道已經寄給《中國時報》。」張愛玲一九七八年十一月二十七日信（編號：九十）：「還有，讓你這麼忙的時候還要寫文章替〈色，戒〉洗刷，實在抱歉到極點，……」

一九七八年十月一日域外人（張系國）發表〈不吃辣的怎麼胡得出辣子？——評「色，戒」〉於《中國時報・人間副刊》。一向「慢工出細活」的張愛玲，此次出手極快，回應的文章從美國寄到香港給宋淇，又碰到香港郵局怠工，再寄到臺灣，在十一月二十七日就在《中國時報・人間副刊》刊出她的〈羊毛出在羊身上〉。在這期間夏志清也應張愛玲之託拔筆相助，寫了辯駁的文章：「最近張系國在他的『域外人專欄』裡，認為張愛玲在〈色，戒〉裡沒有強調汪朝重臣的『漢奸』性，表示十分遺憾。其實張寫的是一則永恆性的人間故事，發生在汪精衛時代的上海也可以，發生在袁世凱復辟時期的北京，阮大鋮、侯方域時代的南京也可以，祇因張自己對偽政府時代的上海特別熟悉，就採用了這個背景——他無意寫人物個性忠奸立判的小說。」張系國的文章，就「政治立場」而言，顯得深文周納，有上綱上線之嫌，因此逼得張愛玲再也忍不住跳出作回應，因為「漢奸」之說，是她生命中難以承受之重。

## 札記十四：

張愛玲一九七六年三月十五日信（編號：七十二）：「你定做的那篇小說就是《小團圓》，而且長達十八萬字（！），不然也不會忙亂得連國號都不認得了。出書前先在皇冠、聯合報連載，一定轉寄給你。」（三月十八日張愛玲又給夏志清一信，說把世界日報誤作聯合報）。（編號：七十三）

夏志清說：「寫此信時，愛玲顯然已把長達十八萬字的《小團圓》初稿寫就，而且已同《皇冠》、美國《世界日報》說好，由此二報刊同時連載。愛玲以前的信上早已提到過《小團圓》，此信才點明小說是我出的主意，它是特為我『定做』的。《小團圓》在宋淇夫婦相繼過世後，由其公子宋以朗授權，遲至二〇〇九年才由皇冠出版。」《小團圓》書中所寫的母親、姑姑及家族堂表間奇怪的男女、女女關係，常態性亂倫，遠比張胡戀更駭人聽聞。但宋淇當時顧忌的是胡蘭成正在臺灣，《小團圓》若發表或出版，胡蘭成會趁機炒作，他究竟是個漢奸，在當時的政治氛圍下，張愛玲「聲敗名裂也許不至於，臺灣的寫作生涯是完了」。因此他在一九七六年四月二八日給張愛玲的回信說：「此書恐怕不能發表或出版。連鑫濤都會考慮再三，這本書也許會撈一筆，但他不會肯自毀長城的。」

## 札記十五：

張愛玲一九七八年八月二十日信（編號：八十八）：「〈同學少年都不賤〉這篇小說除了外界的阻力，我一寄出也就發現它本身毛病很大，已經擱開了。」

張愛玲這一「擱開」竟然歷經二十六個年頭，到二〇〇四年，也就是張愛玲過世九年後，〈同學少年都不賤〉這中篇小說，才以「遺作」之名出版。

## 札記十六：

張愛玲一九九四年五月二日信（編號：一百一十八）：「收到信只看帳單與時限急迫的業務信。你的信與久未通音訊的炎櫻的都沒拆開收了起來。」

夏志清說：「這是愛玲給我的最後一封信，距她辭世一年又四個月，她去柏克萊後，就感冒不斷，搬到洛杉磯，又屢次搬家，看牙齒，非常勞累！身體越來越壞，連拆信的精神都沒有，……」。

一九九四年春，我們透過《皇冠》雜誌社的協助，轉寄上《作家身影》的企畫書以及一封長信。經過了數個月，我們突然接到來自洛杉磯西木給導演雷驤的傳真，內容如下：

雷驤先生：

收到尊函，感到非常榮幸。苦於體力精力不濟，自己的工作時間都已經縮減到實在無法交代的程度，電視影集只好援引製片家高爾溫那句名言：「把我包括在外。」仔細看了您寄來的企畫書後又充分考慮過，所以沒能照您所囑從速答覆，希望沒太晚耽誤計畫的進行。您節目內要用《對照記》裡的圖片文字，本來不成問題，可逕與皇冠接洽，當然光用它根本用不上。惟有遙寄最深的歉意。

匆此即頌

大安

張愛玲

傳真的日期是一九九四年的八月十八日，此傳真較給夏志清的信晚了三個半月，是否是張愛玲的最後對外的通信，不得而知。但一年後她告別了人世。一九九七年十月底《作家身影》的〈孤島的閃光——張愛玲〉紀錄片在臺灣電視公司首播，但張愛玲卻永遠看不到了，同樣地我們對張愛玲「惟有遙寄最深的歉意」！

# 難忘兩代情
## ——訪宋以朗談張愛玲及《小團圓》

### 引子

二〇〇九年二月二十四日張愛玲的《小團圓》在臺灣出版了，透過聯合文學及皇冠文化公司的安排，在次日上午我採訪到宋以朗先生。雖然早聞其名，但還是首次識荊。記得去年五月二十七日日本《朝日新聞》駐香港記者外岡秀俊來採訪我談《色・戒》，就是宋以朗給的訊息。因此彼此相互都熟悉，但卻緣慳一面。

在安靜柔和的咖啡館坐定，我首先送給他我和雷驤導演在一九九三年拍攝歷經四年完成的張愛玲紀錄片，並告知當年幾次要訪問他的父親宋淇先生，但無奈他病重還戴氧氣罩，也使得與張愛玲最親近的人，在此紀錄片無法入鏡的遺憾。另外我還送他我在二〇〇三年出版的《傳奇未完——張愛玲》一書，在該書中有一章〈《色・戒》的背後〉，我當時就發現該作品的特殊性，後來才有推薦給製片家徐立功先生，再轉到李安導演的手中。宋以朗表示該書在香港他一直沒找著，至於後來我又寫的《色戒愛玲》他已經有了。

## 名人之後・家學淵源

聯合文學主編鄭順聰說明來意之後，我們開始「細說從頭」。首先我拿出一九七六年出版的《林以亮詩話》，林以亮就是宋淇的筆名。當年我剛大學畢業，沈迷於詩的評論書籍中，後來南北幾度搬遷許多書籍都已散佚，但此書一直保留在身邊。我告知當時我對宋淇的感興趣還不是由於張愛玲的緣故，而是我知道他是宋春舫的兒子。

宋春舫（一八九二－一九三八），是劇作家、戲劇理論家，曾留學瑞士，精通英、德、拉丁等多種文字，回國後任過北京大學、清華大學教授。他同時又是一位藏書家，他的「褐木廬」（Cormora，是宋春舫喜歡的三個戲劇家高乃依Corneille、莫里哀Moliere、拉辛Ra-cime的縮寫）戲劇專業書籍，據說有七千八百冊，被稱為「世界三大藏書家」之一。宋春舫因為生於富豪之家，宋以朗說祖父當時人在歐洲，因歐洲打仗，人們普遍沒有錢，祖父手中有白銀，因此就可以買到大量的上好的書。當時許多文化名人都跑到青島去看「褐木廬」的藏書。梁實秋在〈書房〉一文就說：「我看見過的考究的書房當推宋春舫先生的『褐木廬』為第一。在青島的一個小小的山頭上，這書房並不與其寓邸相連，是單獨的一棟。環境清幽，只有鳥語花香，沒有塵囂市擾。……在這裏，所有的圖書都是放在玻璃櫃裏，櫃比人高，但不及棟，我記得藏書是以法文戲劇為主。所有的書都是精裝，不全是膠硬粗布，有些是真的小牛皮裝訂，燙金的字在書脊上排著閃閃發亮。」宋以朗說他後來在美國工作時跟他辦事的有位來自青島的中國女孩，他向她打聽福山路六號的「褐木廬」的消息，女孩寫信請他父親去看後告訴他現在住著四戶人家。宋春舫的藏書後來除了捐贈給北京和上海圖書館外，有部分散出，我的朋友研究藏書票的專家吳與文手上就有「褐木廬」的藏書，宋以朗說他手上也有祖父的藏書三本。宋春舫還是最早創作並使用藏書票的作家。

宋淇（一九一九－一九九六），原名宋奇，又名宋悌芬。一九四〇年，畢業於燕京大學西語系。一九四九年，移居香港，專任香港中文大學翻譯研究中心主任，曾經擔任香港中文大學校長助理。任職文化界和電影界。對文學批評、翻譯、《紅樓夢》均有心得。一生著譯極富，有《昨日今日》、《更上一層樓》、《林以亮詩話》、《林以亮論翻譯》、《紅樓夢西遊記：細評紅樓夢新英譯》、《文學與翻譯》、《紅樓夢識要：宋淇紅學論集》、《美國現代七大小說家》等。我建議他整理出全集，宋以朗表示現在正在做，而且香港三聯書店有意出版。我還向他提議大陸要出簡體版，像廣西師大先前也出版陳存仁和宋淇合著的《紅樓夢人物醫事考》，紅學研究家跟名中醫師聯合替《紅樓夢》裡面的人物看病，確實有趣。

宋以朗的母親鄺文美畢業於上海聖約翰大學英文系，曾以方馨為筆名翻譯了美國作家華盛頓・歐文（Washington Irving）的短篇小說《睡谷傳說》（The Legend of SleepyHollow）、亨利・詹姆斯（Henry James）《黛絲・密勒》（Daisy Miller）等等作品。而這些譯作在沒結集出版前，是刊登在香港的《今日世界》雜誌上，當時在臺北是可以買得到的，當年我就買過一些，包括有張愛玲翻譯的作品。

## 宋淇夫婦與張愛玲

在上海時，宋淇和鄺文美都是文化圈中的名人，住在法租界的花園洋房裏，與傅雷毗鄰而居。我原以為在上海時期宋淇夫婦就得識張愛玲，但宋以朗告知是在一九五二年張愛玲到香港以後，才真正見過面的。張愛玲在香港遇到上海老鄉宋淇夫婦自是分外親切。由於生活清貧、創作苦悶，鄺文美常陪她在女青年會的小房間裏聊天，但每到晚上七點多，張愛玲便會催鄺文美回家陪家人，並暱稱鄺文美為「八點鐘的灰姑娘」（8 o'clock Cinderella）。在美國新聞處，張愛玲和鄺文美是同事。張愛玲替美國新聞處翻譯海明威的《老人與海》、瑪喬麗・勞倫斯的《小鹿》、華盛頓・歐文的《無頭騎士》等。宋以朗說其實張愛玲與他母親更為親暱，張愛玲就連想要做件旗袍，也會在信中手繪款式、標明尺寸，寄給母親代為找尋香港的熟識裁縫。晚年寫信時還提到這麼多年來Mae（鄺文美）還是她最親近的人，只是母親沒寫下太多有關張愛玲的文字，而他父親則寫了〈私語張愛玲〉等不少文字，其中〈張愛玲語錄〉甚至還有未發表過的手稿。

一九四九年宋氏夫婦移居香港，宋以朗也在這年出生，見到張愛玲時，他剛三、四歲，情景已不復記憶。只在〈張愛玲語錄〉記載著張愛玲送給小以朗（roland）「見風使舵」四個字。但第二次一九六一年張愛玲先到臺灣來，再轉到香港去寫劇本。宋以朗對此則記憶猶新，他說原先張愛玲在九龍的加多利道他們家附近租了個房間，為了給美國丈夫賴雅籌集醫藥費，她趕寫了兩個劇本，後來在寫《紅樓夢》的劇本時，她就住在宋淇夫婦家中。當時宋以朗就把臥室讓給了張愛玲，爸爸要他去睡客廳。在他的記憶裏，當年的張愛玲終日足不出房，只顧埋頭寫作。後來《紅樓夢》的劇本完成了，但並沒有拍攝，張愛玲也沒有拿到劇本費。有人說回到美國的張愛玲，對宋淇難免有些誤解，我求證於宋以朗，他說從張愛玲給他父親的信中，並沒有看出任何怨言及不對勁的地方，或許是後來的傳記作家的推測罷了。

## 《小團圓》出版的轉折

張愛玲在遺囑中寫道：一旦棄世，所有財產將贈予宋淇夫婦。而一九九六年宋淇過世，宋以朗說母親生前遲未決定《小團圓》的去向，患得患失。加之母親是極度不願在媒體曝光的人，一旦要出版勢必免不了要面對媒體。二〇〇七年十一月母親過世，這事就落到他的身上。《小團圓》的出版，宋以朗在該書的前言已經詳細的說明了。宋以朗認為，張愛玲雖曾考慮銷毀《小團圓》，但她根本捨不得。去年他用了數個月整理和研究張愛玲與父母四十年間六百多封、四十萬字的書信，發現在一九九三、九四年間，她仍多次與父親討論修改書中內容，證明她很珍視並也仍想出版此書。而一九九三年十月張愛玲給皇冠主編的信寫道：「《小團圓》一定要盡早寫完，不會再對讀者食言。」也因此宋以朗在去年十月決定要出版《小團圓》。其實該書的原稿六百二十八頁，在一九九五年已由皇冠平鑫濤老闆親赴香港帶回鎖在保險箱中，全部書稿張愛玲生前都重新抄過，字跡工整，因此編排校對極為順利，只短短幾個月的時間終於和讀者見面了。

宋以朗談到《小團圓》時表示，那是張愛玲在一九六〇年代在美國以英文撰寫的廿三萬字的自傳性小說《易經》（Book of Change），後來她從中抽出一節加以改寫而成，而" Book of Change" 書稿因太厚當時找不到出版社出版。《小團圓》有著太多的自傳成分，宋以朗說故事從香港寫起，其中第一、二章有〈燼餘錄〉的影子。我覺得雖然書中的人物名字都改了，但太多的情節是寫張愛玲本身經歷的事。尤其和胡蘭成所寫的《今生今世》相對照，兩人有時都同寫一事，只是觀點、筆調迴然有別，胡蘭成顯得風流自賞，而張愛玲則趨於平實。其中九莉是張愛玲本人，文姬可說是指蘇青，而寫邵之雍（胡蘭成）從華北找了虞克潛來，到報社幫忙。虞克潛是當代首席名作家的大弟子。明眼人一看應該知道張愛玲說的是沈啟无，他是周作人的四大弟子之一。在他在胡蘭成辦的《苦竹》雜誌還寫有〈南來隨筆〉，對張愛玲頗多讚賞。一九四五年初隨胡蘭成到武漢辦《大楚報》，因在胡蘭成的小情人周訓德面前說了許多胡蘭成的風流往事，胡蘭成得知後，當面教訓了他一頓。《小團圓》書中說她看見他眼睛在眼鏡邊緣下斜溜著她，不禁想道：「這人心術不正。」這恐怕是受了胡蘭成的影響，在胡的書中甚至把沈啟无講得有些不堪，但恐非實情。他如像張愛玲幫胡蘭成在溫州的新歡范秀美畫像，兩人書中都有提到此事，只是在《小團圓》裡范秀美化身為玲玉。胡書和《小團圓》都提到婚書寫著「歲月靜好，現世安穩」一字不差。《小團圓》後來出現了「燕山」這個人物，似乎大家會想道桑弧。宋以朗說實際上桑弧是導演，而在書中卻換成演員的身份。張愛玲與桑弧合作過兩部電影，一編一導，當時像龔之方等人都想湊合這一對，外面也有些流言，我們不知當時張愛玲心中可曾有過一些悸動。當年我們在拍張愛玲的紀錄片時曾訪問過桑弧，他看著我們遞給他的張愛玲的照片時，他說「因為幾十年沒通音信了，我很難發表意見，我不準備談」，幾句話輕輕帶過，箇中消息，令人難以索解。

《小團圓》在一九七六年寫成，當時宋淇是反對出版的，因為太多人會「對號入座」，何況當時胡蘭成還在臺灣。「漢奸」的標籤當時還是生命中難以承受之重，他不願張愛玲捲入其中，這層顧慮無疑是必要的。我們看在這之後張愛玲發表了〈色‧戒〉，當時張愛玲還被指責有「歌頌漢奸」的嫌疑，苟若《小團圓》在當時出版，能不捲起千堆雪嗎？宋淇當時甚至要張愛玲更改男女主角的身份，將邵之雍改為地下工作者，九莉改為學醫的。宋以朗說後來她都沒有改，因為張愛玲回信中說醫師這行業，她完全不懂，怎麼改？

## 張愛玲未完

張愛玲過世已十四個年頭了，但她的書還是一本一本地出來，一如生前，這在作家群中也是個異數。《小團圓》當然不會是最後一本，未來還會有《易經》（Book of Change）的出版。宋以朗說張愛玲在寫作時就把它分為上、下，所以未來出版會有上、下兩冊。從書稿上看在一九六〇或一九六四年賴雅還幫張愛玲改過"Book of Change"。至於未來中文版的書名，我建議他要取一個張愛玲式的書名，即使用「張愛玲的《易經》」都少了些韻味。張愛玲的小說篇名都是具象又是抽象的結合，有具體的形象，又充滿無限的想像空間。例如〈第一爐香〉、〈茉莉香片〉、〈金鎖記〉、〈紅玫瑰與白玫瑰〉、〈傾城之戀〉，甚至到〈色‧戒〉、〈小團圓〉。她在篇名或書名，無不用盡巧思，畫龍點睛，一字之易，盡得風流。她大概現代作家中最注重篇名或書名者，難怪她還寫了〈必也正名乎〉的文章，一再地強調。唯一的例外是《半生緣》，那是宋淇為她取的。宋淇說：「《半生緣》這書名愛玲考慮了許久才決定採用的。一九六六年十二月她來信說：《十八春》本想改名『浮世繪』，似不切題；『悲歡離合』又太直；『相見歡』又偏重了『歡』；『急管哀弦』又調子太快。次年五月舊事重提，說正在考慮用『惘然記』，拿不定主意。我站在讀者的立場表示反對，因為『惘然記』固然別緻，但不像小說名字，至少電影版權是很難賣掉的。《半生緣》俗氣得多，可是容易為讀者所接受。愛玲終於採納了這客觀的意見。」上次宋淇完成了任務，這次恐怕得讓宋以朗傷腦筋了。

當然傷腦筋的事還不只這樁，目前他在整理張愛玲的書信，有張愛玲寫給宋淇的四百餘封信，而宋淇夫婦的回信也有二百餘封。他用心的排比這些書信，試圖儘量讓它有來信有回信，彷彿兩人隔海對話般。但他發現早期有段時間父親給張愛玲的信全無了，原因是這段期間張愛玲在搬家中弄丟了，而宋淇給張愛玲的信一般都會影印留底，但早期影印機尚未發明，因此連副本都沒存留，根本無法對話，只能有張愛玲單方面的書信。面對這批如此龐大的往來書信，宋以朗說他原本想將它歸類，像兩人談《小團圓》的歸成一類，兩人談《紅樓夢》的又歸成一類。我告知他這會遇到相當大的困擾，因為屆時你會發現有許多信是無法歸入哪類的，加之歸類後勢必打亂了時間次序，相近的兩封信若主題不同，勢必被歸到不同的類別，但兩封信的承先啟後的訊息，也將隨之不見了。這雖然方便了某些研究者，但對廣大的讀者而言在閱讀上得翻來覆去，勢必治絲愈繁。因此最好的辦法是按時間前後次序排列，最後再做一索引，索引有提要，讀者很快的就可以找到他們想要看的書信。如此一來在閱讀上或研究上，應該都可以同時兼顧到。可算是兩全其美的辦法。

## 餘韻

身為張愛玲好友的兒子，我原本以為宋以朗在美國的時候，會跟張愛玲有所聯繫的。但他說他在紐約的時候，並沒有去找過張愛玲，因為當時她已搬到洛杉磯去了。倒是從司馬新的《張愛玲與賴雅》一書中，他得知張愛玲的好友炎櫻也住在紐約，而且就住在他住所的對街，但他也沒有去找她。而後來在張愛玲遺留的書信中，他發現在美國期間炎櫻曾寫過三封英文信信給張愛玲，但張愛玲並沒有回信。其中第一封她告知張愛玲有她姑姑在上海的地址，並有朋友會到上海去，可與她姑姑聯絡。而最後一封是寫於一九九一年，炎櫻一開頭就抱怨說，我不明白為何你總不回我的信，她並告訴張愛玲她是股票專家、是投資的天才，但張愛玲此時已與世隔絕了，自然並不為所動。炎櫻一直活到一九九七年，也就是張愛玲過世的兩年後才過世的。

現在成為張愛玲文學遺產的執行人，宋以朗將繼續和張愛玲的兩代情。儘管《小團圓》在出版上有些不同的聲音，但在塵封三十三年的作品，終於能得見天日，未嘗不是一件美事。尤其在「胡張戀」之中，長期以來就只是胡蘭成單方面的誇誇其談，張愛玲始終充當了「最是傷心終無言」的一個無言角色。但是她是有話要說的，答案就靜靜地躺在《小團圓》中。從她得知別人要寫她的傳記後，她以十個月的時間寫完《小團圓》，難道她不是認為我的故事應該我自己來寫更適合嗎？但是她選擇不寫傳記，而寫小說，是有其用意的。記得她說過的話：「在文字的溝通上，小說是兩點之間最短的距離。就連最親切的身邊散文，是對熟朋友的態度，也總還要保持一點距離。只有小說可以不尊重隱私權。但是並不是窺視別人，而是暫時或多或少地認同，像演員沉浸在一個角色裡，也成為自身的一次經驗」。我們不能剝奪張愛玲對這段戀情的一次坦露自己，但如何在她的書中看出她的「穿、插、藏、閃」，而不是膠柱鼓瑟的去「對號入座」，或許才是真正體會到她所傳達的訊息。

張愛玲的書信集，一直以來都被認為瞭解張愛玲的一手資料。在她與夏志清、莊信正先生往來的書信，相繼公開以來，最後一批，量最大，內容最精彩的，就屬與宋淇夫婦的。我們也同時盼望它早日出版。

不斷地打撈或整理，豐富了研究者的資料，也讓讀者完整的讀到作者的所有作品。得窺全貌，才能探索作者的心靈。傳奇未完，張愛玲更是未完。讓我們一步一步地走近。

# 從一篇佚文看蘇青與姜貴的一段情

二〇〇九年張愛玲的遺作《小團圓》問世，再度掀起話題，一時之間報章雜誌「滿城爭說《小團圓》」。當代中國作家的遺著，還能引起如此熱烈地討論者，大概只有我們「祖師奶奶」了。在如此巨大的討論中，有相當大的篇幅集中於《小團圓》的影射人物，《小團圓》是自傳體小說，無庸諱言，有它指涉的對象，但張愛玲寫起小說來，充滿想像力，「穿、插、藏、閃」，一直是她的拿手絕活。因此《小團圓》書中，即便你對出「實際」的人物，有些事你還是無法「一一覆按」的。而不同於張愛玲，蘇青的《續結婚十年》雖也是自傳體小說，但它是紀實的，甚少有虛構的地方。對《續結婚十年》甚有研究的黃惲就說：「張愛玲一直是個虛構的高手，即寫自己也有筆下故弄狡獪處，而蘇青才是寫實的作家。她很可能是想像力不足，所以張愛玲說蘇青近於世俗，言下自己才充盈著靈性呢！」因此《續結婚十年》，是秉承《孽海花》以降的小說傳統，蘇青採用化名去寫真實的故事。黃惲就考證索隱出其中人物對照表：金世誠（金總理）——陳公博；戚中江——周佛海；徐光來——朱樸；魯思純——陶亢德；潘子美——柳雨生；周凡——譚惟翰；木然——實齋；范其時——魯風；秋韻聲——關露；袁尚文——金性堯；周禮堂——紀果庵；談維明——胡蘭成；郭小姐——莫國康；鄭烈——袁殊；張明健——吳嬰之；錢英俊——周黎庵；共十餘人。蘇青在寫這部小說時，或許有為離婚後的這幾年，留下生活實錄，而這段期間正好是上海淪陷時期到抗戰勝利後的初期，她同時也記載了當時文壇這些作家的情況，其史料價值正不言可喻。

蘇青的《續結婚十年》第二十小節〈十二因緣空色相〉記載她和「謝上校」的一段戀情，後來兩人還曾賦同居過一段日子。根據蘇青的習慣書中所寫的是「確有其人」也「確有其事」。然查大陸的相關研究書籍及三本蘇青的傳記，均無人提及「謝上校」所指為何人。日前與臺灣史料專家秦賢次兄閒聊，秦兄告知他聽聞姜貴的研究者應鳳凰女士提及「謝上校」當為姜貴（日後在臺灣文壇鼎鼎大名，寫有《旋風》、《重陽》、《碧海青天夜夜心》等小說。）。於是查了應女士所寫〈姜貴的一生〉（收入於其所編的《姜貴的小說續編》一書），果有「抗戰勝利時，姜貴已是湯恩伯將軍總部一員上校。在上海接收，可說十分風光。他與當時的上海文藝界亦有往來。出版《結婚十年》的當紅女作家蘇青，有篇文章提到『某上校』即是姜貴，這是他親口告訴好友墨人的。而他與蘇青的一段戀愛，經姜貴的『重塑』，清清楚楚寫在另一個中篇〈三豔婦〉之中。」

姜貴（一九〇八－一九八〇）本名王意堅，後改名王林渡，山東諸城人。曾就讀於濟南省立一中，後轉學青島膠澳中學。一九二六年中學畢業，到廣州國民黨中央黨部工作。九一八事變後到北平鐵道學院讀書。一九三五年任職於徐州津浦鐵路。一九三七年將妻子安置於重慶後，就抗戰從軍，抗戰勝利時已是湯恩伯部下一名上校，參與了上海接收。在這期間他認識了蘇青，所以身份是「王上校」沒錯，蘇青寫入書中時習慣改名換姓的。他們兩人相識後就過從甚密，終賦同居。因此當時上海的方型周刊（小報）《東南風》在一九四六年第六期，曾刊有名為「期森」寫的〈蘇青的靠山是一個軍人〉的文章說：「……近聞蘇見漢奸多告復活，久寂思動，結識一某軍人作其保鑣，擬辦一『白話旬刊』，其通訊處為靜安寺路某弄，大事宣傳，毫不知恥，誠怪事也。」。一九四六年姜貴辭去軍職，稍後在上海出任中國工礦銀行總管理處秘書，兼江海銀行總行秘書處長，且擔任永興產物保險公司業務副理。一九四八年十二月舉家到臺灣，住在臺南十七年。起初經商，後來經商失敗，逐漸以寫稿賣文謀生。

姜貴的中篇小說〈三婦豔〉原發表於一九七一年十二月一日出版的《文藝月刊》第三十期，曾收入遠景一九七七年三月初版的《蘇不纏的世界》一書，一九八七年應鳳凰編《姜貴的小說續編》（九歌出版）又收入此篇，唯改題為〈三豔婦〉。〈三婦豔〉其實也可以說是姜貴的自傳體小說，描寫他與三位女子的愛戀情結，是為他一生中的三段豔事，故名之為〈三婦豔〉。改題為〈三豔婦〉，似有些名不符實，因小說中任何一位女子都無以當為「豔婦」也。

姜貴在該篇小說中也一如蘇青採用化名的手法，但明眼的人馬上可以看出其中的影射。他說在這三名女子中，有一位名叫「蘇白」，她寫了一部《離婚十年》（案：實際上當為《結婚十年》），她把「飲食男女，人之大慾存焉」改為「飲食男，女人之大慾存焉」，生動妙絕，可謂慧黠之極。她有個短篇集子，題名《飲食男女》……至此蘇青的形象已經呼之欲出，昭然若揭了。

我們再看小說〈三婦豔〉中的一段描寫：

我與蘇白往來日密。有天晚上我去看她，事先未約定，時間又遲了些。發現她十一二歲的兩個女兒，在地上打鋪睡覺，而大床空著。她一個人還坐著，一燈相對，若有所待。

「怎麼還沒睡覺？大牀空著，你是不是等人？」

「是的。」

「等誰？要是就快來了，我馬上就走。」

「等的人已經來了。要是你不走，我等的就是你。」

「怎麼知道我要來？」

「那很簡單，因為我天天都等。」

這使我不覺漸漸著迷。離婚丈夫就住在對面二樓上，也還不曾結婚，如果這邊不拉窗簾，他居高臨下，一目了然。丈夫是律師，為了雙方的某種利益，有人說他們離婚是假的。我問過她，她斷然否認。律師的業務不振，她託南京偽府的陳，替他找過差事。差事不好，幹了一陣辭掉。如此而已。

離婚後的蘇青獨自撫養兩個女兒，前夫李欽后的情況也一如小說中所描寫的，連蘇青的對白都像極了她的個性，這不是曾是「枕邊人」是很難描摹得出的。小說又說：「對於蘇白，說老實的，我已漸漸著迷。她是南京偽府陳（案：陳公博）的一碟青菜，卻是我的山珍海味。……總之，為了和蘇白方便相會，我決定弄個房子。……周君先帶我去看看，我又帶蘇白去看看，中意，一個晚上，就住進去了。」而蘇青在《續結婚十年》中對謝上校的「金屋藏嬌」有細膩的描寫：

有一天，他忽然對我說，有人送給他一幢接收下來的房子，他是不久要回部隊的，房子空著沒有用，不如送給我去住了吧。女人大都是貪小利的，我也自然不能例外，嘴裡儘管說：「這怎麼好意思呢？」心裡也不免覺得高興。

又過了幾天，他說房子家具都收拾好了，不過他是一個武人，恐怕不夠藝術眼光，還是請我自己去看看吧。「等你把一切都布置好了以後，再去把你的兒女接回來同住吧。」他怪周到地替我設想好了。

就在一個下著毛毛雨的傍晚，他坐著一輛小汽車來接我去了，汽車穿過許多濕淋淋的街道，他欲語又止，我含笑凝視著他，等他說出話來，最後他這才怪抱歉似的一字一句說道：「我……因為……那房子……必須用我的名義才可以接收下來……所以……所以……只得……對他們說……說……你是……」

「說我是怎麼呢？」我恐怕房子有問題，不禁焦急地問。

他俯首不語，半晌，這才抬起頭來向我告罪道：「我很抱歉，好在我明天就要回去了，我只好對他們說你是我的太太。」

我驟然覺得臉熱起來，把眼光移開，他卻獨自微笑了。

姜貴和蘇青的小說兩相對照，相互呼應的地方倒不少，可看出相當大成分的真實性。只是一般讀者還是常常會把它們當小說看，因為他們對當時的時空背景、人與事，沒那麼熟悉，一時沒那麼容易地「對號入座」。而這或許也是姜貴敢於「重塑」這段故事的原因之一。

筆者做為一個史料研究者，當然也不能因此兩篇小說而去百分百斷言某些情事，雖然它是非常重要的一個「內證」，但畢竟它還是小說，很難當十分有力的一手資料。於是我找遍了姜貴的著作，想要從中找到他回憶的文章，或許能窺探出一些蛛絲馬跡，但結果是令人失望的。

而偶然間我在南港中央研究院近史所的圖書館翻閱香港《春秋》雜誌，發現盧大方寫有一文章，談到抗戰勝利初期他在上海辦了一張《滬報》，曾託潘柳黛邀請蘇青寫《續結婚十年》，後來《滬報》辦了半年，因虧損過巨，被迫停刊，致使蘇青的《續結婚十年》也沒登完。盧大方說：「這一本書，其後由她自己補足而加以出版的，我沒有看到，可能在此書出版後不久，我和柳黛早已到了香港了。」（筆者案：《續結婚十年》一九四七年二月，由四海出版社出版。）又說：「事有湊巧，一天在朋友所辦的一張日報，讀到一篇題為〈我與蘇青〉的文字，作者署名謝九，這不用說即是蘇青筆下的『謝上校』了。這位謝九先生官居上校，竟然也能執筆，該是一個文武不擋的人物；所述對象又是我的舊識，引起我的興趣，因此在讀罷之後，更拿他的原稿剪貼起來，一直保存到今天。」一文後附有重排過的謝九的〈我與蘇青〉全文，但沒有記載該文發表於何時、何處，從謝文中我得知該文是發表在香港的《上海日報》，由於文中一開始寫到「民國三十八年九月間，……到了上海」，第一直覺我覺得一定是重排時手民之誤，實際上應該是「民國三十四年九月間」，這使我覺得必需找到原報紙來核對。盧大方的文章是發表於一九七八年三月十六日，但謝九的〈我與蘇青〉發表於何時，他當時也沒記下日期。於是我開始要做海底撈針，而未必有成的工作了。

首先我請教了忘年之交的新聞界耆宿黃天才先生，確定當年臺灣確有香港《上海日報》。於是在國家圖書館查到有一九五五－一九六四年的微捲報紙，在機器上逐頁逐頁翻找，皇天不負苦心人，終於在一九五七年一月十五日發現了謝九的〈我與蘇青〉一文。香港《上海日報》其實是延續上海的小報風格，是小方塊小方塊的文章，謝九的〈我與蘇青〉也是每天約五百字，連登半個月，至一月二十九日登完的。該報雖是小報，但名家輩出，在謝文刊登的前後，就有潘柳黛、盧大方、周天籟、馮蘅、貓庵、馬五（雷嘯岑）等人的文章，又因它在臺北市南陽街十八號設有臺灣分社，因此也有臺灣作者，如寫有《春申舊聞》聞名的陳定山，就在此時連載他的〈百丑圖〉長文，並由他的兒子陳克言繪圖。

看過謝文的盧大方，一眼就認出謝九是蘇青筆下的「謝上校」。而謝九在文章也承認他就是「謝上校」。他對蘇青在《續結婚十年》對他的描述也沒有任何的辯駁；而他指出蘇青引用他兩首詩，第一首「後來被收入《續結婚十年》中，「兩」字印成「雨」字，頗與我的原意有距離。」而第二首是一九四四年春，「姬人韓氏逝，我曾寫悼詩四首。虹口居常無事，我寫出來給蘇青看看。她把第一首拿去了，也印在《續結婚十年》中，算作我贈她的第二首，實在不倫不類。」這些細節若非當事者，旁人很難道出。

謝九是「謝上校」殆無可懷疑的，但又何以證明謝九就是姜貴的化名？首先從謝文中說「蘇青生於甲寅，我則生於戊申，按理寅申一沖，不能好和。」若非兩人其中之一人，何以知道蘇青是一九一四（甲寅）年生，姜貴是一九〇八（戊申）年生，兩人相差六歲，命理上是犯沖。謝文又說：「我在北方長到十多歲，然後到上海，去廣州……」，「民國三十四年九月間，我帶著整整八年的大後方的泥土氣，到了上海。我在虹口一座大樓裡擔任一個片刻不能離開的內勤工作。」，「以後，因我常住無錫，虹口的房子被收去了。」這跟姜貴當時的履歷、行止完全吻合。當然這些都只是「外證」而已。

更重要的的「內證」，則是拿晚出十四年的小說〈三婦豔〉（一九七一）來和〈我與蘇青〉（一九五七）兩相對照，即可知道同屬一人手筆。例如：〈三婦豔〉中說他回到上海奉命主持一個機構，因機構中的打字小姐而借得《結婚十年》這書，讀完後，按著出版社的地址，給作者寫了一封信去，後來信轉了幾道手，她才收到。又說：「她為文私淑周作人。周氏昆仲，樹人鋒芒畢露，一針見血，尖刻表裡互見。作人則表面平淡，有似不食煙火者，而鋒芒暗藏，妙在針不見血。蘇白視作人為偶像，崇拜之至。特地作了一套黑色禮服，準備北上專誠拜謁。適逢時局大變，未獲行成，而作人入獄了。」又說：「我不吸煙，而愛小酌。晚上她出來，兩個人飯館裡一坐，我一喝就是一兩小時。她滴酒不飲，一旁陪著娓娓清談，自始至終，毫不厭倦。」〈三婦豔〉又描寫戰敗後的樓下日本人石原，捧著一個唱機和許多唱片，走上樓來，打開唱機，一逕撿一張唱片放上，就唱起來了。這是一種日本的悲歌，其聲悽厲，偶然一聲兩聲，聽得我汗毛直豎。後來石原站起來，鞠躬：「唱羈留在這裡，喜歡的時候聽聽。」悄然下樓而去。他的背影消失之後，蘇白立刻把唱機停了，拭淚說：「戰敗，使我對他個人同情傷感。今天，石原君的過訪，是一個淒涼的場面。」「是的，你和我的感受完全相同。」蘇白把唱機唱片放到一邊去，以後我們從未碰過它。諸如以上情節早在十四年前謝九的〈我與蘇青〉一文就出現過，甚至有的句子還一字不差，若謝九和姜貴不是同一人，那姜貴豈不犯了嚴重抄襲之嫌了嗎？

再者就在謝九的〈我與蘇青〉刊畢的一個半月後，姜貴以「姜貴」的筆名在香港的《上海日報》連續刊出方塊文章〈新年如意〉（三月十四日）、〈我的春聯〉（三月十五日）、〈蘭酒〉（三月十六日）、〈論臺灣酒〉（三月十七日、十八日、十九日）、〈長篇罪言（一、二、三、四）〉（五月二十六至二十九日），難道這是巧合嗎？

至於姜貴何以用「謝九」的化名寫〈我與蘇青〉，一方面是延續蘇青《續結婚十年》中的「謝上校」，讓讀者認為是「謝上校」現身說法，而事實也是如此。當時的盧大方甚至還認為「這位謝上校也到香港來了。我不認識他，遂也無法向他打聽蘇青的消息。」而《上海日報》的編輯也認為〈我與蘇青〉，極具可看性，有當事者爆料的內容，因此分成十五天刊登，還加上「奇文共賞」的副標題。至於姜貴又何以不敢用姜貴之名發表，筆者推斷姜貴當時是有妻有兒，爆出如此大的緋聞，在當時保守的臺灣社會將會引起多大的非議，對久臥病床的妻子，將情何以堪！因此他用化名，來寫他所知道的蘇青，這一方面是由於他讀了潘柳黛的〈記蘇青〉一文，潘柳黛和蘇青雖是好友，但有些事就不如他這個蘇青的「枕邊人」知道得多，因此他看了潘柳黛的文章，不覺得技癢，不吐不快，於是提筆為文，他甚至還更正了潘柳黛的某些誤記。文章選擇在香港刊登，臺灣看到的人不多，即使看到了，也會如同盧大方般的以為「謝上校」是在香港。至於十四年後他以姜貴之名「重塑」這段情節時，那時他的妻子早已墓木已拱。加上是以小說形式來寫，完全不同於自述文章。自述文章白紙黑字不容狡辯；小說則可以「純屬虛構，如有雷同，皆屬巧合」當護身符，拒絕被「對號入座」，因此他採取用姜貴之名發表。

姜貴巧妙的用「謝九」寫下了〈我與蘇青〉，向歷史做了坦白的交代；同時也躲過當時社會的非議，和自身難堪的尷尬。但遺憾的是這篇文章卻成為他的佚文，不僅盧大方把他剪報剪下來貼在簿子保存了二十一年，到公布時還不知真正的作者是鼎鼎大名的小說家姜貴。甚至連姜貴的研究者都不知有這篇文章，筆者是在機緣湊巧之下，層層地追索，終於找到它的出處，但它已經被雪藏了五十三年之久了！半個多世紀過去了，往事已蒼老！

〈我與蘇青〉作為姜貴的研究史料是重要的，它不單只是揭示姜貴與蘇青的一段情史，它還是解讀蘇青的《續結婚十年》和姜貴的〈三婦豔〉的「承先啟後」的一把鑰匙。它雖然簡單扼要，卻是瞭解蘇青一些人際關係的重要依據。例如姜貴說：「她時常提到陶亢德，讚美他風度好。陶亢德喜歡一邊飲著酒，一邊聊天，她則喜歡陪他。因為她過份稱讚陶亢德，我有時感到不快。」而蘇青在《續結婚十年》描寫魯思純即是陶亢德，蘇青說：「魯思純平日是沉默寡言的，但在酒酣耳熱際，牢騷便發不盡。他上下古今的談論著，一會兒罵狗官，一會兒想像幽居山林之樂，他該是晚明儒生的典型吧，然而淳厚拘謹則過之，又沒有宋儒之迂，我對他確實相當的心折。」蘇青又說：「公寓裡的燈火都熄滅了，殘葉遍地，枯枝靜悄悄，我不禁低回留戀不已。進了自己的房間，首先嗅到一陣濃烈的煙味，是如此夠刺激的，男人們若不會飲酒抽煙又算是什麼呢？我喜歡魯思純的明達而淡泊，假如一個女人能嫁到這樣丈夫，紅袖添香伴讀書，閨房之樂豈非可以媲美易安居士與趙明誠嗎？」。姜貴要言不煩地點出蘇青對陶亢德的鍾情，姜貴的觀察是夠敏銳的。蘇青在《續結婚十年》以相當大的篇幅描寫趙瑞國，其中雖有「有一天，他照例坐著汽車來接我了，在蜀江川菜館門首停下，他命保鑣下去詢問可有房間，保鑣回來說是只有散座了，他便命車夫開到別處去，如此走了三四家，才在一家很講究的錦心粵菜館裡坐下了，……」及「他常回憶過去，茵夢湖畔的戀愛故事，他說他曾愛過一個異邦女兒，只為羞於啟齒求婚，他常常自瀆，後來性機能便衰弱了。」的敘述，但當您把它當小說看，您會認為是蘇青虛構的。但姜貴說：「蘇青常常掛在口上的人物，陶亢德之外，便是周化人了。他常帶著保鑣請她到外面去喫飯。周化人患有某種隱疾，唯蘇青能滿足他的需求。」簡單的一兩句話，就一語中的，解開了連研究者都未曾「對號入座」的人物。

另外〈我與蘇青〉文中提到蘇青為詹周氏殺夫寫過文章，那文章是〈為殺夫者辯〉發表在一九四五年六月的《雜誌》第三期。蘇青此舉招來非議和人身攻擊，但她不屈從輿論重壓，又寫〈我與詹周氏〉一文來抗爭。三十七年後，臺灣知名女作家李昂也根據此一事件寫成了《殺夫》出版。還有蘇青和陳公博的親密關係，蘇青和離婚丈夫的弟弟（亦即小叔）的關係（案：蘇青後來和小叔有染，最小的女兒即小叔所生。），姜貴都有披露，這些是很多都是局外人所不知的，姜貴或親眼目睹或親耳聽自蘇青之口，如實地記下珍貴的史實，因此〈我與蘇青〉是篇不可多得的文獻，不應等閒視之！

# 我與蘇青

謝九（姜貴）

民國三十四年九月間，我帶著整整八年的大後方的泥土氣，到了上海。我在虹口一座大樓裡擔任一個片刻不能離開的內勤工作。我的「部下」有六個打字員，恰好三男三女。他們都是二十歲剛冒頭的青年，從未離開過上海一步的地道上海人。他們新近加入我的工作。

過了雙十節，事情鬆點了，我有時跑到他們的打字房裡聊一會，我把他們當小弟妹看待。有一回，不知怎的一下談到文藝出版界的事情了。我問：「上海在淪陷期中，可有好的文藝作品可看？」一位女打字員便不假思索，興沖沖說：「有一本《結婚十年》，你看過沒有？」我說沒有。她便讚不絕口，認為人生在世，不讀《結婚十年》，真是天大的冤枉。於是她說：「我有，我有，我有。明天我帶來給你看。」

她這一推薦，也引起另一位男打字員的不滿。他說話很不好聽，以為是爛污女人的爛污作品而已，讀這種東西，真真有傷體面。此語一出，三位女打字員立刻聯合反擊，雙方舌槍唇劍，各不相讓，鬧得不亦樂乎。後來越鬧越離譜，我便以主官身份，下令休戰。我說：「再也不要吵了。究竟那書是好是壞，等我看過，給你們來一個調解如何？」

他們這才安靜下來。第二天早上，我便見到了《結婚十年》。

《結婚十年》予我的印象是深刻的。她文筆犀利，而精於組織。把夫婦間許多瑣事，寫得那般生動，引人入勝，真不是容易事。周作人的文章，表面平淡無奇，骨子裡帶刺，《結婚十年》的筆調，好像很受他的影響。

但我告訴我的六位青年朋友的三位小姐說：那本書好是好的，卻不像你們所說的那樣了不起。又對那位男的說：她也沒有你形容的那麼爛污。離婚是一個悲劇，她的報告值得人同情。

我的中庸之論，給他們一種鎮定，原本事不干己，從此再無異議。於是我問他們有沒有人認識作者蘇青？回答是否。

看看小報，則不時發現攻擊她的文章，有說她有狐臭的，也有說她纏過腳的。此外種種，不一而足。但由於我的「憐才」之一念，所有這些攻擊，都增加了我對她的同情。終於，我按《結婚十年》的出版地址，給她寄去一封信，表示我的敬佩和慰問。寫信時，偶然連想到李易安生前死後，也曾受過不少的攻擊，但並無損於她的人格和她的作品的文藝價值，便也寫在信裡，算是我對她的一種鼓勵。不消說，這樣的信是在任何場合和對任何人都可以公開的。我無所用其躊躇，貼上郵票，寄了出去，不過是一封不相干的平信罷了。

我自然知道這樣的信極可能得不到回信，尤其對方是一個女子。果然，那封信既未退回，也沒有回信來。我也就扔開了。

這期間，我又讀了她的另外一本散文集。對於詹周氏手刃親夫一案，她有一篇文章，從法律觀點，對犯罪心理加以分析，認為詹周氏固然不免有罪，但她的丈夫亦有取死之道。說得頭頭是道，原是及近人情的一番話。這篇文章在發表的當時，就曾引起周作人的重視，特寫信給她予以鼓勵。而當時亦有人攻擊她，認為她便是詹周氏一類型的惡婦，所以才寄詹周氏以同情，為文代為辯護。

作為一個男人，對這篇文章，我倒是贊佩的。自然，我的贊佩是僅僅對於文章的，並不以為謀害親夫是一件值得提倡的事。

然而事隔四十餘日，意外的，我得到了蘇青的回信。原來她和我寄信去的那個出版社平常並不來往。有她的一位朋友，常州人，在虹口某中學教書的，偶然走到那地方，見了那信，順便拿了來轉交給她，她才收到的。她告訴我斜橋弄的住址和電話號碼，希望以後常通信。作為一個作者和讀者，這也是平常事。

經過很短期間的通信以後，她約我在一個晚上到她的寓所去談談，我遵約去了。她住在樓下，正當樓梯口，從窗內隔天井可以望到弄堂裡，她在窗內等我。我照她事先告訴我的那房屋形勢，敲敲門，便見到她了。

這一晚，她家裡衹她一個人。孩子們放到弄堂裡去玩，燒飯司務放假出去了（蘇青自云，有個寧波廚子，善烹調，但我自始至終沒有見過這個人）。略談之後，她約我到弄口對面一家咖啡店裡去坐坐。樓上客人很少，隔座幾個青年人交頭接耳注視著我們這一邊。於是蘇青說：「我平常不大出來，很多人認識我，而我不認識他們。」說話間，時以左手輕撫額部左端，像摀著左眼的樣子，是她小動作中最特別的一個。以後我問她那是什麼意思？她自己也解釋不來，說或者因為小時候那邊留著前髮，留下掠髮的習慣罷。

茶罷，她搶先去會賬，我讓她會了。因為這一次她為主人，我尊重她主人的地位，而錢又很少，便不客氣。最近讀了潘柳黛女士記蘇青小心用錢的情形，我回想起那一回事來，估不定我當時做得對還是不對了。但以後熟了，凡我所言所行，她無不毫不隱飾的加以批評，卻從來沒有提起那次讓她會賬的事來；可能她並無介意，因為這個人是有話便要說的。

初見蘇青，我覺得她亦是一個家庭主婦而已。她衹顧自己說話很多，而少有聽對方說話的耐性。這一點，有時使你疲勞，因為你必須傾聽；也有時使你省力，因為你可以不必說話。我送她越過馬路，在弄堂口道別了。

因為讀了潘柳黛女士〈記蘇青〉的大作，引起我寫此一蕪文；僅在為《上海日報》湊熱鬧而已，並無他意。發表這些瑣碎事，可能被解釋為揭露「隱私」，有傷私德。則我的意見是這樣的：

自由世界與竹幕大陸已經是兩個天地，這些舊事，由於地理關係，已與對方痛養無關。此其一。

張愛玲謂：蘇青口沒遮攔，但她是有分寸的，真到要緊的，她便不說了。但據我所知，她的「要緊的」，並不包括性愛在內。她對這些事一點也不隱諱。勝利之初，蘇青曾有幾天不見，沒有人知道她到那裡去了，但後來又出現了。這一隱一現，才是她的「要緊的」秘密，任何人她都絕口不談。這樣的例子，在她是絕無僅有。此其二。

我與蘇青一段「因緣」，在《續結婚十年》中，已由她照實發表無遺。其中有謝上校者，便為鄙人。有兩首詩並照錄鄙人原作，一字不易。是此一公案，茲僅再由我以我的立場、我的看法，複述一番而已，不能算由我主動揭露。此其三。

《續結婚十年》中，對謝上校有微詞者二事：一為來歷不明；一為徒事猛悍，把講戀愛當嫖窯子般去處理（手邊無原書，大意如此）。她說的可能有理，我不替自己辯護。我今日的敘述，將更忠實的回憶當時的實在情形。因為既然意在湊趣，又不是有人來逼口供，自然沒有「實情虛報」的必要。

交待一畢，且看下文。

上文提到那位把我寄到出版社的信拿給蘇青的常州人中學教員，此時為行文便利，姑稱之為常先生。這位常先生精於子平，而蘇青極信八字。她凡有疑惑不決之事，無不求教於常先生，常先生即按八字推算，為之解答。因此，常先生就成為蘇青的隨從顧問。

我既涉嫌來歷不明，她便拿我的八字去給常先生推算。常先生對於我的評語，大致是：人還忠實，為官為商都無不可，但都沒有大出息。後來，她把我說的每一句話都拿去問常先生。蘇青生於甲寅，我則生於戊申，按理寅申一沖，不能好和。不知怎的，常先生卻硬說可以婚配。為了這一句話，兩個人從剛認識，就發生結婚與否的問題，這真是極奇怪的發展。事隔十年，我至今想起來，還覺得突兀。

勝利後，時局變化，人又已過三十，蘇青確有擇人而嫁的念頭。她最怕人家說她嫁不到人，那樣估計她，她認為是最大的恥辱。便偏要爭這口氣，非再正式結一次婚不可。但她的歷史，她的個性和她的環境，都使她不易達成此一願望。當她理智清醒的時候，她也明白這一情形，可是她常常在感情激動之中，不斷向這一方向追求。他誤會我看不起那位常先生，常用激將法說：「他是常州的大地主，我嫁給他做個地主太太，也滿幸福的。」

但我總想到她所特有的那種複雜的人事關係。她與離婚的丈夫仍舊對樓而居，孩子們卻都跟著她。要是結婚，這便是現成的冷飯和現成的油瓶。這個家庭將會幸福到怎樣的程度，也就可想而知了。

常先生的子平，真也「神機莫測」，無怪蘇青那般傾倒。有幾回我在蘇青寓所坐到深夜，覺得她一直穿著高跟鞋，便問她為什麼不換便鞋休息。她回答說：因為我喜歡高個。問她怎知我喜歡高個？她卻說是常先生從我的八字中推知的。彼時，蘇青微胖，卻不到過甚的程度，她則每以為憾。我慰之曰：女人是微胖一點的好，楊貴妃、薛寶釵都是微胖的。她便指責我在作違心之論，因為我實在是喜歡瘦的。問她何以知我喜瘦而厭肥？卻又是常先生推知的。

常先生的子平，既然如此這般的可以推算任何一件事情，對我真是有其利亦有其弊。他使蘇青漸漸不相信自己的努力和自己的判斷；他又使她漸漸墮入迷團而不能自救，以後就丟掉許多可以取得的好機會，而招進許多可以避免的惡遇。這是非常可惜的。

實則我對女人的美，以為胖瘦高矮都不是美的標準。胖如果胖得好看，則胖有胖美；瘦要是瘦得有樣子，則瘦不為醜。時下眼光，以高為美，但有人高得怪模怪樣，不受看。矮，有真彀得上嬌小玲瓏者，反更具吸引力。所以未可一概而論。這是我的良心話，而蘇青不信，蓋常先生之推命陷之深矣。

誠如潘女士所說：蘇青並不美，但有個福相，是一個家庭主婦的樣子。因為缺少運動，多數婦人一到中年便嫌肉多，固不僅蘇青一人為然也。

蘇青有個弟弟在漢口某中學當英文教員。寒假中，他回寧波省親，路過上海，住在蘇青的寓所。蘇青約定我在一個晚上的八點鐘去和他見面，我答應了。可是臨時有耽擱，等到八點半鐘，我才趕到；而在我脫班的這半點鐘之內，弟弟對姊姊奚落起來了。意思說：「你看，你的朋友沒有信用吧，他沒有來吧？我知道，你是交不到什麼好朋友的！」

同時，他們也談到我的籍貫問題。我在北方長到十多歲，然後到上海，去廣州，而原籍實是湖北。普通問詢，我總答應是北方人。說真的，則是湖北。我自始對蘇青忠實，曾把這情形詳細告訴她。她的弟弟來自漢口，可能對湖北人印象欠佳。這時便說：「天上九頭鳥，人間湖北佬。你的朋友定然不是一個好人！」總之，他在勸姊姊不要太相信我。

蘇青的弟弟是一個極文雅的人，看起來倒比姊姊還要細膩得多。但他對姊姊的影響力，顯然沒有常先生那般大。因為雖是他表反對，姊姊仍舊和他所反對的這個人試行同居了。

那時接收潮已過去，找房子很不容易。我向留住在虹口的一個日本商人暫借了一樓一底一所弄堂房子，便搬在一起住了。那日本人還有一間西服店，勝利後，經他移花接木，店東換了中國人。他住家另有房子，我所借的房子便在他的住家隔壁，原住的日本人已經回國，房子在空著。

一個下午，蘇青帶著簡單的行李，一個人乘出租汽車來到。我在弄堂口等她。

樓下空著不用，我們住在樓上。樓上是全新塌塌米，靠窗一邊有一張雙人床，對面是梳妝臺。近樓梯口，放一套沙發，有個小圓桌。

灶間裡有煤氣，我們祇用它來燒開水，偶然也煮一點咖啡。因為我們自己不燒飯，卻在附近北四川路一家廣東菜館喫飯。我每飯必用一點酒。蘇青不飲酒，但也不反對別人飲酒。我飲酒，她自坐在一邊陪著說話。她時常提到陶亢德，讚美他風度好。陶亢德喜歡一邊飲著酒，一邊聊天，她則喜歡陪他。因為她過份稱讚陶亢德，我有時感到不快。

一天，在走向飯館的人行道上，她祇顧說話，被裝得太低的撐遮陽布蓬的橫棍碰了一下頭。以後她頗怪我，因為當時我沒立刻給她撫慰。

我雖然承認我的疏忽，但我是有著一種「打掉牙齒和血吞」的堅忍精神的。我有時喫了很大的虧，表面上卻若無其事，別人看不出來。人多幸災樂禍，尤其在馬路上或是什麼公眾場所，你偶然遇到一點什麼倒楣的事，立刻就會圍起一大群人，報以快意的陣笑，保沒有一個人會同情你。聲張自己的痛苦，徒然暴露自己的弱點而已，別無好處。在街上碰了頭，最好咬著牙忍痛趕快走開，如果你當時一叫痛，你便立刻成了西洋景，每個過路的人都會圍上來，把你當笑話看。對於《結婚十年》，不也有人認為是爛污女人的爛污作品嗎？正是這個道理。

晚上，她睡在牀上，我則睡在牀面前的塌塌米上。

隔壁的日本人，抱著留聲機和許多唱片送到我們這邊來。他正襟危坐，老僧入定般一張一張唱給我們聽。那局面也頗奇特。蘇青注視那日本人，他恐怕我不喜歡他。便說：「不管他們從前怎樣，現在他們失敗，他們內心痛苦，我們應當同情他們。」這句話，使我很受感動。可能因為她具有這般的偉大精神和豐富的情感，所以她才能寫文章，她的文章才能動人，這當不是偶然的。

對著那寂寞的日本人，我想到戰爭的可怕，心裡浮上一陣輕哀。坐久了，他鞠躬緩緩而退，真像一個孤魂一樣。這時，我真的同情他了。

離婚丈夫的弟弟特地來看我，彼此說些客氣話。這位李先生活潑健談。機警清秀，一望而知為青年有為。如果哥哥弟弟也有些相似的話，則蘇青的離婚，不能不算失著。

李先生辭出的時候，我送到樓梯口。蘇青則送到後門外，兩人在後門口立談頗久。我靠在沙發上看一本畫報等她。一時她上來，我順口問她怎的談這許久？她笑笑說：「他怪我荒唐。怎的和一個不認不識的男人，跑到這裡來同居了。那怎麼靠得住！」我道：「那是他關心你，你能聽他更好。」她道：「正相反，我現在願意聽你呢。」

有幾個生意人，為了一條小輪船的事，跑來找我，我們商談很久。他們走後，蘇青很覺滿意，她奇怪我如何會有如許商業常識。第二天，他們請我在會樂里喫飯，我辭了，卻陪她去廣東菜館裡小酌，她顯然精神上有一種勝利的愉快。

端午節的前一晚上，我告訴她，明天必須坐早車到無錫去，「如果那時你在睡，我不叫醒你了。」她同意了。次晨，我輕輕起身，開後門而去。火車上打開當天的報紙一看，陳公博槍斃了，有個屍體照片印在報紙上。

兩天後，我回來，樓上看看，沒有人。梳妝臺上卻留著一盆用過的洗臉水，毛巾半乾，有擦上的口紅。我推斷她走得很匆忙，便打電話到她的斜橋弄寓所。過了一回，她坐三輪車來了。她很不高興，連說：「那天早上你怎不叫醒我？你怎不在家陪我過節？」我說：「頭一天晚上，我不是同你講明的嗎？」她便改口說：「那天看了那報，真把我嚇死了。」說著，一似餘悸猶在。

她鎮定下來，才說到在某銀行的保險櫃裡，還藏著陳公博給她寫的三十多封信。以陳公博之尊之忙，親筆函達三十餘件之多，她認為那很值得珍惜，打算留起來永為紀念。這時，她卻又深恐因此賈禍，問我要不要取出來燒掉。對於這種事，我不便提出建議。最後，她自行決策，把它們燬掉了。

讀《結婚十年》，我總覺得兩個人並無非離婚不可的真正理由。每一雙夫婦，都有他們的缺陷，家家都有一本難念的經。所謂白頭偕老，原是由許多年相忍相讓累積而獲得的一粒苦果。後來，我才知道，那離婚含有多少的政治性，原是陳公博慫恿促成的。蘇青對此，坦白承認，並不隱諱。

她追隨公博，最先擬議中的名義是「隨從秘書」，這要跟他經常往來於京滬之間。有善意的第三者警告她謹防莫國康的毒手，她才改變主意，另就上海市府的專員。陳公博送給她的是一本復興銀行的支票簿，每張都已簽字蓋章，祇等她填上數字，便可以支現。

陳公博接見她，常在國際飯店某樓的一個房間裡。

十三層樓的房子殆屬於周化人。勝利之始，周化人留一張條子在房裡，一去渺然。他究竟到那裡去了，至今仍為一謎。彼時的小報上，有說他逃入臺灣深山的，當然是無稽之談。蘇青和周化人的關係，有甚於公博。他曾為蘇青的離婚丈夫安排過工作，他們的離婚自始便這麼藕斷絲連。

蘇青常常掛在口上的人物，陶亢德之外，便是周化人了。他常帶著保鏕請她到外面去喫飯。周化人患有某種隱疾，唯蘇青能滿足他的需求。

提起莫國康，我想起舊事來了。民國十五年，我在廣州便認識莫國康，那時何香凝長中央婦女部，莫在該部充一名助理幹部。黑黑矮矮，完全是一個黃毛丫頭。後不幾年，敵偽時期，她竟紅極一時。女大十八變，真是想不到的事。勝利以後，聞她曾被判徒刑，想亦不勝其白雲蒼狗、榮辱無常之感罷！

以後，因我常住無錫，虹口的房子被收去了。我有時坐晚車趕到上海，在斜橋弄她的寓所住宿半宵，天不亮再乘第一班早車回去。每次我事先都用長途電話通知她，她便把孩子們安置在地板上睡覺。深夜間，我走進去，橫七豎八，孩子們睡得一地，昏暗的燈光下，她正靠在軟椅上等我。當其時，我覺得極為親切，有一種貧賤之交、患難與共的光景。

她有時也為我準備下夜點，但我因為怕太麻煩她，從沒有領受過她的。我總是在火車站上喫過東西，然後才到她家去。

有一時期，她表示願意到無錫住一住，我便為她準備了房子。在一個大戶人家的花園裡，三間敞廳，整套紅木家具，環境清幽，極合都市喧囂之人短期休息之用。她願意來，我盼望她來，可是她終於沒有來。

人在錯綜複雜的人事關係和爭名奪利的現實環境中住得久了，往往容易看不到自己。西人習慣，每年有一次兩次的旅行休假，那是極有意義的。蘇青不情願停留在她那個舊的環境中，卻又不能一刀兩斷，擺脫淨盡，正是她喫虧的地方。那時她如能到無錫小住，觀感會為之一變，亦未可知也。

對於詩，我是外行。我雖有時讀詩，而從不寫詩。偶然興之所至，謅上兩首，自己看看，過後忘掉完事。初識蘇青的時候，卻贈過她這樣一首：

落盡梅花斷雁遲，孤燈背坐雨絲絲。
三千綺夢春常在，十二宮牆事未知。
世故登龍應有術，文章憎命豈無悲。
且將貝葉傳心葉，不種夭桃種荔枝。

後來被收入《續結婚十年》中，「兩」字印成「雨」字，頗與我的原意有距離。甲申春，姬人韓氏逝，我曾寫悼詩四首。虹口居常無事，我寫出來給蘇青看看。她把第一首拿去了，也印在《續結婚十年》中，算作我贈她的第二首，實在不倫不類。那首詩是這樣的：

遠山近水柳含煙，春老鶯啼落榆錢。
萬里長風歸牖下，二分明月照窗前。

髻粧銀鳳飛還在，步作金蓮去未殘。
夢裡花枝多綽約，小姑居處有誰憐。

「二分明月」與「小姑居處」都不對蘇青的身份。

蘇青為文，私淑周作人，我最早的推斷是不錯的。初來虹口之日，她穿一件黑旗袍，白高跟鞋，打扮得像個寡婦。我問她何所取意。她說：她極推崇周作人，勝利前，曾計劃到北平去看他，特做一件黑旗袍做禮服，以示敬意。不想衣服做了，還未成行，而勝利倏至，用不著了。現在，每當較為鄭重的場合，她便喜歡穿起這件衣服來。

她文章的確寫得好，詩則與我同樣不內行。但這並不妨事，因為十八般武藝，祇要能精其一二，也就彀瞧的了。

以後我去鎮江，我們才漸漸疏遠了。人到中年，權利害、重現實，不大容易再有戀愛至上一類的一往深情；我知道我如果真的和她結婚，將不是一對幸福的夫婦。她閱人既多，有著各方面的要求，任何人都不能予以滿足，這種人永遠是痛苦的。已近不惑之年，大半輩子過去了，如果我能為自己的事業稍創根基，那實在是更重要的事。我曾用一封簡單的信把這意思坦白告訴她，希望她諒解。我的意思，這絕對不是絕交。而她卻沒有回信給我。

接著她便與人在西門路同居，這便是潘女士所說的那位電力公司的工程師了。不過這事情發生在「解放」以前，而非在「解放」以後。聽說那人也為她準備一所小樓，並為她買鋼琴，請人教她彈。但不知怎的，兩個人最後還是分開。

民國三十七年春間，我由鎮江返滬，住在成都路，相距咫尺，我們又見過幾回面，真的變成普通朋友了。她也不再提起那推命的常先生，可能她已離開此道。

這一年冬天，我移居來臺，彷彿聽說她到了香港。最近看到潘女士的報導，才知道她並沒有出來。如果我們相信命運，則蘇青這個命實在也殼苦的。就個人幸福而言，比較潘柳黛和張愛玲，她真不如遠甚。這恰合了一句古話：「雖曰天命，豈非人事哉！」

如今，算算她的最小女兒，都也快二十歲了。回想過去種種，當亦不勝其淒涼寂寞之感罷！

# 口述歷史不可盡信
## ——從胡適給許世英的信說起

### 胡適催生《許世英回憶錄》

胡適一生提倡傳記文學，他認為傳記文學是中國最缺乏的一類文學。因此他積極地勸他的朋友們或老一輩的人物，希望他們寫自傳。但「不幸的很，這班老輩朋友雖然都答應了，終不肯下筆，最可悲的一個例子是林長民先生……」[1]。受他勸告寫自傳的林長民、梁啟超等人因沒抓緊時間，結果人死了，自傳沒有留下來。他還勸告過蔡元培、張元濟、高夢旦、陳獨秀、熊希齡、葉景葵，都叫他們寫自傳。他曾勸梁士詒寫自敘，「希望他替將來的史家留下一點史料」[2]。他在替沈宗翰的《克難苦學記》寫序時，更說：「這本傳最大的貢獻在於肯說老實

1 《四十自述》的「自序」。
2 同上。

話，寫一個人，寫一個農村家庭，寫一個農村社會，寫幾個學堂，就都成了社會史料和社會學史料、經濟史料、教育史料。」

一九三六年七月，胡適由上海啟程赴美國，過東京，晤及當時任駐日大使的許世英，便曾勸他將一生的經歷，筆之於書，寫成回憶錄，為後世留些珍貴的史料。一九五二年，胡適首次返臺，又專程拜訪許世英，舊事重提，因此《許世英回憶錄》的問世，胡適居功甚偉。一九六一年元月份起，許世英的回憶錄由他口述，冷楓筆錄開始在臺北出版的《人間世》月刊上連載。[3]許世英在前言說：「當我決定寫這本回憶錄之時，真是又慚愧，又興奮；慚愧的是我拖延了那麼久，興奮的是我畢竟在開始做了。我能夠不辜負胡適之先生以及愛護我的朋友的期望，這是我在寫本文時所能感到的最大的自慰。」

## 胡適的質疑與考證

胡適是具有歷史的考據癖的人，他在一九六一年二月二十五日因心臟病住院五十多天，四月二十二日出院後，五月二日[4]就給許世英寫信，說他已看了《人間世》連載的四期《回憶錄》，並提出兩點質疑：「（一）當時刑部的『法律大家薛叔耘先生』似是長安薛允升尚書之誤？薛叔耘是無錫薛福成，夠不上法律大家，薛尚

[3] 從一九六一年元月號第五卷第一期連載至第五卷九期，後該雜誌被停刊一年，於一九六二年十月第五卷第十期（復刊第一號）繼續連載到一九六二年十二月第五卷第十二期止。

[4] 信的日期是四月三十日，據胡頌平《胡適之先生年譜長編初稿》說是記錯日期，當為「五月二日」。見〈胡適致許世英函〉，臺北胡適紀念館館藏號：HS－NK〇一－二六四－〇〇一。

書字雲階，是當代法律大家，著有《唐明律合編》等書，不知是此公嗎？（二）回憶錄中兩次提到滿尚書『老珣王』，朋友都不知是誰。」五月七日許世英覆信[5]，除感謝胡適的指正，其信略云：《人間世》所載《回憶錄》，口授居多，因方言關係，輾轉錄登，多有舛誤。尊函所云薛尚書允升，係屬正確，而原刊叔耘二字為誤記。薛允升繼戴鴻慈之後，掌刑部，為時頗久，乃清末之法學名家也。至於「珣王」乃「惇王」之誤，惇王戴濂在光緒中葉亦屬一時顯貴。

胡適的治學態度是嚴謹的，而且是相信專業的。他當年要考證《醒世姻緣傳》的作者「西舟生」就是《聊齋誌異》的著者蒲松齡時，就曾請專研古典小說掌故的孫楷第幫忙稽考《醒世姻緣傳》所記之地理、災祥和人物。同樣的，他也把《許世英回憶錄》的前五期請秘書王志維交給金承藝代為查考史籍，一則是胡適此時還沒有回到南港中研院，無書可查；一則金承藝乃滿清皇室裔胄，清太祖長子諸英之後，北京大學政治學系畢業後，一九四八年赴臺，曾任《自由中國》半月刊編委。一九六〇年代初擔任胡適的私人助理，是胡先生晚年較看重、著意栽培的青年學者，他對清史有極深的研究。

金承藝在五月十一日回覆胡適的信[6]中，指出《回憶錄》中的諸多錯誤：

（一）、回憶錄說「按清代的官階，分為七等，即一品至七品，而均以帽上頂子的顏色來分別，如一品官為大紅頂，二品為粉紅頂，三品為藍色，四品為黑色，五品為水晶，六品為白石，七品為金頂，但所謂金頂實際上祇是個銅頂子而已。我這七品小京官，就是最低的一等。」事實

5 見〈許世英覆胡適函〉，臺北胡適紀念館館藏號：HS－NK〇一－二六四－〇〇二。
6 見〈金承藝致胡適函〉，臺北胡適紀念館館藏號：HS－NK〇一－二六四－〇〇三。

上清代官分九品，頂子自雍正帝時即已規定一品官珊瑚頂，二品官起花珊瑚頂，三品官藍色明玻璃頂，四品官青金石頂，五品官水晶頂，六品官硨磲頂，七品官素金頂，八品官起花金頂，九品未入流起花銀頂。所以許世英說七品小京官，就是最低的一等，顯係是錯誤的，最低一等是「九品芝麻官」。

（二）、回憶錄中的「老珣王」之說，金承藝認為在晚清根本無「老珣王」之名及其人。後來許世英給胡適的信說「珣王」乃「惇王」之誤，「惇王」為戴濂，這也是不對的。戴濂雖為惇親王長子，但清代定制「親郡王無殊勳不世襲」，戴濂最高只得到貝勒，即俗稱「濂貝勒」者是也。戴濂充其量比光緒年長十歲八歲的，既不能稱為「老」，亦不能稱為「王」的。

（三）、回憶錄說「我入刑部時（光緒二十四年四、五月），滿籍尚書即是在我殿試收卷的老珣王，漢籍尚書為戴洪慈。」金承藝查證：光緒二十三年及二十四年初刑部尚書滿籍為剛毅，二十四年夏改崇禮。漢籍尚書為廖壽恆（彼接替薛允升）。直到戊戌政變後刑部左侍郎趙舒翹始為尚書，而廖壽恆則改禮部尚書。貝勒戴濂則根本沒有做過刑部尚書。至於戴鴻慈（非戴洪慈），則終清之世未曾為「刑部尚書」，光緒三十二年刑部改稱為法部時，戴鴻慈為第一任法部尚書，已在許世英入刑部的八年後了。

（四）、回憶錄說「那時（光緒二十四年春）刑部的大小事務，都由左侍郎（即現在的常務次長）沈家本主理」。金承藝查《清史稿》、《清實錄》，沈家本在光緒二十四年前從未入刑部。沈家本在光緒二十六年秋，兩宮西幸，他馳赴西安行在，始授光祿卿，旋擢刑部侍郎。等到沈家本回北京與許世英同事時，至少是在光緒二十七年了。（案：金承藝說法有誤，實際當是：沈家本在光緒二十六年十二月二十六日被八國聯軍釋放後，離開保定，前往西安，於次年二月下旬抵達西安。五月十四日始授光祿卿，作為慈禧太后和光緒皇帝從西安返回京城的先導，確定路線、安排食宿等。十月初三薛允升尚書病逝於開封途中，十月初四光緒皇帝下詔：以沈家本為刑部右侍郎。）

（五）、回憶錄說「薛叔耘」乃薛允升之誤。金承藝查《清史稿》未見薛允升有《法律全書》四十冊，不知是《清史稿》漏列，還是許世英所說的《法律全書》四十冊，就是《唐明律合編》四十卷？

之後，胡適又把《許世英回憶錄》的前五期及金承藝的信送給臺灣大學歷史系教授李宗侗看，李宗侗是高陽相國李鴻藻的孫子，是熟悉有清一代掌故的。李宗侗看過後在五月十七日給胡適信[7]指出，回憶錄常將薛允升、沈家本兩尚書混為一談。薛允升在許世英到刑部時已去職（光緒二十三年貶職），而光緒二十六年，八國聯軍攻陷北京，慈禧太后和皇帝都逃亡到西安。復起薛允升為刑部侍郎，尋授刑部尚書，次年隨駕返北京途中，病死於河南。可見薛再任刑部皆在西安，許世英未說他曾去西安，疑他與薛並未同過事（案：《回憶錄》第四章〈隨扈西安〉中，許世英確曾去西安而且當與薛允升同過事，此章節刊出時已在李宗侗寫此信之後的兩個月，故未及見之也）。又如戴鴻慈為法部尚書恰在沈家本之前，回憶錄因誤記沈家本為薛允升，遂誤記戴鴻慈為尚書之年。又按法律設館在光緒二十八年四月，二月，張之洞等保薦伍廷芳、沈家本、沈曾植，朝廷用伍廷芳、沈家本。薛允升當時並未修清新律。

又據《胡適之先生年譜長編初稿》五月十七日記載：「李宗侗送回許世英《回憶錄》的文件，談起許靜老現在九十歲了，他回想過去的事情，那時年紀少，不免有些吹的地方。譬如說六君子的行刑時，他說他是奉派『監斬的』。他說劉光第是他的把兄，要他去監斬他的把兄，在精神上是負擔不了的；因此推託另有重要的案子要審

[7] 見〈李宗侗致胡適函〉，臺北胡適紀念館館藏號：HS－NK○一－二六四－○○四。

問而拒絕了，沒有去。六君子的行刑是多麼重大的事。那時他是個小京官，決沒有派他去監斬的；而且監斬官是剛毅，《清史稿》上明明記載的。現在靜老的《回憶錄》中說他奉派監斬，就不是事實了。又如汪精衛的案子，他說：『我替你奏呈慈禧太后去』；又說『於是呈由堂上轉奏慈禧。』其實汪精衛的案子發生於宣統二年，慈禧太后已於光緒三十四年去世了。也是誤記。」

五月二十二日，胡適寫了封信給許世英[8]，同時將金承藝、李宗侗給他的信，請人清鈔了一份附上。胡適此次針對《回憶錄》第五期，提出質疑：「又其中賽金花一案，前面泛敘賽金花在『八國聯軍打到北京以後』一大段，全是無根據的野史。《孽海花》小說造謠於前，以後越傳越野，故記錄你的《回憶錄》的朋友竟說，賽金花的功勞還超過當時的議和大臣李鴻章。又說，連朕即國家的慈禧太后也不得不仰仗於她。此皆毫無史實的根據。」胡適認為瓦德西到北京很晚，聯軍打進北京的時候，瓦德西似尚在德國，為此胡適還請教了中研院近史所所長郭廷以，五月二十三日郭廷以告知：聯軍進北京是一九〇〇年八月十四日（陽曆，下同）。瓦德西九月二十七日到天津，十月十七日才到北京。胡適將這訊息補在信的最後，於五月二十三日寄給許世英。

## 許世英的回應

面對這些質疑，許世英在同年七月的《人間世》第五卷第七期刊出〈感謝、訂正與說明〉一文，提出五點訂正及說明：

8 見〈胡適覆許世英函〉，臺北胡適紀念館館藏號：HS－NK〇一－二六四－〇〇五。

（一）、薛叔耘云云確係筆誤，應該是薛允升。至於所校的書名仍記得是《法律全書》不是《唐明律合編》。
（二）、「老珣王」是記憶有誤，但仍既不清楚是誰。
（三）、批「他革他的命……」的，是隆裕太后，手民把隆裕誤植慈禧，當時未曾校出，致有此誤。
（四）、我承審汪精衛的案子，是千真萬確的。
（五）、關於賽金花與瓦德西之事，我當時在西安並未目睹，回京後就聽到了有關賽金花的傳說。拙文雖然提到賽金花，說她在八國聯軍之役中與聯軍折衝而對國民的貢獻，但從未有隻字提到她和瓦德西之間的任何糾葛。

## 汪精衛與賽金花兩案的再議

許世英說他承審汪精衛的案子，是千真萬確的。這事首先遭到他雙目已失明的親家凌鐵庵的質疑，凌鐵庵聽家人讀到這一段時就表示異議，因為汪精衛刺攝政王是宣統二年（一九一〇）三月三一日的事，那時許世英被派往歐洲考察司法，旋渡大西洋至美京出席第八屆世界監獄改良大會，他人不在國內，怎麼可能受命審問汪精衛。許世英在他的回憶錄也曾講到他於一九一〇年暮春出國之事。而許世英直到一九一一年春才回國。

再者更重要的證據是該案不是法部所審理，而是民政部所審理。與汪精衛一同被捕的革命黨人黃復生回憶說[9]，被拘捕之初在區員警署，然後到內城警廳，廳丞是章宗祥，這是民政部的下屬機構。由於該案「若交刑

[9] 黃復生遺著，〈謀炸清攝政王始末〉，《近代中國》，三十一期，一九八二，頁一百七十—一百七十三

部，必處大辟」，因此章宗祥的意思是不走司法程序，就在民政部善耆的權限內解決此案。當年偵破此案的清廷官員金祥瑞[10]也說，汪精衛一案是民政部辦的，民政部尚書是肅王善耆，「頭腦比較清新」，不准用刑，不叫下跪，看了汪精衛寫的供狀，有愛才之意。由於善耆的說項，不主張用殺戮的方式激起民黨的仇恨，攝政王戴澧最後同意，只判汪精衛終身監禁。

《許世英回憶錄》中說：「當案子分發給我時，與案俱來的一道命令，要我為汪精衛加上腳鐐手銬，但我拒絕了，我的理由是汪精衛是個文弱書生，他絕對逃不了，而況且那時的革命黨人，都顯示了不怕死的磊落精神，也決不願做逃犯。我甚至大膽地承當了『如果汪精衛逃了由我許世英負責』的責任，決定不給汪精衛上鐐銬。」但據黃復生回憶，直到他們獲釋前一天，才將腳鐐去掉，兩足才獲自由，之前都是帶著腳鐐的，因為是無期，所以下的是「死鐐」。另據張江裁編《汪精衛先生庚戌蒙難實錄》引獄卒張德興回憶說：「先生在獄，暑夏仍桎梏。一夜蒸熱異常，余欲解去其刑具，暫行取涼。先生以為不可，謝余曰：『殊堪欽感，但此事不合於義，不可私行。假令長官查知，君必獲譴，余亦不光。請勿議此。』余聞言，愈欽佩君子人格見解高超，固不容稍有苟且也。」

由此可知許世英承審汪精衛的案子，可說是不攻自破的，根本是子虛烏有之事。至於賽金花之事，胡適認為「《孽海花》小說造謠於前，以後越傳越野」。賽金花真有其人，但她的暴享盛名，卻是完全因為一部小說和兩首長詩而獲取的。一部小說是指曾樸（孟樸）的《孽海花》；兩首長詩是指樊增祥（樊山）的前、後《彩雲曲》。但是不管小說或是詩歌，它們都是文學作品，不等同歷史或傳記，其中自有想像誇張的情節。但世人多昧

[10] 見金祥瑞〈我是怎樣偵破謀炸攝政王一案的〉一文，摘自《辛亥革命回憶錄第八集》，中國人民政治協商會議全國委員會文史資料研究委員會編，一九八二年四月第一版。

於事實而不察，而後來據之而演繹的戲劇、電影更是踵事增華、加油添醋，背離事實也就越來越遠了。「可愛者不可信，可信者不可愛」，而其中言之鑿鑿的「賽金花與瓦德西的情史」，更可說是「彌天大謊」。

其實與曾樸同時期的小說家包天笑在〈關於《孽海花》〉[11]文中就說：「在《孽海花》一書中，曾孟樸曾寫過賽金花熱戀瓦德西一段文字，其實並無此事。孟樸也承認沒有這事，不過為後來伴宿儀鑾殿的張本，在隨使德國的時候，留下一條伏線，那也是小說家的慣技。」對此楊雲史（圻）在一九三六年十二月八日給張次溪的信也說：「文人至不足恃，《孽海花》為余表兄所撰，初屬稿時，余曾問賽與瓦帥在柏林私通，兄何知之？孟樸曰：彼兩人實不相識，余因苦於不知其此番（指庚子年事）在北京相遇之由，又不能虛構，因其在柏林確有碧眼情人，我故借來張冠李戴，虛構事蹟，則事有線索，文有來龍，具有可鋪張數回也。言已大笑。」這是曾樸自己也承認他寫賽金花早年和瓦德西在柏林的一段戀情，全屬虛構。

樊樊山的《後彩雲曲》，尤負盛名，傳誦一時。其中有「誰知九廟神靈怒，夜半瑤臺生紫霧。火馬飛馳過鳳樓，金蛇舕舚燔雞樹。此時錦帳雙鴛鴦，皓軀驚起無襦袴。小家女記入抱時，夜度娘尋鑿壞處。撞破煙樓閃電窗，釜魚籠鳥求生路。一霎秦灰楚炬空，依然別館離宮住。」之句，論者諛之為「詩史」，比之為吳偉業之《圓圓曲》。怎知史實並不如此，樊山作此詩，也不過是憑空想像罷了。黃秋岳在《花隨人聖盦摭憶》就說：「樊山《後彩雲曲》，所述儀鑾殿火，瓦德西裸抱賽穿窗出云云，余嘗叩之樊翁，亦僅得之傳說。」京劇大師齊如山說有次跟樊山談天，他偶問到《後彩雲曲》，樊山趕緊說，遊戲筆墨，不足以登大雅之堂，窺其意，似不欲人再說，大有後悔之意。[12]同時期的詩人冒鶴亭在〈《孽海花》閒話〉[13]也說：「乃儀鑾殿起火，樊雲門作《後彩雲

---

11 原載《小說月報》第十五期，引自《釧影樓筆記》，一九四一年十二月出版。
12 見《齊如山隨筆》臺北中央文物供應社，一九五三年出版。
13 〈《孽海花》閒話〉連載於《古今》雜誌第四十一期（一九四四年二月十六日）至第五十期刊畢。

曲》，遂附會瓦德西挾彩雲，裸而出。俗語不實，流為丹青，因是瓦德西回德，頗不容於清議，至發表其剿拳日記，以反證明。彩雲即不與瓦德西接，原不得謂之為貞，但其事則莫須有也。」

賽金花在接受訪談中說八國聯軍攻陷北京沒幾天，她就遇到德國兵來騷擾，她用德國話對付，德兵大為驚奇。接著她談起認識他們的總司令瓦德西，德兵回去報告，第二天瓦德西便派車來接她了。根據史料記載，八國聯軍是在八月十四日攻陷北京的，而據瓦德西所寫的《瓦德西拳亂筆記》（王光祈譯）觀之，瓦德西從德國授命出發，遲至十月十七日才到北京，因此北京攻陷後沒幾天，瓦德西還在往中國的海上，何能相見呢？賽金花的說法是不攻自破，一派胡言的。

《許世英回憶錄》也難免受到「傳言」的影響而誇大了賽金花的功勞。其實賽金花的事絕沒有後來文士及詩人所描述的那麼傳奇和誇大。「紅顏禍國」或「紅顏救國」，很多都是文人的想像罷了。「瓦賽情史」也是起諸於小報文人的編造，丁士源在《梅楞章京筆記》就說，他帶著賽金花入宮，並沒有見到瓦德西，後來傳聞中說賽金花被召入紫光閣，和瓦德西如何如何，描述得繪聲繪影，活靈活現，如同真的一般。此事純屬當時住在他家的鍾廣生和沈蓋二人所編造。他們兩人各戲寫一篇短文，分別寄給上海《遊戲報》和《新聞報》。而這「瓦賽情史」，也成為了曾樸《孽海花》、樊樊山《後彩雲曲》等作品的故事來源。《孽海花》、《後彩雲曲》都早於《梅楞章京筆記》發表。《梅》書直到一九四二年才由滿鐵大連圖書館出版。雖然丁士源在書中駁斥《孽海花》蜚語傷人，以訛傳訛，但整個局勢卻已「弄假成真」，並成為定局矣。經小說、詩歌、戲劇、電影的渲染，「瓦賽情史」成了人們津津樂道的話題。而賽金花本人更是順水推舟，捏造誇張所謂口述自傳，於是造成一段讓人信以為真的鐵案，但它終究不過是個「彌天大謊」，這是讀史者不可不辨的。

《許世英回憶錄》中說他審理過賽金花虐斃婢女案。據瑜壽（著名報人張慧劍）的《賽金花故事編年》一書記載：光緒二十九年（一九〇三年）四月，賽金花在北京的妓院生意特別興旺，他買了一個武清縣的少女並取名鳳鈴。五月，賽妓院裡發生鳳鈴服毒自殺案，引起官場的大鬨動。命案發生後，賽金花被捕。

而據陳恆慶在《歸里清潭》中說：「（賽金花）其性殘忍，一雛妓被其笞死，瘞之樓後，為人控告。時予正巡中城，委指揮趙孝愚持票往傳。至其家，有娘姨數人，婉言進賄二千金，放其逃走。趙指揮本為安邱富紳，不允其請。又詭云：『夜間被竊，失去中衣，不能行也。』指揮將飭城役往購中衣。彼知不能逃，乃登車至城署。五城御史多與相識，不敢堂訊，咸曰：『此乃命案，例送刑部。』乃牒送之。堂官派一滿一漢兩司員鞫之。上堂時，滿員先拍案恫喝，金花仰面上視，曰：『三爺，你還恫喝我，獨不念一宵之情乎？』滿員乃由後堂鼠竄。漢司員，正人也，諦視其貌久之，心怦怦動。旁有錄供者，筆落於地。司刑隸手軟，不能持鎖。司員乃歎曰：『此禍水也！吾其置之死地，以杜後患。』此語傳出，諸要路通函說項者，紛至沓來，堅請貸其一死。乃定為誤傷人命，充發三千里，編管黑龍江。而說項者又至矣，乃改發上海。予聞之，笑曰：『蛤蟆送入濕地矣。』例由五城押解，復委趙指揮押登火車，送至良鄉縣。縣官躬迎於車站，告趙指揮曰：『下官敬備燕席，為二君洗塵。』乃同入縣署，賞名花，飲佳醴。翌日，趙指揮回城覆命。予曰：『東坡有句云：使君莫忘霅溪女，陽關一曲斷腸聲。當為君詠之。』……」。陳恆慶在光緒末年做過監察御史，而當時是巡城御史，他的記述應當是較為可信的。而審理此案的刑部漢司員恐非許世英，因為他認為賽金花「此禍水也！吾其置之死地，以杜後患。」與許世英的看法，截然不同。

《許世英回憶錄》中說：「遂宣判仍處以流刑，但不實配，而是准予贖罪，罰她制錢九十六文了事。」若照陳恆慶所言，賽金花所犯的案子，依法應科以死罪，後因各方關說改為流刑。按照清代的律例，流徙等罪雖然訂有收贖之例，但其贖罪的數目，決不止只是制錢九十六文而已。因此許世英是否審理過賽金花虐斃婢女案，值得懷疑。

## 結論

胡適非常重視史料，他認為許世英的《回憶錄》，「將來定有人視為史實」，所以其中錯訛之處，他要負責為之糾正。胡適在談到《許世英回憶錄》裡的許多錯誤時，說：「光靠記憶是非常危險的。」他並舉自己本身的例子說，他在上海讀書時，記有日記，他在赴美留學前即交他的二哥保存。在他學成歸國後重讀自己十幾年前的日記，發現日記中記有他當時閱讀過一本日本橫濱出版的《金瓶梅》，鉛字排印的，未經刪節的本子。他還在日記上頭寫了許多批評，但當時自己一點也記不起來了。要是不看此日記，還以為自己不曾看過《金瓶梅》。因此他說：「所以寫《回憶錄》，一定要有材料，如日記、年表、題名錄等等，都是十分重要的資料，不能專靠記憶。記憶是很危險的。我在美國哥倫比亞大學作口述錄音的前一天，一定要把有關的材料收拾好，編一個大綱，像預備功課一樣，有時花了好幾個鐘頭，才能去口述。現在此地的一班人，不翻過去的材料，全憑記憶，就有許多錯誤了。可見口述歷史還是靠不住。」[14]

胡適說的是口述者要做足功課，同樣筆錄者也要做足功課。這最成功的例子就是胡適在美國哥倫比亞大學作口述錄音時，當時訪問他的是唐德剛。唐德剛在採訪胡適之前，已先將胡適的有關著作如《四十自述》、《藏暉室箚記》、歷年日記及其他零星散文進行擇要整編，然後擬定大綱、確定訪談內容，從而可避免訪問時的盲目性與無序性。當受訪人敘述錯誤時，唐德剛採取的是「直接代勞」的方法，以根據第一手史料得來的、已為史學界

[14] 見胡頌平《胡適之先生年譜長編初稿》第十冊，第三五九〇頁。

認可的歷史事實進行逕改。受訪人在敘述親身經歷時出現記憶錯誤、或唐德剛對於受訪者的敘述存在疑問時，不做逕改，而是通過注釋的方式進行糾正、加以提示。許世英在發表回憶錄時，已年屆八十有九。記憶難免失真，敘事更難免錯誤，對於他所口述的有關史實，正需要代筆撰寫回憶錄之人多多費心查核訂正，否則就難免出錯。就已發表的十二期連載文字看來，其中的錯誤，正可說是不勝枚舉。文中所指出的只是一些比較重大的錯誤而已。

又據《胡適之先生年譜長編初稿》記載，胡適在五月二十三日寄信給許世英後，對胡頌平說：「賽金花是個沒有知識的女人，當年劉半農去訪問她，根本是多事的，劉半農是北大的教授，他親自去訪問，還把一個沒有知識的女人的隨便談話都發表了，人家看起來好像真有其事似的。由此可知道口述歷史也不可靠。」

據《賽金花故事編年》一書中說：「一九三三年賽金花七十歲，在北京。因為此時生活太窮苦，請求北京公安局免收她住屋的房捐大洋八角。有人替她寫了一個呈文，歷述她在庚子八國聯軍時代怎樣救過人，以強調她有免捐的資格。這個呈文，偶然被一個報館記者拿去登報，立刻震動了北京社會，並且傳播到全國各地，賽金花再度成為一個新聞人物了。」那個記者就是北平《小實報》的管翼賢。隨後各方名人絡繹不絕去看她，猶如欣賞出土的古玩；連在上海的「性學博士」張競生都寫信與她談風論月。一時大批「賽金花訪談記」出爐，包括劉半農、商鴻逵師生採訪整理的《賽金花本事》、曾繁的《賽金花外傳》，都是這時期的產物。

但大眾興趣所在，仍然是那一段瓦賽情史。在這件事情上，賽金花本人的敘述顛三倒四，自相矛盾。例如她對劉半農與商鴻逵自述身世時，完全未提及在歐洲是否與瓦德西相識；而在曾繁採訪她之後所寫的《賽金花外傳》中她就明白表示二人是老相識：「他和洪先生是常常來往的。故而我們也很熟識。外界傳說我在八國聯軍入京時才認識瓦德西，那是不對的。」在有些訪談中，賽金花全盤否認「瓦賽情史」：「我同瓦的交情固然很好，但彼此間的關係，確實清清白白；就是平時在一起談話，也非常地守規矩，從無一語涉及過邪淫。」她強調的是她的俠義行徑：八國聯軍在北京城中肆意殺人，她便向瓦德西進言，稱義和團早就逃走，剩下的都是良民，實在太冤枉。瓦德西聽後下令不准濫殺無辜，因此保全了許多北京百姓。奇怪的是，有的時候她又會誇耀瓦德西乃是裙下之臣。如《羅賓漢》的記者遜之採訪她時，她便說：「時瓦德西知余下堂，向余表示愛情，余愛其人英勇，遂與同居三四月之久。」

對此，香港掌故大家高伯雨（林熙）也曾在一九三四年間，多次去北京居仁里看過賽金花，並接濟過她。據高伯雨說，後來她對我也熟落了，彼此之間不太拘禮，談話也不太過客套了，她才坦白地對我說，她只見過瓦德西一面而已，和他沒有什麼關係。當時高伯雨就指出《申報》的「北平通訊」所載她對記者的談話，其中有該記者問她在宮裡住過幾天，她答在儀鑾殿一共住了四個月，瓦德西走時，要帶她一同往德國，她不肯，他又叫她，宮中的寶物可以隨便要，她也不敢。高伯雨問她，對記者所說的，難道完全是撒謊的嗎？她微微一笑，似是同意，歇了一會才答道：「可不是嗎？」高伯雨問為什麼要這樣呢？她答得頗有道理，她說：「人們大都好奇，報館的人和讀報的人更甚，如果我對他們說真話，他們一定不信，還以為我不肯老實說，我只好胡謅一些來打發他們，滿足他們的好奇心。同時又可以博取人家對我同情，幫幫我忙。像先生您既不是新聞記者，又不是賣文餬口的人，我怎好向您說假話呢？」。賽金花萬萬沒想到後來高伯雨成為掌故大家，也賣文為生數十年，而就在賽金花死後二十多年，他寫了〈我所見到的賽金花〉[15]公佈了這段談話。

黃秋岳在《花隨人聖盦摭憶》說：「比見南北報紙數記賽金花事，大率拙滯可笑。獨劉半農所為傳記，余未及見，半農今已化去，見亦無從質之。其所作大抵徵於賽之口述，恐未可據為信史。」又說：「夫欲從老妓口中徵其往事，而又期為信史，此誠天下之書癡。」胡適認為劉半農「根本是多事」，黃秋岳也認為「此誠天下之書

15 〈《孽海花》閒話〉連載於《古今》雜誌第四一期（一九四四年二月十六日）至第五十期刊畢。

癡」，其原因在於賽金花為了滿足人們的好奇和博取同情，而一派胡言。對於此類人物，採訪者不能不慎，否則為其利用而不知。寫出的口述歷史，也無甚價值，徒留笑柄而已。

# 胡適與徐芳

## 尋訪三〇年代女詩人徐芳

早在二〇〇三年前，因籌拍胡適紀錄片，而得知「徐芳」這個名字，但只知她是北大國文系畢業的高材生，是胡先生的愛徒，其餘則茫昧無稽。

二〇〇五年冬，在大量閱讀史料的過程中，胡適、吳宓的日記、顧頡剛的年譜、張中行的回憶錄、施蟄存的序跋，都提及徐芳這個女詩人，尤其是張中行還是徐芳的同班同學，兩人有過四年的同窗之誼。後來在北大史料的剪報中，尋覓到徐芳代表國文系進謁校長蔣夢麟，談改革系務之事；更有她進謁文學院長胡適，就胡適接替馬裕藻兼任國文系系主任，而提出改革建議的身影。

在北大《歌謠周刊》復刊後，她以北大文科研究所助理的身份，更銜胡適之命，接下該刊長達一年有餘的主編工作。其間她在繁忙的編務工作外，還寫了四篇內容紮實、言之有據的歌謠論文。

抗戰軍興，大批學者、文人輾轉於重慶、昆明等大後方，徐芳也隻身來到西南。施蟄存在昆明就見過她，當時在場的還有吳宓、沈從文、李長之等人，大家都異口同聲地叫著：「女詩人徐芳」。然而到了四〇年代後，這個名字，卻在大家的腦海中淡出了。不僅如此，後來我們遍查文學史、新詩史都未見其留下任何鴻爪，甚至後來連徐芳這個人，也杳如黃鶴了。

二〇〇六年一月間，透過此地一位資深的記者，打通了電話，因緣際會，見到已九十五高齡的徐芳奶奶。時光雖在她的容顏寫下了風霜；卻也在她的腦海中頻添了心史。她面對我的探詢，開啟了記憶之鑰，這些記憶有著時代的印痕，往事歷歷，並不如煙！驚訝於，她的太多可念之人、可感之事、可憶之情，乃勸其重拾舊筆，為文學史再添斑斕的一章。

而在新作尚未寫就之前，整理舊作，就成為刻不容緩的事。同年三月間，在女兒的協助下，終於整理出《中國新詩史》及《徐芳詩文集》兩冊文稿。其中除少量的詩文，曾經發表過外，其餘均為未刊稿，當然包括《中國新詩史》。該論著為她在北大的畢業論文，是在胡適的指導下完成的，初稿目錄上還有胡適的朱筆批改。後來胡適曾將其交給趙景深，擬將出版。然因抗戰逃難，都唯恐不及，夫復何言付梓之事呢？於是，一本甚早完成的「新詩史」的著作，就此塵封了七十年！

在展讀她的詩文集時，我們看到她由初試啼聲的嫩筆，到風華正茂的健筆，再到國是蜩螗的另筆；我們看到她上承閨秀餘緒，繼染歌謠風韻，終至筆端時見憂患的風格與樣貌。而這些生命的陳跡，都化作文字的清婉與感喟。珠羅翠網，花雨繽紛。

在三〇年代，寥若晨星的女詩人之中；在林徽音、謝冰心以降，徐芳是顆被遺落的明珠。她的被遺落，在於世局的動盪和她「大隱於市」的個性。老人一生行事風格，追求安穩平淡，不喜張揚。在經多次的勸說，才願將其作品刊佈，但其本意也只想留作紀念，聊為備忘而已。

但做為新詩史料而言，這些或清麗婉約或暗含隱懷的珠璣之作，在三〇年代，是該佔有一席之地的。而以花樣年華的大四學生，膽敢月旦她的師輩詩人，並能洞若觀火、一語中的地，道出詩人們的不足之處，則若非她本身也是創作能手，是不能、也不易深入堂奧並探驪得珠的。

因此《中國新詩史》雖為其少作，但卻可見出她早慧的才華與高卓的悟力。在她通讀被評論者的詩作之後，她通過其詩境，返映到自己的詩心，再透過她如椽之筆，化為精闢的論述。她錦心繡口，假物喻象地寫下她的真知灼見，雖片羽吉光，卻饒富況味。七十年後的今天，我們讀之，還不能不佩服她的慧眼與膽識的。

一卷論文集，一卷詩文集外。還有兩個劇本，少量的詩作，尚未尋獲。部份的往來書信，尚未整理完成。那就有待來茲，再做補遺了。

「五四」的燈火雖已遠逝，但它造就了一批女作家、女詩人，她們以「才堪詠絮」的健筆，幻化出絢爛繽紛的虹彩。它成了愛好新文學，尤其是女性文學的讀者，所不能不看的一道絢麗的風景。而徐芳又宛如其中的一道光影，倏起倏消，如夢還真。

## 胡適與徐芳的一段情緣

一九三九年八月十四日江冬秀給遠在美國當駐美大使的胡適寫信，信中說：「我算算有一個半月沒有寫信給你了。我有一件很不高興的事。我這兩個月來，那〔拿〕不起筆來，不過你是知道我的皮〔脾〕氣，放不下話的。我這次里〔理〕信件，裡面有幾封信，上面寫的人名是美的先生，此人是哪位妖怪？」。胡適接信後在九月二十一日給在上海的江冬秀回了一封信，信中說：「昨天剛寄信給你，說你好久沒有信了。今天接到你的信了

（八月十四的）。謝謝你勸我的話。我可以對你說，那位徐小姐，我兩年多來，只寫過一封規勸她的信。你可以放心，我自問不做十分對不住你的事。……」由此觀之，江冬秀對胡適與徐小姐的關係，雖事過境遷，但還是頗有餘惱的，這也難怪我們的胡大使要忙加解釋。但徐小姐究竟是什麼人？與胡適又有何種關係？歷年來的研究者似乎無人知曉，甚至將胡適在這段期間寫的情詩，因找不到人「對號入座」，而將它歸給曹珮聲，認為是胡適舊情難了。胡適是有「舊愛」，但不能不保證他沒有「新歡」，尤其是當對方較主動時，一向「理性」的胡博士，也不免「感性」起來了。我們應該實事求是，還原當年的歷史場景——

一九三六年五月間，胡適寫下一首題為〈扔了？〉的情詩，詩這麼寫著：

煩惱意難逃，——
還是愛他不愛？
兩鬢疏疏白髮，
担不了相思新債。
低聲下氣去求他，
求他扔了我。
他說，「我唱我的歌，
管你和也不和！」

四十七歲已名滿天下，又是北大文學院的院長，家有妻小的胡博士，似乎為情所困了。因為他收到一位筆名舟生的女學生五月十二日的來信，信中除了對老師的關懷外，還附上她寫於三月七日的一首名為〈無題〉的詩，詩云：

她要一首美麗的情歌，
那歌是
從他心裡寫出，
可以給他永久吟哦。
他不給
她感到無限寂寞。
她說，「明兒我唱一首給你，
你和也不和？」

面對一位才堪詠絮、秀外慧中的女弟子，胡適在愛才惜才下，又為背不起的「相思新債」而煩惱。胡適深感這戀情，來得熱烈而真切，雖然它的萌發可能已蠻久的一段時期，但從師生的感情，急轉直下，恐怕是在一九三六年的元月間。

一九三六年一月五日，好友丁文江在長沙病逝，胡適為處理後事，於一月十日離京南下，十一日到南京，停留數日後，即轉赴上海。而當時剛從北大畢業不久的徐芳，也正在上海，兩人見了面。這次的見面，除了談心外，談新詩是他們的主題，從徐芳所珍藏的文稿中，就有當時胡適寫在「胡適稿紙」留贈給她的詩，包括有《豆棚閒話》中的〈明末流寇中的革命歌〉（案：即趙元任譜曲的〈老天爺〉），及胡適自己的〈多謝〉、〈舊夢〉、〈小詩〉三首詩作。當然徐芳也給胡適看了的她的詩稿，胡適一月二十二日的日記就說：「徐芳女士來談，她寫了幾首新詩給我看，我最喜歡她的〈車中〉一首。」徐芳的〈車中〉是這麼寫著：

橘子皮，扔出去
殘了的玫瑰，扔出去
南行的火車在趕行程，
我閉眼坐在車裡
什麼都不看
什麼都不想
只想得一會兒安靜
但我惦著一個人
他使得我的心不定
青的山，綠的水
都被我丟盡。
我也想把他往外一扔
但我怎麼捨得扔！
但我怎麼捨得扔！

第二天，胡適寫了一首〈無題〉詩，作出回應，詩云：

尋遍了車中，
只不見他蹤跡。

盡日清談高會，
總空虛孤寂。
明知他是不曾來，——
不曾來最好。
我也清閑自在，
免得為他煩惱。

不久後，胡適和徐芳相繼回到了北京，二月十二日胡適日記中說：「舟生來，久不見他了，送他Poem，勸他選詩事。」而據現存在徐芳手中的文稿，她確實聽了老師的話，編選了厚厚的《中國新詩選》文稿。

徐芳，江蘇無錫人，系出名門。曾祖父徐壽（一八一八－一八八四）為晚清著名的科學家、造船工程師、西方科技書籍的翻譯家。祖父徐建寅（一八四五－一九〇一）製造火輪船，研發無煙火藥。父親徐尚武（一八七二－一九五八），仿黃色炸藥，研製成安全炸藥，著有《徐氏火藥學》二十二卷。徐芳還有一個姑丈名趙詒譸（頌南），曾任中國駐巴黎總領事。一九二六年七月，胡適因參加中英庚款訪問團而遠赴倫敦、巴黎。八月二十四日，他在巴黎見了趙頌南總領事。次日趙領事請胡適吃飯，並同遊Palais des Beanx Arts，胡適說，「館中展覽的美術作品皆是法國百年中的作家的作品」。

而八月三十一日，趙領事更邀胡適到他的鄉間避暑處遊玩，這次並見到了趙夫人，也就是徐壽的孫女，徐建寅的長女，徐芳的姑姑。

胡適的日記中說：「頌南為我說無錫徐家父子與中國新文化的關係。當時有兩個怪傑，一為金匱華蘅芳，一為徐壽。曾國藩與李鴻章創立製造局時，其計劃皆出於這兩個人；他們不願作官而願意在裡面譯書。徐是一個有機械天才的人，又喜研究化學，每日親作試驗，把紅頂子擱在衣袋裡，親自動手作工。華精於算學。後來把他的兄弟世芳帶出來，也成算學家。徐把他的兒建寅帶出來，有勞績便讓他去得保舉，故仲虎（建寅）先生做了官。……徐雪村（壽）曾造一個輪船，名為黃鶴，曾開到上海、南京。徐仲虎為德州兵工廠創辦者。他曾留學德國三年，精於工藝化學。康、梁保他與端方同辦農工商務局。戊戌變後，張之洞請他辦漢陽兵工廠，他辭去德國技師而自己管無煙火藥的製造。他自己試驗無煙火藥，有成效；後來做大份量的試驗，火藥炸發，肢體炸裂而死，肚腸皆炸出了。他是第一個為科學的犧牲者。（頌南親見此事。）……頌南為張經甫先生的最得意的學生。他在梅溪書院很久，最受經甫先生的感化。……經甫先生最佩服先父鐵花先生（案：經甫，即張煥綸，是胡傳在上海龍門書院的同學和朋友，後來創辦梅溪書院。），有一天帶了頌南去見先父。他還記得先父的黑面與威稜的目光。二哥、三哥在梅溪時，他還見著他們。」這是胡適對徐氏家族的初步認識，但他卻萬萬沒有想到五年之後，徐壽的曾孫女，趙頌南的姪女，會進入他的視野裡，並且成為他的學生。

徐芳一九一二年十月五日生，一九二〇年進入北平第三十六小學，後又轉至第十八小學。一九二五年進入北平私立適存中學，只唸了一年，學校關閉了，她轉到北平市立第一女子中學唸到高一，又考入北京女子師範大學預科直至高中畢業。一九三一年她以優異成績考入國立北京大學中國文學系，當時的同班同學還有晚年贏得盛名的張中行，只是當時不叫張中行而叫張璿。張中行在他的回憶錄《流年碎影》中，亦有提及徐芳，只是四年下來，大家還是彼此不熟。

徐芳入中文系時，胡適是文學院院長，系主任是馬裕藻。一般記載都說胡適一開始就是文學院院長兼中文系系主任是不確的，胡適的兼系主任是要到一九三四年的五月間。胡適在五月二日的日記中說：「第一天到北大文學院復任院長。國文系的學生代表四人來看我，我告訴他們：（一）、如果我認為必要，我願意兼做國文系主任。（二）、我改革國文系的原則是：『降低課程，提高訓練。』，方法有三：一、加重『技術』的訓練。二、整理『歷史』的工課。三、加添『比較』的工課。」據隔天《北平晨報》的報導得知，這四位代表是徐芳、孫震奇、石蘊華（即後來「潘揚案」中的揚帆）、李樹宗，他們在當天下午四時半，到文學院辦公室進謁胡適院長，就馬裕藻辭系主任後，胡適接任將如何改革，胡適提出他作法，四位代表與胡適談話近兩個小時，於六時始離去。這時徐芳是中文系三年級的學生，想必在胡適的腦海中留下較為深刻的印象。雖然在這之前的一月二十九日的胡適日記中，也曾記載徐芳的哲學史分數為七十分以上，但較之後來成為史學家的何茲全等七人的八十分以上，徐芳的成績還不是最高的。因為哲學史並非徐芳之所長，徐芳之所長在於新詩。

我們就她七十年後才出版的《徐芳詩文集》觀之，她在北京女子師範大學預科，也就是高中時期，新詩及散文就已經寫得相當不錯了，可說是一位早慧的才女。在一九三〇年秋至一九三二年三月間，她寫下了《隨感錄》這個集子，新詩就有十八首之多。緊接著從一九三二年三月至同年秋天，她寫了四十首新詩（案：在《徐芳詩文集》中已將六首已發表的詩作，移至「已刊詩作」欄位）。她說：「記得我開始練習著寫詩，是在一九三〇年的秋天。那時我還在女師大讀書，那時便不注意去看詩，或寫詩；不過偶然寫幾行而已。前面的十多首便是那時寫的。說來自己一心想考北大，便也沒有寫什麼詩句。直到近年來，尤其是最近，我忽然感到寫詩的興趣，便把這本詩集給寫滿了。」（見《我的詩》的〈後記〉）。一九三四年至一九三五年冬她又完成三十餘首（案：部份移至「已刊詩作」的欄位）的《茉莉集》。除了這三個集子外，還有四十七首的未刊詩稿。在總數一百六十二首的創作詩集中，已發表的只二十七首（案：恐尚有未蒐集到的），但僅這二十餘首詩，她在當時的文壇上已被冠上「女詩人」的名號了，可見她的才華洋溢、錦心繡口見溫婉。

除了本身是女詩人之外，她亦研讀大量師友及同輩新詩人的作品。她在老師胡適的指導下，撰寫《中國新詩史》的畢業論文。而從她所保存的手稿上，我們看到指導老師胡適的朱筆批改，雖然改的不多，對於「但開風氣」之先，而本身也寫新詩，提倡新詩的胡適而言，相信他是仔仔細細地閱讀過這本論文的，而且是驕傲地發出會心的微笑的。

因此當徐芳畢業時，她原本到了天津南開中學要去擔任教員了，但卻被胡適緊急召回，擔任北大文科研究所的助理員。而不久，一九三六年春，北大《歌謠周刊》要復刊，徐芳更銜胡適之命，接下該刊長達一年有餘的主編工作。他們的感情也在這段日子裡，急驟升溫。面對與胡適戀情，我曾幾次的探詢，老人始終堅持只是「師生之情」，至於「情書」的部份那就更是否認了。因此以下的推論是根據學者耿雲志先生所發見的徐芳給胡適的三十封信函（案：藏於中國社科院近代史研究所，發表於臺北出版《近代中國》總第一四七期，二〇〇二年二月二十五日出版），再參酌其他史料加以推斷的。

據一九三六年四月二十五日顧頡剛日記說：「到朱光潛家，為『誦詩會』講吳歌。與會者有朱光潛、周作人、朱自清、沈從文、林徽音、李素英、徐芳、卞之琳等。」而徐芳在參加完文藝聚會後的次日（二十六日）就到天津去探望兄妹，直到二十八日才回北京。回京後，她就收到胡適四月二十八日的來信，徐芳在次日回信中說：「您的信跟您本人一樣親切，給了我很大的快樂。」這是目前所見他們兩人最早的通信。五月八日，徐芳寄給胡適一信，信中還附了她兩天前寫的一首題為〈明月〉的詩，詩云：

脈脈的銀輝，
送來無限溫慰，
我想到他的笑臉，
和月色一樣嫵媚。

他是一輪明月，
遙遠的送來一點歡悅。
我要他走下人寰，
他卻說人間太煩。

五月十九日，胡適在北京西山寫下了一首〈無心肝的月亮〉，詩這麼寫著：

我本將心托明月，誰知明月照溝渠！
——明人小說中有此兩句無名的詩

無心肝的月亮照著溝渠，
也照著西山山頂。
他照著飄搖的楊柳條，
也照著瞌睡的「鋪地錦」（案：Portulaca，小花名）。

他不懂得你的喜歡，
他也聽不見你的長嘆，
孩子，他不能為你勾留，
雖然有時候他也吻著你的媚眼。

孩子，你要可憐他，——
可憐他跳不出他的軌道。
你也應該學學他，
看他無牽無掛的多麼好。

該詩以前人詩句引題，再映襯自己的心懷，無疑的是對徐芳不斷的攻勢的回應。因為在這之前的五月十五夜，徐芳又給了他一封信，並附上了一首〈無題詩〉，詩云：

和你一塊聽的音樂特別美，
和你一塊喝的酒也容易醉。
你也許忘了那些歌舞，那一杯酒，
但我至今還記得那晚夜色的嫵媚！

今夜我獨自來領略這琴調的悠揚，
每一個音符都惹得我去回想。
對著人們的酡顏，我也作了微笑，
誰又理會得我心頭是縈滿了悵惘！

五月二十一日，徐芳給胡適的信中說：「我從來沒有對人用過情。我真珍惜我的情（為了這個，我也不知招了多少人的怨恨）。如今我對一個我最崇拜的人動了情，我把所有的愛都給他。即使他不理會，我也不信那是枉用了情。」隨信她還附上〈相思豆〉一詩，詩這麼寫著：

他送我一顆相思子，
我把它放在案頭。
娘問：
「是誰給你的相思豆？」
我答是：
「枝上採下的櫻桃紅得真透。」

六月十日，徐芳隨信又寄上另一首〈相思豆〉，那是寫於五月二十六日的詩：

相思紅豆他送來，
相思樹兒心裡栽；
三年相思不嫌苦，
一心要看好花開。

一九三六年七月十四日，胡適由上海赴美國參加太平洋國際學會第六屆常會，至同年十二月一日方返抵上海，十二月十日回到北平。赴美的送行人群中也有徐芳和她妹妹及竹哥夫婦的身影，但他們到得早，沒見著胡適。徐芳在七月十六日給胡適的信中說：「我本想等見著了你再走，但是在船上待得愈久愈傷心，見了你的面，一定要大哭。那時候招得親友笑我，還要害你也難過。」七月二十日，徐芳回到故鄉江蘇無錫，兩天後，她給胡適的信中說：「到了這裡，我頭一封信就是寫給你的。我要這封信寫好，才給雙親寫信。要是媽媽知道了，一定要說這個女兒要不得。但是，現在我是愛你，甚於愛我的爸爸和媽媽呢？」八月二十一日，徐芳校對《青溪文集》和胡適為此所寫的序文，她說：「我記得我小時候，常背你的論文。那時我對你的敬仰就別提了。現在我來校對你的文章，真可說是我天大的幸福呢！」。在這封信件裡，徐芳同時寄上了一張照片給胡適，七十年後，這張照片還存放在北京近史所「胡適的檔案」中，照片背後寫著「你看，她很遠很遠地跑來陪你，你喜歡她嗎？一九三六，八，二十一」。的確，從上海到美國，鴻飛萬里，是有夠遠的了，但難得的是，胡適又千里迢迢地從美國再把照片帶回北平，至今仍完好無缺地保存著。

自七月中胡適出國，至八月底，不到兩個月的時光裡，徐芳連寫了十幾封信給胡適，而直到八月二十七日她才收到胡適自California的回信。徐芳當天寫了回信，她說「你在百忙之中，還沒有忘了寫信給我，我快活極了。前些日子，我沒有得到你的信兒，我真有點怪你了（我真捨不得怪你！）現在我得謝你！你是那麼仁慈，你的句子真甜！我看了許多遍，都看迷了。」

幾個月後，胡適從海外回到北平，但他面臨的是《獨立評論》被停刊的問題，千頭萬緒，好多事有待解決，恐也無心「誰會憑欄意」？或許是胡適的理性戰勝了感性，而讓這「戀曲・一九三六」，戛然劃下了休止符。

「七・七」事變後，胡適於七月十一日應邀到廬山參加「談話會」。七月廿七日，他給徐芳一封信，信中說：「我不曾寫信給你，實在是因為在這種惡劣的消息裏，我們在山的人都沒有心緒想到私人的事。我在山十五、六天，至今沒有出去遊過一次山！每天只是見客，談天，談天，……。只有一次我寫了一首小詩。其中第

五、六行，似尚有點新鮮，所以我寄給你看看，請你這位詩人指教。我明日飛京，小住即北歸。」。（案：此信目前保留在徐芳家人手中）

但胡適並沒有北歸，而是西行，不久後他到美國去拓展民間外交了，又過一年，則接任駐美大使了。一九三八年一月三十日，徐芳給胡適一封信，信中說：「記得前年此時，我們同在上海找到了快樂。去年此時，你在醫院裡生病，我也常跑去看你。今年卻兩地相隔，倍覺淒涼。誰敢說明年又是什麼樣子？……不過，無論如何，我是愛你的。什麼都可以變，只有我愛你的心是不變的。」

這期間徐芳寄給胡適的信有七封之多，胡適則連一封也沒有回，因此徐芳在信中（案：一九三八年五月六日的信），不免抱怨地說：「你這人待我是太冷淡，冷得我不能忍受。我有時恨你，怨你；但到末了還是愛你。」而此信寄出之後，足足有三年，徐芳沒有再給胡適寫信。一直到了一九四一年四月二十四日，徐芳才又給胡適寫信，可是這信開頭已改成「適之吾師賜鑒」，而落款則是「生徐芳」，物換星移，此情不再。信中所談的是她想到美國去留學，希望胡適給予幫助，但胡適依舊沒有回音。她只得在中國農民銀行任文書工作。

一九四三年徐芳和徐培根將軍在重慶結婚了。抗戰勝利後，因工作單位的搬遷，他們從重慶移居南京。而胡適任北大校長之後，到南京中央研究院開會時，也曾去看過他們夫婦，師生之間極為歡暢。一九四九年她隨夫播遷來臺。一九五八年胡適自美返臺，担任中研院院長後，他們曾在南港見面。一九六一年元月十七日的胡適日記還有與徐培根夫婦共同聚餐的記載。但此時的胡適只是她「永遠崇敬」的老師了。

胡適的喪禮中有著徐芳的身影，胡適的紀念活動中，徐芳多所參加。據筆者多次的訪談中，她對老師的敬仰，從沒有因時間的久遠，而有褪減。「胡先生」不僅是她經常掛在嘴邊的字眼，「胡先生」的生日，她歷經七十多年依舊沒有忘記！一段偶發的戀情，或許是易逝的，但師恩總是難忘的！

二〇〇八年四月二十八日，徐芳病逝臺北，享年九十七歲。

# 從《無所不談》看晚年的林語堂

## 「無所不談」專欄寫作緣起

一九六四年當時擔任中央通訊社社長的馬星野邀請在美國的林語堂為中央社寫專欄，馬星野後來回憶說：「記得我在紐約（民國五十三年十一月）的某晚上，陳裕清先生夫婦約我吃飯，語堂先生及夫人在座，我提出請林先生為中央社寫稿的要求，後經華盛頓高克毅先生、香港林太乙女士，尤其是陳裕清先生的敦促，語堂先生毅然的允可了。」[1]而林語堂也說：「一九六四年冬，馬星野先生來美，約我為中央專欄撰稿人之一。我自一九三六年辭去《論語》半月刊、《人間世》、《宇宙風》的編輯責任，赴美專著英文書籍，中文寫作此調不彈已三十年。馬先生給我這個好機會，復歸舊業，不免見獵心喜，欣然答應。」[2]

1 見《無所不談》合集，〈馬序無所不談初集〉，臺灣開明書店，一九七四年初版。以下所引篇章皆見該書。

2 見《無所不談》合集，〈無所不談合集序言〉。

林語堂的「無所不談」專欄自一九六五年二月十一日刊出起，歷時有三年之久，前後有百餘篇的文章，是林語堂以中文寫作的另一高峰。林語堂在首篇〈新春試筆〉中談到這個專欄未來的內容，他說：「承星野兄之好意，囑我撰稿，政治既不足談，惟談文藝思想山川人物罷了。我居國外，凡三十年，不教書，不演講，不應酬，不投刺，惟與文房四寶為老伴，朝於斯，夕於斯，樂此不疲，三十年如一日。星野兄叫我擁重兵，征西域，必謝不敏。叫我揮禿筆，寫我心中所得，以與國內學者共之，則當勉強。」[3]

## 堅守「不談政治」的立場

「不談政治」，一直是林語堂堅守的立場。早在三〇年代他所創辦的《論語》刊物上，〈論語社同人戒條〉中明示「不拿別人的錢，不說他人的話」、「不附庸權貴」。《論語》也一直遵循這個戒條，走不左不右的中間路線，當《論語》兩週年答覆讀者來函時，它還是再三強調：「打倒帝國主義，三民主義吾黨所宗那樣的黨歌，《論語》是不唱的。這當然不是《論語》反革命看不起黨，乃是唱打倒帝國主義的另有專使，不必我們越俎代庖。」[4]而《人間世》也強調不為任何階層或任何階級服務，其投稿規約除了說明園地公開、摒除華而不實的文章之外，還特別提出「涉及黨派政治者不登」；此外，它的專欄也表明「不願涉及要人之所謂政治」[5]。《宇宙

3 〈新春試筆〉，《無所不談》合集，第二頁。
4 陶亢德〈論語何不停刊？〉，《論語》第四十九期（一九三四年九月十六日），第七十六頁。
5 〈編輯室語〉，《人間世》第二期（一九三四年四月二十日），第二頁。

風》刊行則「以暢談人生為主旨，以言必近情為戒約」。林語堂解釋說：「文學不必革命，亦不必不革命，只求教我認識人生而已」[6]；又說：「原來文學之使命無他，只叫人真切的認識人生而已」[7]。

因之，「無所不談」專欄的題材可分為：一、文學問題的探討；二、對人物的評論；三、海內外各地遊記；四、對生活時事問題的看法，等等。作者對文藝之潮流，思想之變遷，山水之描繪，人物之品評，都有獨特精到的見解。林語堂認為他這些生活散文的文章，比批判政治或載道的文章多了可看性，也經得起時間的考驗，不致於如政治社會事件一般，成了昨日黃花。

## 「含有思想之微笑」的幽默筆調

在《無所不談》下集的林語堂自序中曾說到：「這些文章，第一部分是主張『溫情主義』，反對宋明理學。希望大家能明孔孟並非程朱，程朱也並非程朱。又一部分，是講讀書的旨趣，及正當的方法。大部分，是比較輕鬆的幽默的文字，這種文字，莊諧並出，臺灣還沒有人敢寫。」[8]

林語堂的幽默觀，在二〇年代以及三〇年代初期只呈現在語言文字的風格上，到了三〇年代中期以後提升為一種人生觀，在橫的方面拓展幽默的範圍，使得幽默與每一個人的日常生活都有關。他提倡的幽默文學，可看做是：作者從旁觀者冷靜超遠的態度，以悲天憫人的胸懷，用莊諧並出、清淡自然的筆調，娓娓地談論人生的諸般

6 林語堂〈且說本刊〉，《宇宙風》第一期（一九三五年九月十六日）。
7 林語堂〈今文八弊〉（中），《人間世》第二十八期（一九三五年五月二十日），第三十九頁。
8 林太乙撰《林語堂傳》，臺北，聯經出版社，一九九〇年初版，第二九九頁。

問題。在「無所不談」專欄中，林語堂重讀當年在《論語》半月刊寫「京話」專欄聞名的姚穎女士的〈夏日南京的我〉，有感而發地說：「我認為她是《論語》的一個重要臺柱，與老舍、老向（王向辰）、何容諸老手差不多，而特別輕鬆自然。在我個人看來，她是能寫幽默文章談言微中的一人。……也有人以為幽默只是滑稽，像東方朔、淳于髡之流，讀了應該叫你捧腹或狂笑。要朝這個目的做去，有時就不免胡鬧，或甚至以肉麻當有趣。這去幽默之旨意太遠了。幽默有幾種說法，一說是『含有思想之微笑』。」[9]因此他認為「幽默是忠厚的，應有樂而不淫、哀而不傷、溫柔敦厚的旨趣，只是含有思想之微笑而已。……是輕鬆而愉快謔而不虐的文字。」[10]

## 白話文雅健的問題

林語堂說：「吾國白話文學喊四十幾年了。到如今能寫出雅馴的白話如徐志摩者能有幾人。志摩白話文，是得力於元曲宋詞，去其繁褥，採其精華，而後把今日白話與古文鎔鑄一爐，是以雅馴。不避白，不忌俗，漸近自然，聞其語，如見其人，如響斯應，得白話之抑揚頓挫，才可以說是白話文。」[11]又說：「國語要雅健，也必有白話、文言二源。……而文好的，自然而然加入文言。」[12]他的這番論調，當時引起有些人對他提出「雅」字的質疑，他們認為主張「文雅」，就難免弄得「文謅謅」的，甚至到後來變成「文白夾雜」或是所謂「現代文

9 〈姚穎女士說大暑養生〉，《無所不談》合集，第三〇九頁。
10 〈姚穎女士說大暑養生〉，《無所不談》合集，第三〇九頁——第三一〇頁。
11 〈從邱吉爾的英文說起〉，《無所不談》合集，第二三八頁——第二三九頁。
12 〈釋雅健〉，《無所不談》合集，第二四二頁。

言」。但這似乎是誤解了林語堂的原意，林語堂的真意，決不傾向於「文白夾雜」或「現代文言」的方向，他甚至反對故意歐化得不成話語的「不純正的國語白話」。

但一篇好的白話文其實也不容易寫，因為白話文常常病在過於淺易平凡，少精到語，少警惕語，令人讀來索然無味。他認為已經被吸收為口語化的文言詞彙與成語，也當然是白話，它可豐富白話文，矯其平易。因此他說：「文言中的精華，自會流入現代國語。也不必故意排斥文言成份，否則白話文永遠不會養成文雅與勁健俱到的豐富的國語。我們須知我們有極豐富的文學遺產，經幾千年鍛鍊出來。文言辭中善能達意的成語，不容你不拉進來。最平常的例如，『莫名其妙』，『一見傾心』，『一見鍾情』已成白話，你純用白話，怎樣嚕囌冗長也說不出此四字的意思。如『倚老賣老』也不知是文言呢？白話呢？再進一步，如『不可思議』，『不見經傳』，『出人意表』，略文一點，可用白話代替嗎？再進一步，如『鞭長莫及』，『覆水難收』也有其用處，省去多少週折。『功虧一簣』是文言？是白話？在今日受教育的人，總難免將此種字面，放入口語中，漸漸國語就會雅健兼到起來。」[13]

而其實林語堂是反對使用文言中許多「僵化」的辭藻，這些辭藻完全和現代的日常生活無關，已經成了一些「死文字」了。他早年對於文言與白話之爭，就曾指出，其要點不在於「之乎」與「了嗎」之別，而在文中是「今語」或「陳言」。若文中是「今語」，借「之乎也者」以穿插之，亦不礙事；文中若是「陳言」，雖借了「了嗎呢吧」以穿插之，亦是鬼話。他說：「我們以前反對文言，是因為他與國語相差太遠，尤其是咬文嚼字先生賣弄生僻典故的壞習氣，用字以艱深為典雅，以淺顯為鄙俗，所以有『而立之年』『知命之年』『年已及笄』『荳蔻年華』等等辭語。甚焉者必用『闔潭鴻釐』才認為典雅。國文何以難？一半是窮秀才村學究這樣弄來的。

13〈釋雅健〉，《無所不談》合集，第二四二頁——第二四三頁。

所以蘇東坡譏秦少游『小樓連苑，繡轂雕鞍』不過是說樓下繫隻馬罷了，專在堆砌辭藻。這種辭藻，常用了變成套語，反全無內容。『沉魚落雁之容，羞花閉月之貌』，並無與人實在的印象，了無意義。」[14]

## 清、真、閒、實的小品文

林語堂在早年分析西洋散文，曾分為小品文（familiar essay）及學理文（treatise）。其中學理文莊嚴、起伏分明、不敢稍越題材範圍；而小品文閒適、下筆隨意、文中時時夾入遐想及常談瑣碎。因此，小品文筆調被稱為「個人筆調」（personal style）。在國外這種個人筆調已侵入社論及通常時論範圍。林語堂希望此種文體也能侵入中國文壇通常的議論文及報端的社論，並發揚光大。林語堂認為小品文，可以說理、可以抒情、可以描繪人物、更可以評論時事，凡方寸中一種心境、一點佳意、一股牢騷、一把幽情，皆可聽任其由筆端流露出來。林語堂的理想散文是：「得語言自然節奏之散，如在風雨之夕圍爐談天，善拉扯，帶感情，亦莊亦諧，深入淺出，如與高僧談禪，如與名士談心，似連貫而未嘗有痕跡，似散漫而未嘗無伏線，欲罷不能，欲刪不得，讀其文如聞其聲，聽其語如見其人。」[15]

晚年他談到小品文說：「小品文，也應有家居閒談意味，與登臺演講不同，聲音應該低微的，向房中熟友娓娓而談，上下古今，山川人物，思想載籍，都可以談。有時語無倫次，有時莊諧並出，好在談者，有此閒情，而

14 〈論言文一致〉，《無所不談》合集，第二四九頁。
15 〈小品文之遺緒〉，《人間世》第二二期（一九三五年二月二十日），第四四頁。

聽者也有此逸致。」[16]又說：「我看小品文應該有四字，曰清、曰真、曰閒、曰實。」[17]然後他針對這四字的內涵加以詮釋說：「清者，清新之意，不落窠臼，不拾牙慧。」「真者，所抒由衷之言，所發必真知灼見的話。」「閒者，閒情逸致之謂，即房中靜嫻，切切私語。」「實者，充實飽滿之謂，故言有盡而意無窮。」[18]林語堂認為：「凡是學者文章艱深難讀，大半在搬運名詞，引經據典，深入而未能淺出，只掉書袋而已。此乃學有餘而識不足之故。見道明，事理達，得天地之純，自然可以說出淺顯易明的道理來。自己通達了，才能明白曉暢告訴他人，因事理與學問發生關係，所以屬辭比事，左右逢源，隨拾即是。到了道理熟了，常常不必走大路，可以抄小路，過田陌，攀籬笆，突然到家，令同行的人不勝詫異。就是小品文與平常議論文的不同。」[19]

他再從自己的寫作經驗來談小品文，他說：「必也心有所喜悅，然後為文，心有所感受，然後為文，或確有所見，然後為文。這如同採柿子一樣，樹上採下來，應當放過幾天，才會成熟。天地間的事理人情，至繁且雜，卻不可凡有所見，即為文章。我為中央社寫專欄，我覺得某事可談，但決不肯輕易下筆，必也在胸中孕育多少時候，多多思量，或不思量，過了些時，又覺某種事理人情，觸類旁通，益信所見者不謬，然後著為文字，吐之為快。這就是孕育以後胎動時期，不必喝什麼催胎大快湯，臨盆自然順適而愉快。若是時機未到，吮筆濡毫，便成流產，這是犯不著的。」[20]

16 〈看見碧姬芭杜的頭髮談小品文〉，《無所不談》合集，第三〇六頁。
17 〈看見碧姬芭杜的頭髮談小品文〉，《無所不談》合集，第三〇七頁。
18 〈看見碧姬芭杜的頭髮談小品文〉，《無所不談》合集，第三〇七至第三〇八頁。
19 〈看見碧姬芭杜的頭髮談小品文〉，《無所不談》合集，第三〇八頁。
20 〈再談姚穎與小品文〉，《無所不談》合集，第三一五至第三一六頁。

# 關於《紅樓夢》的論戰

一九五八年，林語堂寫出了六萬多言的《平心論高鶚》，發表於臺灣中央研究院歷史語言研究所集刊第二十九本，奠定了他對《紅樓夢》研究的成果。其中對近年紅學界爭論最多的《紅樓夢》後四十回續書說，林語堂提出自己的觀點，他主張《紅樓夢》後四十回，是曹雪芹遺稿，高鶚補訂（非「補作」或「續作」）。他說：「綜括一句話，雪芹既有十年時間可以補完此本小說之重要下部，使成完璧，豈有不補完之理？……況且一七五六年五月初七日明明已經『對清』到七十五回，這一七五六至一七六三除夕，八年中他真寫不出剩下的四十五回嗎？況且去世前一年，一七六二年三月，有人看見他的末回情榜。若據初回自白的話，十年批閱，增刪五次，而結果十年中只成八十回稿，平均一年只寫八回。而高鶚反而會於一年間成書四十回，下筆之快，竟勝於雪芹五倍，寫來又是那樣精心結撰之作，故折衷公評，當以高鶚所補係雪芹舊稿，較近情理。」[21]林語堂認為俞平伯用打倒孔家店觀點來評價寶玉等都是牽強附會；而胡適搞的「大膽的假設，小心去求證」，則是「名為小心求證，實是吹毛求疵。因此愈考證愈甚，鬧得滿城風雨，結果撲了個空。」縱觀紅學發展，林語堂認為：「裕瑞開漫罵之風，周汝昌繼之，俞平伯攻高本故意收場應如此不應如彼，全是主觀之見，更以『雅俗』二字為標準，不足以言考證。」

21 《平心論高鶚》，見《無所不談》合集，第三九三頁至第四八六頁。

一九六七年五月四日「文藝節」，林語堂在慶祝大會上，以〈新發現曹雪芹手訂一百二十回紅樓夢本〉為題[22]，做了一次轟動全國的學術演講。林語堂提出一個「堇堇重訂本」，認為《紅樓夢》一百二十回是曹雪芹一手寫成，並以七點辨正，證明後四十回並非他人偽續而是曹雪芹的原著。此說一出，馬上引起葛建時和嚴冬陽的回應，他們在同年五月二十二日發表文章[23]指出，林語堂發現的所謂「堇堇重訂本」，其實是《乾隆抄本百二十回紅樓夢稿》，並非什麼新發現。「堇堇」不是曹雪芹別號，況且那兩個字不是「堇堇」，而是草寫的「蓮公」。「蓮公」是這稿本收藏者楊繼振的號，楊繼振字又雲，號蓮公，晚號燕南學人，別號二泉山人。而錯誤最嚴重的是林語堂把「乙卯」看錯「己卯」。他認為「乾隆己卯」（一七五九年）是曹雪芹忙於改稿之年；但這個「乙卯」是「咸豐乙卯」（一八五五年），兩者相距九十六年。而這時候曹雪芹已死了九十年，他決不可能從棺材裡爬出來題署「己卯秋月堇堇重訂」。葛嚴文章又說：「林語堂自〈平心論高鶚〉一文發表以還，在主觀上一直認為後四十回是雪芹原著，由於這一主觀之錯誤觀念，發展下去，致有今日誤蓮公為堇堇，錯乙卯為己卯，以及把咸豐乙卯年楊又雲的一個重訂本，當做乾隆己卯年曹雪芹的手寫手改手訂本，甚至認為是雪芹批改自己的稿本，這一連串的謬誤，完全是由於林先生主觀觀念的錯誤所造成。」[24]

無獨有偶，紅學家趙岡教授也於同年五月二十五日發表文章[25]，其中若干觀點與葛、嚴兩位先生的文章不謀而合外，趙文指出：「第一、如果這部百廿回稿真是雪芹的原稿，那麼它已經是一部完整的文稿了，但是脂硯為什麼在雪芹死後還一再提到此書未成而芹逝矣？第二、根據脂評所提到的後數十回情節，其中廿多項在這百廿回

22 〈新發現曹雪芹手訂百二十回紅樓夢本〉，《無所不談》合集，第五二四頁至第五三〇頁。
23 葛建時　嚴冬陽〈評林語堂對《紅樓夢》的新發現〉，《聯合報》，一九六七年五月二十二日九版。
24 同上。
25 趙岡〈論林語堂先生《堇堇重訂本紅樓夢稿》〉，《聯合報》，一九六七年五月二十五日九版。

本中都找不到，如果說是這廿多項都已遺失，為什麼這部百廿回稿本又這麼完整，很難找到上下不接筍的地方？第三、不但這部百廿回稿本後四十回完整無缺，而且很多脂批提到的後數十回情節與這部百廿回本後面的發展很是衝突，舉一個最簡單的例子，我們對於『獄神廟』，這一回連回目帶內容都有相當的眉目，我們就算它是遺失的一回文稿，現在就請林先生在這個百廿回稿本的後四十回中找個地方把『獄神廟』這回安插進去，林先生能夠找到一個合適的地方安插它嗎？」。趙岡認為這部百廿回紅樓夢稿本中費解之處尚多，遠不如林語堂所想的那麼簡單，因此他建議最好還是把全部線索集中起來，列出各種可能的假設，然後逐一排除，能得結論最好，否則存疑也無妨，不必急於做出結論。

針對葛建時、嚴冬陽和趙岡等人，認為《紅樓夢》稿中所作的改動，既不是曹雪芹改的，也不是高鶚改的，而是另外一位不知姓名的人改的。於是，林語堂在同年六月二日又發表了〈再論紅樓夢百二十回本〉一文[26]，表示「到底此本改稿是否雪芹親筆所改，意義重大，不得不再為闡明此中的關鍵，使大家更為清楚瞭解這個問題」，並堅持認為「堇」字比「蓮」字合理，「堇堇」很可能是曹雪芹的別號。稿本中那些「清清楚楚，間架分明，筆力遒勁，蠅頭小書添改補寫的筆跡，自首至尾出於一人手筆」、很可能是曹雪芹「親筆所改」；「前八十回及後四十回添改、塗改，密密重寫，常常勾掉數行，所塗改數字有時與同頁的原抄稿字數相等，或超過而用另紙黏上」，也很可能是曹雪芹所「手改」的。「我們不可硬依著成見，說這部添改那樣厲害的稿，說誰改的都可以，只是不能說不許說是作者用心血塗改補添重寫的，而否認其重大可能性。又不應該無端托出一個無形無跡無名無姓的某人出來，轉一大彎說，這既不是高鶚所補，便是某不知名姓的某君用心血去改的，卻決不是作者自己嘔他未盡之血，流他未盡之淚所補成的。」

[26] 〈再論紅樓夢百二十回本——答葛趙諸先生〉，《聯合報》，一九六七年六月二日九版。

對於林語堂的答覆文章，葛建時和嚴冬陽於同年六月十五日再發表回應文章[27]，指出：我們認為這稿本很複雜，固然不可以認為它即是雪芹手本，但也不可認為它即是程本的底本，這個稿本的來源很複雜，是好幾種本子湊成，而抄寫的亦有好幾人。而林先生謂：是曹雪芹自己改自己的稿，更是不對，那有把自己原來寫得好好的稿本，改得如此糟透之理。

而同年六月九日林宣生發表文章[28]，就林語堂「向來文人每每以同音字代替」自己的名字，而認為「堇堇」二字為曹雪芹別號提出質疑。林宣生說：「退一步說，也許曹雪芹當時不求涵義，興之所至，隨便檢一個『同音』字做別號來重訂紅樓，但這所謂『同音』也有問題，因為：『芹』音『勤』，『堇』音『僅』，這在兩漢以上，也許尚可以用『一聲之轉』攀為遠親；在清代，而且詩文修養如曹雪芹者，竟連『勤』與『僅』都分不清楚，亦未必合於『理』。」而同年六月二十六日林語堂再發表文章[29]，仍在「己」「乙」，「堇」「蓮」上做爭辯。

同年七月十五日葛建時和嚴冬陽再發表文章[30]指出，要證明後四十回之偽續，可謂輕而易舉，只要在後四十回中，任便舉一點，甚至一兩段文字，就足夠訂偽。葛嚴兩人認為根據脂批，《紅樓夢》八十回後有稿，但只是「稿」而已，並未成書，據雪芹晚年境況與脂批所述，這些後稿，十分零亂，有被人借閱遺失的，有尚未編目的，有有題目而未曾寫成的，並且這些文稿，當多「稿上淚痕雜酒痕」的話。總之，脂硯所說後書有稿，只是稿而已，如說這些原稿為程、高從鼓擔上獲得而編補成書，一如這「蓮公重訂本」就是今日百廿回之底本，則其中

27 葛建時　嚴冬陽〈再評林語堂對《紅樓夢》的新發現〉，《聯合報》，一九六七年六月十五日九版。
28 林宣生〈從「堇堇」說起〉，《聯合報》，一九六七年六月九日九版。
29 〈論「己乙」及「堇蓮」筆勢〉，《中央日報》，一九六七年六月二十六日。
30 葛建時　嚴冬陽〈論紅樓夢後四十回之偽——三評林語堂先生的新發現〉，《聯合報》，一九六七年七月十五日九版。

怎會有雪芹手筆呢？因為蘭墅補書時（一七八五－九〇），雪芹已謝世二十餘年了，他怎麼會復活起來在高的補書上刪改呢？而對於林語堂的「已」「乙」，「堇」「蓮」的爭辯，葛嚴兩人認為那是強作解人。

同年八月四日輔仁大學嚴靈峰發表文章[31]指出，據《脂硯齋重評石頭記》的「七十八回本」內的兩條硃筆眉批得知：（一）曹雪芹卒於乾隆二十七年除夕，當時書尚「未成」。（二）乾隆三十二年，第二十二回，尚「未成」。「己卯」為乾隆二十四年，在雪芹卒前三年。乾隆三十二年，書尚「未成」則雪芹死時，實未完成《紅樓夢》全書；生前何能「重訂」此「一百二十回本」？除非時間倒流，絕無此種奇蹟！此文刊出同時，編輯同時說明：由於篇幅的限制，關於這一個問題的研討，本報今後不再刊登。從五月四日因一場演講引發的討論，歷經三個月，終於落幕了。

## 「論色即是空」引發爭議

一九六六年七月四日林語堂發表〈論色即是空〉一文[32]，其中談到：「如同佛家以禪定，穿糞掃衣，及達摩面壁九年，以求證道，修得認識宇宙皆空之理。這都是克服物欲以得神感的特殊辦法，這些以理與欲相對，靈與肉相對的宗教看法，我都不贊成。」又說：「佛教哲學之所以令學人看得起，就是這闢妄見的論證。只不該因此而求寂滅，度脫輪迴的無邊苦海。佛家的道理可以一言蔽之，就是『可憐的人生』！」又說：「嘗閱陳繼儒『嶺

31 嚴靈峰〈紅樓夢稿本的糾纏〉，《聯合報》，一九六七年八月四日九版。
32 〈論色即是空〉，《中央日報》，一九六六年七月四日六版。

悽幽事』論釋氏白骨觀法。我想靠這種人生觀求解脫，未免太慘了。……生命雖然無常，我不願意禪定，也不願超度了。」

這引起了陸建剛在同年十二月二十二日為文反駁[33]，陸文指出：林先生首先把吃LSD靈感藥的如醉如癡狀態，和佛家「色即是空」的頓悟境界關連在一起，簡直在開玩笑。如果「色即是空」，就是如醉如癡的精神狀態，佛陀的教化豈不是誘騙了幾千年來無數大賢大智的哲者去做瘋子？事實證明絕對不會如此膚淺。苦行與強行禁欲，乃印度另一（外道）修持方法，出家人修禪定不見得非穿糞衣不可。同時穿糞掃衣未必可以證悟本妙覺心。釋迦世尊曾於尼連河修道時，因當時外道皆相信修苦行可以昇天，世尊曾現身說法，告訴他們修苦行不一定能成道。佛教的人生觀，表面上看來好像消極，實際上最為積極，佛家以出世為方便，入世為目的。斷不是如林先生所說的「可憐的人生觀」。白骨觀僅是修習禪定中對治一種習氣的方法，佛法修定，原有多種。這些都是修定的方便法門，不是佛家的人生觀，更不是「色即是空」的體證。佛說「空」，並非一切事物空無所有，而是說沒有永恆不變的各別體性。

另外邢光祖在〈論治學態度〉一文[34]，批評林語堂以俏皮而輕浮的口吻談「空即是色，色即是空」，如果不把它當作遊戲文章，而認真去讀，誰都可以洞澈或看破這位《中國印度之智慧》的編者，對於佛學的常識是如何了。「色即是空，空即是色」是《心經》中的一句，道及佛學上的中心義諦。佛法稱作「空法」，佛陀亦稱「空王」；各大乘經典諸如《金剛經》、《般若經》、《涅槃經》以及其他甚多經典所釋的，不過是這一個「空」字。這一個「空」字對於整個佛學的重要，如此可見一斑。所以佛學以「空」為要義，「空」是佛學的基本，了

[33] 陸建剛〈林語堂先生的色空觀〉，《自立晚報》，一九六六年十二月二二日四版。
[34] 邢光祖〈論治學態度〉，見《尼姑思凡的風波》，李霜青編，臺北哲志出版社，一九六九年出版，頁六二——六三。

解「空」的義諦，便了解整個佛學。至於林先生稱「禪宗」為「禪那」，說「頓悟」為「猛悟」，真是滑天下的大稽！記得一九五三年四月，胡適博士在夏威夷大學出版的《東西哲學》第三卷第一號上發表〈中國禪宗的歷史與方法〉一文之後，曾經引起日本哲人鈴木大拙的駁辯，鈴木直指胡適博士不解禪的本義，而妄撰禪宗歷史；未免貽笑大方。林先生最近曾至日本講學，對於彼邦治學之嚴，深為讚嘆；相信林先生這篇〈論色即是空〉一文，如果寫成英文，而鈴木苟未圓寂，不知會受到何種攻擊，真叫人替他捏一把汗！

而瀟湘在〈寫作與良心〉一文[35]，指出：佛家這「色」字，包羅極廣。簡略的說，宇宙間凡是看得見、摸得著、有形可指、有狀可說的，都是「色」所指的對象。佛家一談到空理，有一句很普遍的口頭禪，就是「萬法（色）無自性故說空」。因為萬象雜陳，都是互相湊合（緣起）而成，任何東西都沒有獨立存在永恆不變的自體。因此有生必定有滅，有成一定有壞，使人不執著一相。這和林老先生那「覺得四大皆空」相去何止十萬八千里？萬象森嚴，豈是誰覺得空就空了的？色即是空，本是宇宙的實相，這是智慧的肯定，決不是情感上的幻覺。所以說林老先生只是望文生義的臆度，與真正的義理了不相干。

## 「尼姑思凡」掀起風波

一九六八年七月一日林語堂發表〈尼姑思凡英譯〉一文[36]，沒想到引起軒然大波。先是七月四日就有作家

35 〈寫作與良心〉原刊於《現代雜誌》第七期，轉引自《尼姑思凡的風波》，李霜青編，臺北哲志出版社，一九六九年出版，頁七一——七七。
36 〈尼姑思凡英譯〉，《中央日報》，一九六八年七月一日九版。

許逖投書《中央日報》[37]指出：〈尼姑思凡英譯〉本是林先生早年在《吾國吾民》和《中國人的智慧》兩書裡發表過的老文章。尼姑思凡的第一段，第四句是「俺娘親愛唸佛」，林譯卻成了「And my mother, she loves the Buddhist priests.」這句英文的意思是「俺娘親愛大和尚」，（說得粗一點就是小尼姑的媽偷大和尚），和「俺娘親愛唸佛」的原意完全驢唇馬嘴。我很想知道，這究竟是幽默大師的幽默呢？還是故意輕薄？

緊接著淨覺佛學院也致函《中央日報》[38]，要《中央日報》中止發表這類穢瀆佛門文章，以免影響社會民心。七月十一日《中央日報》編者回應說：「……又得私立智光商業職業學校董事會的南亭先生長函，謂『此種文字，在一般人讀之，固無所謂，然在吾儕佛弟子讀之，則深覺刺眼！』所以他希望『以後勿登毀謗佛教，厚誣古人之文字，則幸莫大焉！』此外，尚有沈德偉、『讀者人』、賴英機、李珍、釋悟光、劉桂森、李勝敦、趙木生、蔡宏二、邱榮琴、釋修學、隆峰寺內大眾、馮隆太、陳雪、開證等先生，來函表示意見，本報自當一併採納注意。又，七月七日，本刊發表許逖先生的短簡，頃接林語堂先生七月八日來函，有所答辯。因恐引起更多的反響，我們希望到此為止。」

另外有中國詩經研究會譴責林語堂英譯「尼姑思凡」文[39]指出：尼姑思凡雖屬人性自由之發抒，究屬於輕浮俚俗這一類所謂「下里巴人之音」，孔子曰：惡鄭聲之亂雅樂也，尼姑思凡既非高級之純文學，故在雜誌上刊載未為不可，而刊諸各報，甚至中央報，是不甚適當的。林之譯文將原載《綴白裘》之尼姑思凡崑劇，誤為《綴白球》，不特缺乏考證，益證明其更無傳統文字之常識，以致引起此次糾紛，爰本春秋之義予以譴責！

37 許逖的投書刊於《中央日報》，一九六八年七月七日九版的〈中副小簡〉。
38 淨覺佛學院致《中央日報》函，刊於一九六八年七月九日九版的〈中副小簡〉。
39 〈詩界譴責林語堂英譯「尼姑思凡」文〉，《文化期》第十一期，一九六八年九月，頁六。

其他批評文章還有《自由報》專欄中的何中庸的〈談尼姑思凡英譯〉、陸劍剛的〈評尼姑思凡的荒謬〉。此外，《陽明雜誌》、《學園月刊》，均有批評幽默大師之文。此外作家李霜青、張鐵君、吳翀、許逖等人都大加撻伐，群起圍剿。後來林語堂受到中央警告，佛教四眾弟子，感得到安慰，風波才算平息。而李霜青將各方批判林語堂約二十多篇文章搜集，編成《尼姑思凡風波》[40]一書。

## 結論

林語堂的「無所不談」專欄，是由中央社發給各報社刊登，因此一篇文章同時會有一家（至少）或數家同時刊登，例如〈記蔡孑民〉一文在一九六五年四月九日同時有《中央日報》、《聯合報》、《中華日報》、《臺灣新生報》、《臺灣新聞報》等五家報紙刊登。這在之前或之後，恐無人享有此殊遇了。而林語堂也用此專欄將以往《論語》等小品文的型式，轉變成報紙散文型式。而因多家報紙的同時刊載，也使其影響的範圍超過了一般的月刊或半月刊。

林語堂的文學理論是透過克羅齊的表現說，並經由周作人的引介認識公安派的性靈說，而尋找到道家思想作為中國小品文的根，而建構起超政治／近人生、表現／性靈、幽默／閒適的文學理論體系，並強調出以語錄的文體形式。林語堂的這一文學理論，也是從他的創作中不斷地修正改進而成。到了晚年寫「無所不談」專欄時，更具體地闡釋他的理論。

40 《尼姑思凡的風波》，李霜青編，臺北哲志出版社，一九六九年出版。

在中國古典小說的界域裏，最讓林語堂傾心折服、進而上升為一種濃烈的生命情結和重要的文學資源的，是《紅樓夢》。早在一九一六年，林語堂來到清華園任英文教員時，《紅樓夢》就成了他理想的教材。他在《八十自敘》裏說：「我看《紅樓夢》，藉此學北平話，因為《紅樓夢》上的北平話還是無可比擬的傑作。襲人和晴雯說的語言之美，使多少想寫白話的中國人感到臉上無光。」隨著對《紅樓夢》的情感日深，林語堂萌生了將其譯為英文的想法，然而又擔心巨大的時空差異會影響西方讀者的興趣和理解，所以決定直接用英語創作一部《紅樓夢》式的現代小說，那就是《京華煙雲》（Moment in Peking，又譯作《瞬息京華》）。

林語堂的紅學研究，是把重心放在了《紅樓夢》後四十回的作者及其成書情形和文本評價上。與那些以考證見長的紅學家相比，林語堂並不佔優勢，但他身為小說家的創作經驗卻為其他考證家所無。於是他說：「除非我們見過高鶚有自著的小說，能有相同的才思筆力外，叫他於一二年中續完四十回，將千頭萬緒的前部，撮合編纂，彌縫無跡，又能構成悲局，流雪芹未盡之淚，嘔雪芹未嘔之血，完成中國創造文學第一部奇書，實在是不近情理，幾乎可說是絕不可能的事。」[41]林語堂又指出整部《紅樓夢》不單後四十回有矛盾，有出入，前八十回也有許多矛盾。他以小說家創作經驗認為，曹雪芹曾五易其稿，在易稿中必常自己刪去一部分，這是寫小說者常有的事。至於寫著寫者，與當初起稿時的計畫有所不同，於是中途改變原意，這在中外的小說家的創作過程中也屢見不鮮，我們不能依此來作為定後四十回真偽的依據。他這些論點是建立在他身為小說家敏銳的直覺上，是有其見地的。但圍繞《紅樓夢》後四十回的著作權及其藝術成敗問題，自清代至今天的紅學界，一向見仁見智，各有所持，而事實上，如果沒有新的堅實的第一手材料做支撐，已有的種種說法充其量不過是既無法證實，亦難以證偽的一種推論和揣測。

41 《平心論高鶚》，見《無所不談》合集，頁三九八。

即使說一百二十回的《紅樓夢》，構成了它的完整性及文學價值，但其後四十回是否為作者原著，仍是兩回事。雖然有人說過曹雪芹只寫了八十回就死了沒有寫完，然而也有人說曹雪芹是寫完的，只是自八十回後的稿子散失了。苟是如此，則後四十回就必為他人所補續。林語堂嚴厲批評俞平伯以後四十回之俗，來認定惟有高鶚之俗才寫得出——以作者曹雪芹之不俗不會寫這種俗書，因而確定後四十回非作者原著。其實續得好不好是另一問題，我們不能以後四十回之俗或者不俗來斷定，同樣的我們也不能以其寫得好或者不好來斷定。如果指俞平伯犯了這個錯誤，林語堂也同樣犯了。因之我們不能以《紅樓夢》完整性的價值來斷定後四十回即為作者原著。

林語堂在中國思想的專研上，獨對中國佛學缺少基本的研究；林語堂有佛家所說的先天夙慧，不幸於《吾國與吾民》論佛學時以「尼姑思凡」作結束；在《蘇東坡》一書提及佛印與蘇東坡的交往，而沒有道及蘇東坡對於禪學的根底；至於其所編的《中國印度之智慧》，竟未採納支配中國思想一千多年，迄今風行國外的禪宗的語錄，應是絕大的缺憾。〈論色即是空〉以遊戲筆墨的態度寫成，若當一般「幽默」散文看，到也無傷大雅，但林語堂冠以一「論」字，則難免讓人誤為探索其理論者。「空」理，本是佛教教義最高深的哲理部份，別說外行人不易窺其堂奧，就是佛門中的高僧大德，窮年累月，畢生浸沉其間，都不敢輕易下筆。人生有限，學問無涯，欲求全知，實不可能。林語堂強充通家，實在是犯了一大錯誤。照林語堂的語意，把佛門的悟道，當作神經錯亂後產生的幻象了，那麼神經病院的患者，都與佛法「禪那色即是空的猛悟相關」囉，難道這也是「幽默」？是以如要了解佛家「色即是空，空即是色」，應遵佛誨如理觀察，如理修持，依法如實精進求證。若僅賴文字，斷章取義，不特不是真義，而且是自誤誤人。

〈尼姑思凡英譯〉風波，首先林語堂把出處弄錯成《綴白球》，其實應為《綴白裘》，是明代之傳奇，不知何人所作，只署「玩花主人編」。而林語堂的英譯譯文確實犯了輕薄之嫌，但也不至於毀謗佛教。林語堂表示翻譯此曲的動機在於它的「真情之流露」，這類民間歌曲「充滿人生味道」，而士大夫文學則漸漸脫離平常人的生活及通感，因此他特別加以提倡。而反對者視〈尼姑思凡〉為「過去專制時代無聊文人虛構的下流淫詞」[42]或「無聊文人毀辱出家女尼故意杜撰出來的色情淫詞」[43]加以抨擊。他們認為林語堂有意作賤佛教比丘尼，污辱出家女眾。這可說完全不明白林語堂的翻譯動機及雙方對「色情」定義的落差所致。

42 樂觀〈為林語堂英譯「尼姑思凡」上中央五組書〉，《尼姑思凡的風波》，李霜青編，臺北哲志出版社，一九六九年出版，第三頁

43 樂觀〈看幽默大師的風格〉，《尼姑思凡的風波》，李霜青編，臺北哲志出版社，一九六九年出版，第十六頁

# 許壽裳在臺灣（一九四六－一九四八）

## ——讀許壽裳日記、書信

### 從一張照片說起

《魯迅日記》一九三〇年七月十三日云：「季市與詩英來，並贈複製三十年前照相片一枚。為明之、公俠、季市及我四人，時在東京。」此照片見之於一九七六年八月由文物出版社出版之《魯迅》相冊中，但僅註明：「與紹興籍留日同學合影……一九〇四年攝於日本東京……後排右起第一人為魯迅」。由日記得知，此照片前排左邊即是邵文鎔（字銘之，一八七七－一九四二，早年在北海道札幌學習鐵路工程，曾任滬杭甬鐵路工程師，後在蘇北東臺經營棉業，與魯迅為生死不渝之交。抗戰後遷到上海霞飛坊，與許廣平和周建人為鄰。一九三八版的《魯迅全集》，其中的《嵇康集》就是由邵文鎔與家人共同抄錄的。）前排右邊是陳儀（字公俠，後改為公洽，一八八三－一九五〇）；後排左邊是許壽裳（字季茀、季黻、季市、季芾。一八八三－一九四八），後排右邊是魯迅。由此可知四人相識即早，更有同鄉之誼，交情決非泛泛。

尤其是許壽裳與魯迅的交情，我們從後來許壽裳寫於一九四七年五月四日的《魯迅的思想與生活》[1]一書的序文就可知一二，他說：「我和魯迅生平有三十五年的友誼，『同聲相應，同氣相求』，在東京訂交的時候，便有縞帶紵衣之情，從此互相關懷，不異於骨肉。他在我的印象中，最初的而且至今還歷歷如在目前的，乃是四十餘年前，他剪掉辮子後的喜悅的表情；最後的而且永遠引起我的悲痛的，乃是十年前，他去世兩個月前，依依惜別之情。時為七月廿七日，他大病初癒，身體雖瘦，精神已健，我們二人長談一日，他以凱綏・珂勒惠支的《版畫選集》題詞贈我，詞曰：『印造此書，自去年至今年，自病前至病後，手自經營，才得成就，持贈季市一冊，以為紀念耳』。晚上告別時，他還問我幾時再回南，並且下樓送我上車。這次下樓送我在本年還是第一次，因為前幾次他都臥病在床，不能下樓，那裡料得這一次的門前話別，便是我們的永訣呀！」許壽裳又說：「魯迅之喪，我在北平，不能像漢朝范式的素車白馬，不遠千里地奔張劭之喪，一直遲到寒假，才得回南，至上海萬國公墓中魯迅墓地，獻花圈以申『生芻一束』之忱，歸途成了一首〈哭魯迅墓〉詩如下：『身後萬民同雪涕，生前孤劍獨衝鋒。丹心浩氣終黃土，長夜憑誰叩曉鐘。』」

而許壽裳和陳儀的交情也非泛泛，據殘存的《許壽裳日記》（一九四〇－一九四八）[2]後的索引，其日記從一九四一年十二月二十五日「得公衡信，囑向公洽說項。」至一九四七年八月二十六日「得公洽信，上海多倫路志安坊卅五號。」止，有關陳儀的記載共八五處，不可謂不多也，足見兩人交情之厚。

[1] 該書收許壽裳的〈魯迅的人格和思想〉、〈魯迅的精神〉、〈魯迅的德行〉、〈魯迅和青年〉、〈魯迅的生活〉、〈懷亡友魯迅〉、〈關於「弟兄」〉、〈《魯迅舊體詩集》序〉、〈《魯迅舊體詩》跋〉、〈《民元前的魯迅先生》序〉十篇文章，一九四七年六月由臺灣文化協進會出版。

[2] 《許壽裳日記》（一九四〇－一九四八），北岡正子、秦賢次、黃英哲編，東京大學東洋文化研究所，一九九三年版。以下所引《許壽裳日記》則以臺大出版中心，二〇一〇年十一月版為準。

# 許壽裳來臺

一九四五年十月二十四日，陳儀以臺灣行政長官公署兼警備總司令之身分飛抵臺北松山機場，翌日於臺北市公會堂（中山堂）與臺灣總督兼第十方面軍司令官安藤利吉，在同盟國軍事代表，臺灣人民代表，以及新聞記者代表列席之下舉行受降儀式。臺灣從此納入陳儀的指揮之下。

一九四六年五月一日，陳儀從臺灣打電報到南京給時任國府考試院考選委員會專門委員的許壽裳。《許壽裳日記》五月二日有「得公洽『顧密』電」，五月三日有「（下午）六時得荃姪電話，知『顧密』電已譯出，略謂為促進臺胞心理建設，擬專設編譯機構，編印大量書報，盼兄來此主持，希電覆。」五月四日，許壽裳給好友謝似顏信[3]云：「得公洽兄密電，……弟意能遊光復後之臺灣，非不甚願，惟所云擬設機構，既未悉其詳情，弟個人復有種種牽制，中以經濟困難為第一，躊躇莫決。」但經過短暫的考慮後，五月六日「覆公洽電（由荃姪在院代發）。快信公洽。」五月十三日陳儀在臺灣再度給許壽裳信中云：「電、信都收到。兄願來臺工作，很高興。……」。許壽裳之所以如此快決定，一方面是由於他與陳儀之交情，一方面是由於考選委員會專門委員一職，乃是個閒職，而陳儀提供了一個讓他可以再度施展抱負的機會，正如其小女兒許世瑋的回憶[4]中說：「父親對南京官場那一套本極不滿，素受排擠。他不想耽在南京，有意去臺灣。」；而另一方面，則又如許世瑋所說

---

3 《許壽裳書簡集》，彭小妍、施淑、楊儒賓、北岡正子、黃英哲編校，中央研究院中國文哲所出版，二〇一〇年十一月，頁四七八。

4 許世瑋：〈父親許壽裳生活雜憶〉，收入《許壽裳紀念集》，浙江人民出版社一九九二年版，頁二一。

的：「父親所以到臺灣，一個重要原因是認為當時臺灣是個比較安定的地方，希望能實現他的夙願，完成《魯迅傳》和《蔡元培傳》的寫作。」[5]於是一九四六年六月二十五日，許壽裳就抵達臺北了，並接掌臺灣省編譯館館長。

## 主持省編譯館

許壽裳抵臺後，六月二十七日即投入編譯館的籌備工作，開始起草編譯館組織大綱。分為四組：一、學校教材組，二、社會讀物組，三、名著編譯組，四、臺灣研究組。館中人員分為編纂、編審、幹事、助理幹事四等。其實在還沒到臺灣之前，許壽裳就已廣邀人才，就其書信集[6]，我們可得知一二，如五月二十七日致陳儀函云：「這事以求才為先，所以擬先邀專家二三人相助為理，餘或可就地取材。」[7]同日致袁聖時（袁珂）信：「兄如願往臺任編譯工作，還希　示知，弟抵臺後設法安排。」[8]同日致謝似顏信：「兄允前往，工作亦與兄相宜」[9]同日致程柏如信：「張一清兄才學兼長，素所欽佩，未識現任何事，能惠允往臺否？懇兄代為勸駕，如蒙其允許，弟到臺後，即當電邀並詳告職務待遇，此時請　兄與一清兄均暫守秘密，其他編譯人才亦請代為物色數

5 許世瑋：〈憶先父許壽裳〉，收入北京魯博魯迅研究室編，《魯迅研究資料》卷一四（天津：天津人民，一九八四），頁三〇五－三〇七。
6 《許壽裳書簡集》，彭小妍、施淑、楊儒賓、北岡正子、黃英哲編校，中央研究院中國文哲所出版，二〇一〇年十一月。
7 同六，《許壽裳書簡集》，頁五〇六。
8 同六，《許壽裳書簡集》，頁四九九。
9 同六，《許壽裳書簡集》，頁五〇八。

人。」[10]同日致馬禩光（孝焱）信：「如蒙　惠允即當電邀，擬邀　兄前往相助。」[11]又據六月二十七日日記云：「發電傅巽生、張一清、戴靜山任編纂與秘書。發電鄒曼文、何樂夫任編纂。發電馬孝焱任編審。」七月二十八日致章微穎〈銳初〉信：「敦請　兄為編纂，……務請　俯允，匡我不逮。」[12]從他答應陳儀之邀那刻起，他人雖在南京但已開始廣邀人才，一直到抵達臺灣，甚至到了一九四六年年底他還繼續不斷地為這一新成立的重要機構，尋找人才，費盡心力。

七月八日編譯館籌備處成立，在龍口町（南海路）教育會館對面，借得「參議會」的幾間房子，開始辦公。八月七日編譯館正式成立，至十月三十一日館舍方才遷到表町（襄陽街、懷寧街口）。據當時在臺灣省教育處教材編輯委員會當編審兼主任秘書的楊乃藩（一九一五－二〇〇三）回憶說：「陳儀竟有意把總督府（現在的總統府）指撥為編譯館館址。他把此意告知許先生，並稱編譯館工作展開後，規模宏大，人員眾多，必須有一個像樣的辦公處所。許先生當即派員到總督府的遺址去勘查。殊不知該一建築正是戰事末期盟軍飛機主要的轟炸目標，很大部分牆壁傾圮，瓦礫遍地，其中還棲息著上千名等待遣返的琉球難民；再加上大而無當，怎麼能夠作為辦公場所呢。於是，乃再指定襄陽路與懷寧街、新公園省立博物館旁的一幢房子作館址（這做房子在編譯館結束後作為美國新聞處，其後又作為中國農民銀行行址）。」[13]他又說：「學校教材組，這一部分以編撰教科書為主（印刷發行由臺灣書店負責），接收教育處教材編輯委員會的原班人馬，已略具雛形。社會讀物組，是編輯一般性的民眾讀物，許先生自己率先編了一本《怎樣學習國語和國文》，也要筆者趕編一本《簡明應用文》，以應當時民

10 同六，《許壽裳書簡集》，頁五〇三。
11 同六，《許壽裳書簡集》，頁五〇五。
12 同六，《許壽裳書簡集》，頁五三九。
13 楊乃藩：〈許壽裳與臺灣省編譯館〉，臺灣《傳記文學》第五五卷第六期，一九八九年十二月，頁八十七－九十。

間的急迫需要。這部分找人也比較容易，記得有幾位許先生在北平女師大的學生如梁甌倪等都被羅致。名著翻譯組，這部分是重頭戲，據說陳儀希望在短時間內譯出世界名著五百部。這一想法來自日本，日本人大量翻譯世界名著出版，以提昇國民文化水準。由於許先生廣泛的學術人際關係，他函電交馳，邀約多位高手來臺助陣。其中有李霽野、章微穎、謝似顏、繆天華等。因為許先生是留日的，所以以通日文者為多；世界名著，也多由日文翻譯過來。臺灣研究組，對臺灣歷史文物作系統性的研究，主持其事者為楊雲萍先生（現任臺灣大學歷史系教授，明史專家）。一位日本學者國分直一也被羅致，專事後龍、苑裡及圓山貝塚等的考古工作。」[14]

起初，編譯館的工作開展不順，據許世瑋的回憶：「父親相當忙，除正常上班外，晚上也常出去訪友商議工作。有時回家時氣鼓鼓地，臉色也不好看，我便知道工作不順利。他在家裡有時還發些牢騷，說人手不夠，工作難做，編譯館內大小事情都得由他自己動手，連貼郵票、發信都是自己幹。辦公室、宿舍、交通車等等都要他去解決，所以特別累，而最傷腦筋的是請人這件事，答應來的人因種種原因遲遲未到，工作難以開展等等。」[15]到了一九四六年下半年，編譯館已初具規模了。曾是許壽裳華西大學的學生袁珂，也被函召於一九四六年八月底抵達臺北，另十月初，李霽野抵臺，十二月李何林也抵臺。袁珂後來回憶說：「那時編譯館人才極盛，有李霽野、李何林、楊雲萍、謝似顏等諸先生，真是眾星璀璨。」[16]儘管如此，許壽裳還是為了編譯館的各種瑣事而忙碌著，他在一九四六年十月二十五日日記這麼說：「夜作上公洽私函，力陳種種困難：（一）本館館舍（二）職員宿舍（三）宿舍傢具（四）交通車及小汽車（五）宴會請柬。請其婉告主管人員，對於本館工作之特殊性質加以

[14] 同上。
[15] 許世瑋：〈父親許壽裳生活雜憶〉，收入《許壽裳紀念集》，浙江人民出版社一九九二年版，頁二十三。
[16] 袁珂：〈悼憶許壽裳師〉，收入《許壽裳紀念集》，浙江人民出版社一九九二年版，頁六〇。

認識，本館事務現狀之特別困難加以瞭解，切弗漠視。」只是好景不長，經過半年左右，在次年的二月二十八日，卻發生了「二二八」事件。

## 「二二八事件」

陳儀領導的臺灣省行政長官公署其治臺政策是「去日本化（奴化）」再「中國化」，這是戰後臺灣文化建設中的重要的原則性指導綱領。當時任長官公署教育處處長的范壽康就說：「皇民化的教育是不擇手段、費盡心力，想把住在臺灣的中國同胞，都教化成日本人……變成為供日本驅使的奴隸……甚至禁止他們閱讀現代中國的書籍……過去所受的不平等、不合理的皇民化教育，我們自然應該從速徹底加以推翻，用最經濟最科學的手段使臺灣教育完全中國化。」[17]當時臺灣人民遭構陷為日本化、皇民化，乃至於奴化，這些歧視與誤解斷非臺灣人民所能接受。詩人王白淵對此指出：「……許多外省人，開口就說臺胞受過日人奴化五十年之久，思想歪曲……」、「……臺胞雖受五十年之奴化政策，但是臺胞並不奴化，可以說一百人中間九十九人絕對沒有奴化。只以為不能操漂亮的國語，不能寫十分流利的國文，就是奴化。那麼，其見解未免太過於淺薄，過於欺人……」、「……好像把臺省看做一種殖民地，對臺胞抱著一種優越感，使臺胞和外省人，在不知不覺之中，漸漸發生隔膜。」[18]。

17 范壽康：〈今後臺灣的教育方向〉，臺灣《現代周刊》第一卷第十二期，一九四六年三月三十一日。
18 王白淵：〈告外省人諸公〉，《政經報》社論，一九四六年一月二十五日。

當時的臺籍作家吳濁流，在其自傳體回憶錄《無花果》一書，對陳儀所領導的行政長官公署的種種作為，有著親眼的觀察與分析。他說：「在陳儀長官的部下裡，……從整個看來，擁有現代知識者少而古代官僚作風者多。……各機關接收以後，日本人所留下的位置由外省人所替代，而下面的本省人仍然居於原來的位置。因此，對工作、環境詳細的本省人居於下位而不諳工作的外省人卻悉數居於上位，於是就孕育了很大的矛盾。這樣一來，政令的推行就無法順利。那麼本省人就走入愚昧的感情路線上，毫無顧忌把嫉妒表露出來，而外省人又抱著反正上位都是外省同志，所謂『官官相護』，互相維護的關係，自然會懷有優越感而去輕視本省人了。」[19] 由於當時大多數的臺灣人不懂中國的國語，加上前述臺灣人被奴化的誤解與歧視，造成當時的臺灣人無論在政治權力、經濟、社會，以及工作職位等各方面均受到其刻意的不公平對待，此種差別待遇不僅造成臺灣人民處處吃虧、加深雙方的隔閡，也使得臺灣人民十分不滿。外省人的無能與蠻橫而衍生出的省籍間傾軋，終於爆發「二二八事件」。接踵而來的是一連串的鎮壓行動，據估計民眾死亡人數在一萬八千至兩萬八千人之間，受害者大多未經審判即被槍決，甚至死得不知所蹤。

許壽裳在二月二十八日當天日記云：「下午赴館途中聞槍聲甚多，至館見館門已閉，對面之永安堂、間壁之中和公司均被毀。賴子清送便當，館中同仁皆困守一夜不敢出。」三月八日日記云：「夜十時後，開槍聲甚密。」三月九日日記云：「臺北到軍隊，知局勢漸平。」對於此事件，許壽裳在三月二十二日給其子女的信件說：「其遠因是受日本侵略教育的遺毒，以致國語國文隔閡既大，祖國文化懵無所知，其近因則為暫時流氓被敵人徵用，派往打祖國、打南洋，迨後悉數送回，伺機蠢動，毫無常識，其愚可憫，其悖可誅。」[20] 此信在事件後

19 吳濁流：《無花果》，（臺北：前衛出版）一九八八年版，頁一七五－一七七。
20 許壽裳致許世瑋、許世瑾信，《許壽裳文集》下卷，倪墨炎、陳九英編，百家出版社，二〇〇三年版，頁九三六。

的二十天寫成，在當時報紙均受到嚴密控制，信息不暢通的狀況下，不排除許壽裳對於整個事件的遠因近因並不清楚，故有此論斷；再者因許壽裳平日在工作中或生活中對臺籍人士並無差別待遇，也就是說沒有省籍觀念，而對國民黨統治引起的省籍衝突也未有深入了解，因此才有此種說法。

## 編譯館的裁撤與成果

「二二八事件」發生後，雖屢遭蔣介石批評「不事先預防又不實報」的陳儀，已於三月十七日致電蔣介石，表示「對此次事變決議引咎辭職」，但蔣介石沒有同意。蔣介石不僅沒有立刻撤換陳儀，反而責備當時黨內相逼太急。直至同年四月二十二日，當時的行政院會議通過撤銷行政長官公署，改組為省政府，陳儀方才下臺。陳儀調回南京後，擔任行政院的顧問，爾後，又指派為浙江省省主席。可說非但沒有因此事件而受到任何的責罰，反而直接榮升。

許壽裳四月二十二日日記云：「中央社消息，臺省主席係魏道明。」次日日記又云：「報上載魏主席昨已通過。……下午至公署訪公洽。」二十四日日記云：「以辭呈面交公洽，不肯受。」對此，當時編譯館同仁程憬之回憶說：「同時外間對編譯館的攻擊也乘時勃發：陳儀因人設事啦，經費太多啦，沒有成績啦，思想有問題啦，不一而足。這情形許先生當然是知道的，但他依然置之不理，勸告同事安心工作，趕快做。……五月中，魏道明主臺的消息發表了，新任秘書長徐道鄰曾與許先生三次共事的，早就到了臺灣，但許先生沒有去看他，人家問他打算怎樣，他的答覆是『聽其自然』。到魏道明到臺灣的第二天，報章上刊出了編譯館撤銷的消息，而許先生竟也在看報之後才知道這回事。」[21]許壽裳五月十七日日記云：「《新生報》及《省政府公報》，載編譯館經昨日第一次政務會議議決撤銷，事前毫無聞知，可怪。在我個人從此得卸仔肩，是可感謝的；在全館是一個文化事業機關，驟然撤廢，於臺灣文化不能不說是損失。」流露出他壓抑的憤怒。六月二十五日日記又云：「來臺整整一年矣，籌備館事，初以房屋狹窄，內地交通阻滯，邀者遲遲始到，工作難以展開。迨今年一月始得各項開始，而即有「二二八」之難，停頓一月，而五月十六即受省務會議議決裁撤，如此匆遽，莫解其由，使我表見未遑，曷勝悲憤！館中工作專案移交者近三十件，現款專案移交者百五十餘萬。知我罪我，一切聽之。」

據袁珂說有關編譯館突被裁撤，其原因有三：「一是許師是魯迅先生三十年的老友，思想有左傾嫌疑，所邀來館工作的職員，含左傾進步色彩的，也不乏其人，如李何林、李霽野等；二是所編教本或讀物，不合官方口味，亦有左傾嫌疑；三是『二二八』事變後，本館有張、劉兩位同事以共黨嫌疑被捕（說他們是事變的策劃者），許館長知其無辜，親自坐車去將他們從警備司令部保釋出來。」[22]

編譯館從成立到裁撤，僅短短十個月，一九四七年六月二四日，編譯館改組為編審委員會，由教育廳接管，當時負責移交的是章微穎（銳初）。據許世瑛說：「章微穎先生為先父壽裳老人任教北平高師之學生，是時執教於重慶，隨即請辭，來臺就職，後兼任秘書，三十六年六月編譯館結束，已印成圖書二十餘種，稿件三百餘萬言。」[23]學者王小平指出：「同時，編譯館還承擔了宣傳委員會、國語推行委員會編撰的部分公民訓練教材的出版任務，如《國語》、《注音符號》、《地方自治》等八種書籍。根據《臺灣省編譯館工作報告》，可以得知，到一九四六年十一月為止，編譯館以學校教材組為例，已經完成了成人班及婦女班應用課本七種的初稿，國民學

21 憬之：〈追念許壽裳先生〉，收入《許壽裳紀念集》，浙江人民出版社一九九二年版，頁一三二－一三三。
22 袁珂：〈悼憶許壽裳師〉，收入《許壽裳紀念集》，浙江人民出版社一九九二年版，頁六十一。
23 許世瑛：〈父親與臺灣編譯館〉，臺灣《中外雜誌》第三二卷第一期，一九八二年七月號，頁八十二。

校教材從光復初小教科書到高小、初中、高中、師範、職業學校教科書等各類學校教科書亦共七種。」[24]而社會讀物組編輯的大眾讀物，總稱之為「光復文庫」。據學者黃英哲的統計，已刊的有許壽裳的《怎樣學習國語和國文》、黃承燊編的《標點符號的意義和用法》、楊乃藩編的《簡明應用文》、馬禩光編的《王充傳》、朱雲影的《日本改造論》、黃承燊的《四書淺說》、梁甌倪的《婦女的生活》、袁聖時的《龍門》（童話集）共八種。[25]而名著編譯組，據李霽野說：「我在編譯館是編輯名著譯叢，因為我譯的《四季隨筆》已經在期刊上發表過，只要加些注就可印行，所以一九四七年一月就出版了，印二千冊，外印贈送冊五十本，是贈送大陸各大學圖書館的。劉文貞譯的《鳥與獸》是編譯館印行的第二本書，一九四七年六月出版，也印了二千冊。我用五、七言絕句譯的《魯拜集》，本已打好型要付印，因為編譯館被解散作罷，……還有準備好預備付印的李何林譯的《我的學校生活》和金瓊英譯的《美的理想》。」[26]而臺灣研究組，黃英哲認為「除了繼承日本學術文化遺產之外，也有繼承日本學術研究風氣的意圖。」[27]編譯館撤廢後，楊雲萍在一九四七年八月的《臺灣文化》第二卷第五期，曾列舉該組完成和未完成之書目。[28]

24 王小平：《光復初期赴臺知識分子初探：以許壽裳、黎烈文、臺靜農為中心的考察》，上海書店，二〇一一版，頁七十一—七十二。
25 黃英哲：《「去日本化」「再中國化」戰後臺灣文化重建一九四五—一九四七》，麥田出版，二〇〇七年版，頁一〇二—一〇四。
26 李霽野：〈在臺北臺灣省編譯館和臺灣大學及出走〉，《新文學史料》總第二九期，人民文學出版，一九八五年十一月二日，頁八〇。
27 黃英哲：《「去日本化」「再中國化」戰後臺灣文化重建一九四五—一九四七》，麥田出版，二〇〇七年版，頁一一〇。
28 黃英哲：《「去日本化」「再中國化」戰後臺灣文化重建一九四五—一九四七》，麥田出版，二〇〇七年版，頁一一七。

## 在臺灣宣揚魯迅

許壽裳來臺的另一主因，是希望利用臺灣的安定環境，完成完成《魯迅傳》和《蔡元培傳》的寫作。其實許壽裳早在一九四〇年十月十九日日記就說：「魯迅逝世已四週年，追念故人，彌深愴慟，其學問文章，氣節德行，吾無間然，其知我之深，愛我之切，並世亦無第二人，曩年匆促間成其年譜，過於簡略，不慊於懷，思為作傳，則又苦於無暇，其全集又不在行篋，未能著手，只好俟諸異日耳。」

而臺灣由於早在一八九五年就為日本所統治，對於「五四」以來新文化思潮的發展極為陌生。許壽裳後來寫有〈臺灣需要一個新的五四運動〉一文，他說：「誰都知道民國八年的五四運動是掃除我國數千年來的封建遺毒，創造一個提倡民主、發揚科學的文化運動，可說是我國現代史中最重要的劃時代、開紀元的時期。雖則他的目標，至今還沒有完全達到，可是我國的新生命從此誕生，新建設從此開始，他的價值異常重大。我想我們臺灣也需要有一個新的五四運動，把以往所受的日本毒素全部肅清，同時提倡民主，發揚科學，於五四時代的運動目標以外，還要提倡實踐道德，發揚民族主義。從這幾個要點看來，他的價值和任務是要比從前那個運動更大，更艱巨，更迫切啊！」[29]因此，王小平就指出：「對許壽裳來說，他更多的是把魯迅精神作為一代啟蒙知識分子的

[29] 許壽裳：〈臺灣需要一個新的五四運動〉，《新生報》，一九四七年五月四日。

精神象徵，這其中不無借他人之酒澆胸中塊壘之意。因此，才能夠理解許壽裳到臺灣後，為什麼會把宣傳魯迅作為與編譯館的工作同等重要的事業來看待。」[30]

黃英哲文章指出「戰前，臺灣關於魯迅文學的介紹，要遲至魯迅發表處女作〈狂人日記〉七年後的一九二五年，透過留學中國的張我軍之介紹，才在《臺灣民報》轉載了魯迅的作品。一九三六年十月，魯迅去世時，《臺灣新文學》在隔月發行的第一卷第九號上，曾刊載了王詩琅撰寫的卷頭言〈哀悼魯迅〉與黃得時撰寫的〈大文豪魯迅逝世〉二篇追悼文。戰前，有關魯迅文學的介紹與評價也僅止於此。臺灣對於魯迅文學的普及與大量的介紹其思想，則要等到戰後，特別是許壽裳來臺以後的事了。」[31]

許壽裳在來臺後，在籌備編譯館的繁忙工作之際，還繼續《亡友魯迅印象記》（以下簡稱《印象記》）的寫作，從日記得知，一九四六年九月二十三日完成《印象記》第八、九兩章；九月二十六日完成《印象記》第十章；九月三十日寫〈魯迅的精神〉一文；十月初寫〈魯迅的德行〉一文；十月六日完成《印象記》第十一、一二兩章；十月一四日寫〈魯迅和青年〉一文；十月十五日完成《印象記》第十三、十四兩章；十月二十九日寫〈魯迅的人格和思想〉一文；十二月二十五日、二十六日寫《印象記》。一九四七年三月二十六日為臺靜農所藏〈魯迅講演手迹——娜拉走後怎樣〉題跋；五月四日寫《魯迅的思想與生活》序文；五月二十六日《印象記》脫稿。（一九四七年六月十九日《魯迅的思想與生活》由臺灣文化協進會出版。）七月二十八日寫〈魯迅的避難生活〉；十月一日寫〈魯迅的遊戲文章〉。（一九四七年十月十九日《亡友魯迅印象記》在上海由峨嵋出版社出版。）他這些文章除了刊登在《僑聲報》、《和平日報》等報紙外，主要是刊登於臺灣文化協進會出版的《臺灣

30 王小平：《光復初期赴臺知識分子初探：以許壽裳、黎烈文、臺靜農為中心的考察》，上海書店，二〇一一版，頁四十九。

31 黃英哲：〈許壽裳與戰後初期臺灣的魯迅文學介紹〉，《國文天地》第七卷五期，一九九一年十月，頁七十七。

文化》刊物上。而在他的協助下，一九四六年十一月出版的《臺灣文化》第一卷第二期，還製作了「魯迅逝世十周年特輯」，該特輯除了許壽裳寫的〈魯迅的精神〉外，還有楊雲萍的〈記念魯迅〉、高歌譯〈斯萊特萊記魯迅〉、陳烟橋〈魯迅先生與中國新興木刻藝術〉、田漢〈漫憶魯迅先生〉、黃榮燦〈他是中國的第一位新思想家〉、雷石榆〈在臺灣首次紀念魯迅先生感言〉、謝似顏〈魯迅舊詩錄〉及魯迅手跡、遺影等。是戰後臺灣首次有系統地介紹魯迅。除此而外，許壽裳還在一九四六年十一月三十日下午二時在省立師範學院（今臺灣師範大學）講演「魯迅的人格及其思想」；一九四七年十二月五日在外勤記者進修會講演「中國新文藝創造者——魯迅」。對魯迅的宣揚可謂不遺餘力。黃英哲指出「許壽裳明顯的意圖透過魯迅思想的傳播，使得過去魯迅曾經扮演過重要角色的五四新文化運動能夠再度在臺灣掀起，達到臺灣文化重建目的。」[32]

我們知道一九二七年以後魯迅定居上海，大量寫雜文，其中對國民黨政府之批判、攻擊愈見激烈，而許壽裳在臺灣並與當地文化界合作大力宣傳魯迅，是得到陳儀的大力庇護有關。我們查看《魯迅日記》，當年魯迅在北京時是和陳儀有直接來往，爾後則全賴書信往返。自一九一二年十一月起至一九二八年十二月止，《魯迅日記》之中共有近二十次與陳儀來往的記錄。一九三六年十月十九日，魯迅病逝上海。陳儀當時是福建省政府主席，根據陳儀的女兒陳文瑛表示，陳儀曾電告蔣介石，提議為魯迅舉行國葬，但蔣介石並未接受這項提議。又據陳文瑛說，《魯迅全集》於一九三八年於上海出版後，陳儀曾託人購得數套，分送給福建省各圖書館及重點學校，要學校選擇幾篇作為教材。至於自己更是在書櫥中將陳列在顯著地位，並不時拿出來翻閱。[33]之後，因陳儀被調離臺灣，「二二八」後的一連串政治整肅，魯迅的作品在臺灣遭到近四十年的禁錮命運。

[32] 黃英哲：《「去日本化」「再中國化」戰後臺灣文化重建一九四五－一九四七》，麥田出版，二〇〇七年版，頁一六〇。
[33] 鈴木正夫：〈關於陳儀之備忘錄——與魯迅、許壽裳、郁達夫之間的關係〉，陳俐甫、夏榮和譯，《臺灣風物》第四二卷一期，一九九二年三月，頁十八－十九。

# 執教臺灣大學

一九四七年五月五日《許壽裳日記》日記云：「仲甫來邀任臺大中國文學系主任，答俟考慮再說。」五月十五月日日記又云：「臺大送來教授聘書兼中國文學系主任聘書。」五月一六日編譯館裁撤，是陳儀在五月十一日飛離臺灣之時，對於許壽裳的出處已有妥善的安排。當時臺大校長陸志鴻（筱海）還是陳儀向教育部長朱家驊推薦的，因此陸志鴻不得不聽命於行政長官公署。公署裁撤後，原教育處長范壽康及編譯館館長許壽裳轉入臺大任教。日記中提到的「仲甫」，即是當時臺大的教務長戴運軌。五月十九日日記云：「為霽野、未之事訪仲甫。」五月二十二日日記又云：「至臺大晤筱海、仲甫交霽野、雲萍、國分、立石履歷。信仲甫附未之履歷。」五月二十九日日記云：「至臺大訪仲甫，仲甫以傅巽生、謝未之聘書囑轉交。」六月七日日記云：「訪歌川為建功事」（案：錢歌川當時為臺大文學院院長，建功為魏建功。）六月十四日日記云：「靜農來，交付霽野臺大聘書。」六月三十日日記云：「靜農來，交到建功信及其應聘書等。」七月十五日日記云：「訪仲甫，知霽野事不成，此事全由錢歌川有意排斥。」七月十七日日記云：「至校送檢定考試題目，並與仲甫談霽野聘任問題，說明歌川此種態度之不當，仲甫允為轉圜。」八月二十六日日記云：「信陸筱海告以楊雲萍不願任副教授。」許壽裳還力保楊雲萍出任臺大歷史學系正教授。另外金溟若也經許先生介紹，轉任臺大副教授。由此可知，編譯館裁撤後，許多編纂、編審人員，都在許壽裳的奔走下，紛紛進到臺大的講堂執起教鞭了。

許壽裳當時擔任的是中文系二年級「文字學」的課程，據當時的學生葉慶炳、陳詩禮的回憶說：「中文系二年級一共就只有我們兩個學生，所以我們是同系學生中最多得他教誨的兩個。文字學的教材是許先生自己編就的，雖然只有兩個學生，可是他為了要減省我們筆錄的時間，藉此講解得更詳細一點，所以依然設法替我們印講義。又因為校中出版組的人員不善寫甲文、金文、篆文等字體，所以特地指定了一位助教來繕寫，講義印就後，還得他自己來校閱一次，有錯處即親筆改正，然後才發給我們，僅此一點，已是使我們感戴不止了。」又說：「（一九四八年）二月十八日的上午，我們懷著久別重臨的心情來到校中，進了文學院，再上樓一看，許先生的辦公室已移到右樓第一間。第二、第三……以至最後一間，全成了中文系的研究室，分別以『總集』、『專集』、『近代』……等命名著，而以前在那裡的外文、哲學等系的辦公室、研究室全已移到左樓去了。這樣使我們看了精神為之一振，覺得我們的中文系是很快地在進步、改善。當我們欣然走入了許先生的辦公室，又看到他老人家的慈祥的微笑，聽著他老人家的懇摯的言語，我們的心頭是感到何等的溫暖，何等的興奮！哪曉得那已是最後一次的見面，最後一次的聆教了。」[34]

## 許壽裳之死

一九四八年二月十八日深夜，許壽裳遇害了。二月二十日的《公論報》如此報導：「臺灣大學文學院中國文學系主任許壽裳氏，十八日夜，在和平東路青田街六號住宅，於睡眠中被人用柴刀殺害。右臉耳朵下的頸項上一傷，約被砍三刀，長八寸，裂開約一寸，右鬢部兩傷較輕，死在床上。滿床鮮血。警務處的法醫，替他縫密了傷

[34] 葉慶炳、陳詩禮：〈我們永遠不能忘記的許老師〉，收入《許壽裳紀念集》，浙江人民出版社一九九二年版，頁一九〇－一九二。

處，在洗得乾淨的傷裡，顯見得刀痕的深度，已見了骨。兇手行兇後，棄凶器在屋子裡，把房子裡書信文件，翻得凌亂不堪，又把皮箱一只西裝三套，和幾條領帶帶走。最先發覺許氏被殺的兩個下女，她們住在許氏住的房子的背後另外的一間廚房的臥室。原來許氏住的房子，是臺灣大學的日式宿舍，四面圍牆，裡面共有兩座的房間，許氏自住一間大的，對面的一間，給他的幼女許世瑋住。本來許氏的房子和下女的舍室，可以自由進出，在一星期前，房子裡曾有一部腳踏車被偷，所以晚上，許氏便房間下了鎖。下女每天早上，必要叫門，被害的早晨六點鐘，下女敲門不開，敲了很久，跑去告訴許小姐，才發現客廳門虛掩，許氏被殺並在圍牆上撿到被帶走的皮箱的名卡皮條，知道了兇手是爬牆進出，和用鎖匙開了客廳門走進的，許小姐就去告訴她的同學陳耀強，報告和平東路派出所，轉告四分局，當局得訊後，警察局長李德洋、警務處長王民寧、憲兵隊張慕陶，和法院少宗南，都在上午九時起，先後到場臨檢，游市長，省警備部鈕副司令，教育廳長許恪士，閩臺監察使楊亮功，陸軍副總司令湯恩伯，師範學院院長李季谷，臺大陸志鴻校長，臺大附屬醫院院長陳禮節，本報李社長，和許先生的生前好友門生等都前往弔唁。這個消息傳出後，臺大許先生的學生，及敬仰許先生的師範學院的同學們都哭起來了。前往弔唁絡繹不絕。據許家的兩個下女說：她們一個叫王月嬌十八歲，一個叫王美昭十七歲，都是淡水人，在許家做下女，已有半年。她們說：『行兇的柴刀是兇手帶來的，因為我們燒飯用木炭，家裡沒有柴刀，劈柴都是用菜刀劈的。』悲痛欲絕的許小姐說：『我父親的生活，很有規律，平常除到學校外，很少出門，在家裡研究文學的書，晚上最遲九點鐘睡覺，早上五點就起來，被害的夜裡，並沒有聽見什麼聲音。』許氏的家屬，在臺灣的，除許世瑋小姐外，還有長子許世瑛，在師範學院做副教授，另住師範學校的宿舍。許氏被殺的原因究竟是被人謀害，還是被竊盜所殺。已由各有關司法的機關，嚴密偵查中。」

二月二十二日下午二時，距離慘案發生後三天，兇手高萬俥逮獲，竟是編譯館的工友。據高犯供稱：編譯館裁撤後，他一時失業。想起身上有許家大門鑰匙，遂在一天晚上到許公館行竊，偷走許小姐的一輛新自行車，這次食髓知味，用鑰匙開啟許宅大門，潛入內室，翻箱倒篋，搜求錢物。許先生為聲音驚醒，隨即拿手電筒照射，他一時神志失控，乃揮刀將許先生砍殺。後來他換掉血衣，安置好贓物之後，又裝得沒事似地，再到許家來探聽情形，當人們在驗視許先生的遺體時，他也在場，第三天他又來。在被捕時，他說已經買好了火車票想逃的，可是卻老覺得許老先生一直在跟著他，結果他是在臺灣大學附近被抓到的。三月十三日經法院審理，罪證確鑿，高萬倬不久就伏法了。

對於許壽裳的死，其姨姪張啟宗說：「我在一九八五年與沈醉同在『全國政協』文史委政治組時，求教於他，特別提出了這個問題。沈醉對我說：此案曾有所聞，據說是蔣經國指使魏道明、彭孟緝等人搞的。高萬倬係受人利用，而行兇時則非有兩三個人不可。顯然這是先用蒙汗藥麻醉悶倒，然後再用刀的。屍體手足鬆弛且面容無異常，這說明在毫無抵抗的情況下受害的。然而，當特務為滅口而再殺人時，高萬倬即成為『替罪羊』了。」[35]在無任何確切證據下，這也只是另一種說法。

另外文學編輯家范泉在一九九九年，在癌症復發後放療中，勉力寫下〈許壽裳遇害〉一文，其後又作了重要補充說：「昨天又接到日本友人橫地剛先生來信，說許壽裳先生遇害，肯定是政治謀殺，不是一般的謀財害命。他說最有力的證人是許案主審官陳醒民的自白。據陳醒民揭發，在當時省主席魏道明（陳儀早已被撤下）的指使下，那些國民黨特務，如何佈置安插陪審爪牙，不由主審官分說，不容查驗，三五天內匆匆定案，不到一月即執行槍決，以免查證。……從橫地剛先生來信透示：許先生遇害的關鍵，是因為他謳歌了給蔣家王朝敲響喪鐘的魯迅。他說許多傾慕魯迅先生的青年知識份子如藍明谷等，僅僅因為翻譯魯迅的《故鄉》為中日對照課本，或熱心

[35] 張啟宗：〈許壽裳先生在臺被害五十年記〉，《魯迅研究月刊》，一九九八年一月號，頁五〇。

介紹了我翻譯的小田嶽夫《魯迅傳》，都被逮捕後，未經宣判而暗中殺害了，更何況魯迅先生的摯友，寫過許多深情懷念魯迅先生的詩文、將當時的國民黨反動統治在詩中隱喻為見不得天日的『長夜』的人呢！」[36]

## 結論

一九四六年六月二十五日許壽裳受陳儀之邀，赴臺任省立編譯館館長，其時許壽裳已年逾花甲，但仍思在文化教育上有所貢獻，他渴望以他微薄之力，為臺灣這片飽受日本奴役的故土注入中華民族的新鮮血液。我們看他的詩句：「難得陳公政見高，教從心理餉同胞。隻身孤篋飛蓬島，故土新臨氣自豪。」[37]即可見老驥伏櫪，壯心不已的心情。從編譯館籌備伊始，到起草館內組織大綱，到延聘所需人才等等，真是篳路藍縷，煞費苦心，可說是一種拓荒的工作。他曾指出：「本省的編譯工作，可以說是一種從頭做起的工作，其他部門，其他機構，都有事業可以接收，唯有編譯事業，無法接收，同時也不應該接收。」[38]又因臺灣同胞都說日語，看日文，對於國語、國文程度太低，所以許壽裳要普及國語、國文和中國史地方面的知識，以增強臺灣人民的民族民主意識，他甚至先後撰寫了〈教授國文應注意的幾件事〉和《怎樣學習國語和國文》一書，以詳實淺近的方式，介紹了學習國語、國文的方法，以及中文與日文的區別，對臺灣地區國語的普及有著重要的意義。另一方面要發揚臺灣文化

---

[36] 范泉：〈「許壽裳在臺大遇害」一文的補充〉，《遙念臺灣——范泉散文集》，臺灣人間出版社，二〇〇〇年二月版，頁四七—四八。
[37] 許壽裳：〈臺灣省編譯館突被裁撤，銳初、孝焱二兄賦詩為贈，感懷慰勉，情見乎辭，答謝四首〉，《許壽裳詩集》，香港未來中國出版社，一九九三年版，頁一〇六。
[38] 許壽裳：〈臺灣省編譯事業的拓荒工作〉，《臺灣月刊》第三、四期合刊，一九四七年一月，頁六十一。

的優勢，以開創我國學術研究的新局面。如果把過去數十年間日本專門學者從事臺灣研究的成果，加以翻譯和整理，編成一套臺灣研究叢書，相信至少可以有一百大冊。然而由於一九四七年「二二八」事件爆發。緊接著陳儀下臺，魏道明出任省主席。第二天編譯館被一紙文告裁撤了，除已出版的二十餘種讀物外，大部分教材成為一堆廢紙，正在進行的各種編譯計畫也即刻化為泡影。眼看著近一年來的心血付諸東流，許壽裳的內心充滿了悲憤和失望，他寫下：「外露為山才一簣，內潛掘井已多尋。豈知江海橫留日，坐看前功付陸沉。」[39]的詩句。

然而他並沒有因此放棄在臺的文化拓荒工作。同年六月，他出任臺灣大學教授兼中文系首任主任，並親自教授文字學課程。在此期間，他還盡心規劃系務，籌設了古代文學、近代文學、文字學、語言學、中國學五個研究室，並要求系內教授各自加入一個研究室，自擬專題，開展研究。還會同各位教師選印《大學國文選》（內容十九是白話）及《大學國語文選》（全是白話），為了統一全校大一國語文教材及其他事情，他在一九四八年二月七日（遇害前十一天）還召開全校的國語文教師會議。

除此之外，許壽裳於一九四七年十二月十二日還受臺灣文化協進會之託，設計「中國現代文學講座」，從本日起至二十二日止，在臺北市福星國民學校，每晚演講兩小時，主講者分別是：一、中國新文學發展概略——臺大副教授李何林主講；二、新舊文學之演變——臺大教授臺靜農主講；三、西洋文學之介紹——臺大教授李霽野主講；四、散文——臺大文學院長錢歌川主講；五、詩歌——臺大副教授雷石楡主講；六、戲劇——觀眾演出公司理事洗群主講；七、小說——臺大副教授黃得時主講。對臺灣民眾認識中國現代文學發展之軌跡，影響甚廣。

39 許壽裳：〈臺灣省編譯館突被裁撤，銳初、孝炎二兄賦詩為贈，感懷慰勉，情見乎辭，答謝四首〉，《許壽裳詩集》，香港未來中國出版社，一九九三年版，頁一〇六。

作為魯迅的摯友，許壽裳一直堅定地認為自己有責任在貧病的中國向國人宣傳魯迅充滿韌性的戰鬥精神。在臺期間，他極力地宣揚魯迅並陸續在報刊上發表，後又結集成《魯迅的思想與生活》一書發行，引起了極大的反響。不僅如此，每當有人邀請許壽裳去做講演時，他便必談魯迅精神，「彷彿是為了介紹魯迅先生而到臺灣去似的」；而當人家勸他刪去《亡友魯迅印象記》中直斥國民黨當局的段落時，他又大義凜然地拒絕：「如果刪去這些段落，也即失去了文章的靈魂。」黃英哲認為「在日本統治下的臺灣，原只限少數知識分子的魯迅讀者，就這樣逐漸擴散至各階層。魯迅之被接納，許壽裳著實扮演了重要的角色。另一方面，許壽裳想把被國民黨敵視的魯迅之戰鬥精神，在臺灣發揚光大，本身就是一種伴隨著危險的工作，而他得以在戰後初期的臺灣，如此帶動了魯迅思想的傳播，臺灣省行政長官公署長官陳儀的庇護，不容忽視。」[40]而後來陳儀因「二二八」事件被調回大陸，編譯館驟然撤廢，此一舉動有著背後的政治意涵。也因此在此之後，原本極力宣揚魯迅思想、精神的許壽裳，只寫了兩篇有關魯迅的文章。而諸如李何林及許壽裳的女兒許世瑋，都將許壽裳的死，指向國民黨的政治暗殺。一九四七年夏，因許壽裳之薦，渡海來臺，任臺大中文系教授，講授詞學的喬大壯。在一九四八年二月十八日晚，還與許壽裳飲酒賦詩，次日發覺，許壽裳在寓所睡夢中被宵小連砍五刀慘死。喬大壯對於許壽裳慘死，驚悼特甚，心境益劣。靈前致弔時，淚流不止，返回宿舍，直至半夜才讓同事臺靜農等人離去。又站在大門前以手電筒照著院中大石頭說：「這後面也許就有人埋伏著。」[41]風聲鶴唳之情景，可見一斑。

而過不久，這些曾在許壽裳身邊一起工作的朋友李霽野、李何林、袁珂等人，都相繼返回大陸，最後僅留下曾與魯迅有深交的臺靜農，以及謝似顏等少數人。但早年受過「白色恐怖」，在大陸時期入獄多次的臺靜農，此

40 黃英哲：〈關於《許壽裳日記》的解讀〉，《魯迅研究月刊》，一九九四年七月號，頁五二。

41 臺靜農：〈記波外翁〉，收入《龍坡雜文》一書，洪範出版社，一九八八年七月出版，頁九五。

時為明哲保身，終其一生避談魯迅，埋首學究生涯。再過不久，魯迅等作品，更成為禁書，當然再也沒見到曾經宣揚魯迅，而為知己者死，如許壽裳的人了。漫漫長夜，我們憑誰再叩曉鐘呢？斯人已去，為之長嘆！

# 從「現代」派作家走向政論家的杜衡

杜衡姓戴，名克崇，一九○七年生於浙江杭州。一九二一年在杭州宗文中學讀書，宗文舊為杭州府學堂，現為杭十中，民國時期，頗是出過一些作家。一九二二年九月在杭州之江大學讀書的施蟄存，結識宗文中學的畢業生戴望舒、戴杜衡、葉秋原、張天翼，五人「既有同聲之契，遂有結社之舉」，於是成立「蘭社」，當時「同學聞風而來者凡十許人」。施蟄存在〈浮生雜詠〉三十二首有云「湖上忽逢大小戴，襟懷磊落筆縱橫。葉張墨陣堪換鵝，同締芝蘭文字盟。」即是歌詠此事。次年元旦，他們並創辦《蘭友》旬刊，由戴望舒主編，發一些舊體詩詞和小說。《蘭友》出了十七期，到一九二三年七月就停刊了。施蟄存從之江肄業，與戴望舒進了上海大學，杜衡則去讀了五年制的南洋中學，「蘭社」就星散了。不過此後的十年間，二戴一施一直是文壇上走得很近的同人，一九二六年三月十七日，他們還辦過一個同人刊物《瓔珞》，總共出了四期。杜衡在其中發表了批評傅東華的文章——〈《參情夢》及其他〉，還有小說〈第三個天使〉、〈薔薇花的心事〉、〈月明天〉等作品，並翻譯海涅的詩和愛爾蘭作家的作品。

一九二七年三月，在震旦大學的杜衡和戴望舒由於右派同學的告密，在上海法租界被便衣警察逮捕，送進嵩山路巡捕房關了兩天，差點引渡到龍華被軍閥槍斃，幸虧通過戴望舒的同學陳志皋的父親，當時任法租界會審公堂法官的擔保，才獲釋。一九二八年三月，杜衡譯著的《黛絲》（法・法朗士著）由上海開明書店出版，杜衡在這之前也因施蟄存之介而認識總編輯趙景深，趙景深編《文學周報》也常請他們三人來幫忙，杜衡在《文學周報》就發表有：翻譯庫普林的小說〈Allez〉（第五卷二三期）、翻譯王爾德的〈沒有隱密的斯芬克斯〉（第六卷第五期）、翻譯托爾斯泰的短篇代表作〈上帝知道的，但在等著〉（第七卷第八、九期）。趙景深在〈文士三劍客〉一文中說：「這文壇三人，我皮相的觀察起來，外面所表現的是各有不同的：望舒的說話聲音很輕，很溫柔，跟您很親熱；蟄存則很豪爽，說話時很有精神，聲音很高，雖然面部和身材都很瘦削；杜衡則不大說話，即使說也是很慢的，時常手支著頭，像是哲學家一般的思索。」同年九月，劉吶鷗在上海四川北路東寶興路口創辦「第一書店」，九月十日由戴望舒、施蟄存主編的文藝半月刊《無軌列車》問世。杜衡在該雜誌發表許多作品，其中小說有：〈機器沉默的時候〉（第四期）、〈黑寡婦街〉（第七期）、〈永世〉（第八期）；譯文有：翻譯美國John Reed的小說〈公判底試驗〉（第二期）、翻譯美國John Reed的小說〈革命的女兒〉（第六期）。九月，短篇小說集《石榴花》由第一線書店出版。

一九二九年一月，譯著海涅的詩歌集《還鄉記》，由上海尚志書屋出版。三月，譯著《革命底女兒》，由第一線書店所改名的水沫書店出版。接著水沫書店又出版他翻譯的蘇聯理論家波格達洛甫（Bogdanov）的《新藝術論》及英國小說家勞倫斯的《二鳥集》。同年九月十五日，施蟄存、戴望舒編輯的《新文藝》月刊創刊，杜衡成為主要的撰稿人。到一九三〇年三月間他先後發表翻譯日本文藝理論家小泉八雲的〈文學和政見〉、和戴望舒合譯的《道生詩鈔》（第一卷第三期），翻譯蘇聯作家巴別爾的短篇小說〈鹽〉、〈多爾古索夫之死〉，並以「蘇汶」的筆名寫了〈衝出雲圍的月亮〉的書評（第二卷第一期）。一九三〇年三月二日，他與戴望舒在馮雪峰介紹下，參加「左聯」成立大會（丁景唐認為杜衡可能沒有參加成立大會），成了第一批「左聯」成員。

一九三二年，施蟄存受張靜廬之邀，去現代書局主編《現代》雜誌，「我寫信邀戴望舒、杜衡一起來上海，為《現代》創刊號撰文組稿。」七月一日，杜衡以「蘇汶」的筆名在《現代》雜誌第一卷第三期發表〈關於《文新》與胡秋原的文藝論辯〉，提出了「第三種人」，他說：「在『智識階級的自由人』和『不自由的，有黨派的』的階級爭著文壇的霸權的時候，最吃苦的，卻是這兩種人之外的第三種人。這第三種人便是所謂作者之群。」，當時左翼與右翼都對此論調，口誅筆伐、大加批判：左翼指責這些不涉政治、處中間狀態、強調創作自由的「第三種人」，為國民黨的「鷹犬」、「走狗」、「幫閒文學」等等；右翼則批評這些作品「消沈民族意識」。

一九三三年四月，張靜廬因怕杜衡跑去生活書店辦雜誌，與他打對臺，忽然提出要請杜衡一起來編《現代》，當時施蟄存是有些不樂意了，因為此時由杜衡引起的「第三種人」論爭，已經使得文壇硝煙四起，最早發表杜衡觀點的《現代》雜誌，成了主戰場，在許多人眼中，《現代》已是「第三種人」的派性刊物了。施蟄存怕杜衡一來，那就更加有口難辯了。可杜衡還是來了。「靜廬是書局老闆，杜衡是我的老朋友，對他們，我都不便堅決拒絕。」施蟄存有些無奈。先前幾期，倒還相安無事，不久，弊病真的出來了，許多作家不願給《現代》寫稿了，茅盾託病不寫了，「連老朋友張天翼都不寄稿了」。《現代》就這樣沒落了。最後施蟄存也放棄了編務。一九三四年五月杜衡獨自主持《現代》的編務。

杜衡和左翼的真正交惡，可能是一九三四年五月在《現代》上連載的小說《再亮些》，他的這部長篇新作，被認為是對革命的歪曲，而受到左翼文壇的批評。辭去《現代》編務後，杜衡在一九三五年五月十五日和韓侍桁及從蘇區來的楊邨人等人辦了一份《星火》雜誌，這才是「第三種人」的同人刊物。當時筆名「番草」，後來來到臺灣的詩人鍾鼎文回憶說：「我們一群反左翼的作家，有戴杜衡、韓侍桁、楊邨人、王萍草、李從心、耶草、路易士（即紀弦）……等組織了一個『星火社』，出版《星火》月刊；戴杜衡先生繼續在這刊物上和左翼進行論戰。我是《星火》的基本撰稿人之一，雖然人在日本，但每期《星火》上都有我寫的詩。」直到一九三六年上半年，全國掀起抗日救亡熱潮，《星火》月刊停辦，「星火社」也停止了活動。一九三六年七月二十日，現代書局又創刊《今代文藝》月刊，這是「第三種人」的第二個刊物，主編雖是王萍草，但實際支持指導的正是杜衡。

一九三八年五月，杜衡來到香港，先是住在西環學士臺、桃李臺一帶。杜衡到港後在蔚藍書店工作，並因陶希聖的推薦主編《國民日報》的副刊《新壘》。卜少夫一家也於這一年到了香港，住在學士臺下面的桃李臺裏。一九三八年下半年，詩人路易士來了，並且搬進了卜家租住的那個樓中。一九三八年冬天，胡蘭成也搬到了學士臺，他在上海淪陷後被調到香港的《南華日報》擔任總主筆，同時在蔚藍書店兼職。杜衡供職的蔚藍書店，是國民黨政府戰時研究國際情勢的機構，由汪精衛派系的人掌管，共事者有樊仲雲、林柏生、梅思平和胡蘭成等人。

一九三九年三月二十六日中華全國文藝界抗敵協會香港分會成立，杜衡也由戴望舒介紹加入了文協。稍後，杜衡被謠傳依附汪偽，在「某先生所辦的某書局任事，每月拿港幣一百多元，知恩圖報，就變了某派，主起和來」，「完全投靠了國民黨」。戴望舒聞知極為憤怒，並親自宣佈開除他的會籍。曾經是「文士三劍客」的好友，至此正式分道揚鑣、形同陌路了。一九四〇年一月陶希聖毅然脫離了汪精衛集團，杜衡跟隨著他於民族大義上是不曾有虧的。因此文協香港分會經過討論於同年八月九日恢復了杜衡的會籍。

陶希聖從上海逃到香港後，創辦的「國際通訊社」，杜衡加入一起工作。陶希聖說：「杜衡的工作是每個星期從多種英文定期刊物中，選定其有關國際局勢及中國抗戰的論文，並自行翻譯一部分。同事們，分擔翻譯工作，並將譯稿集中於杜衡之手，由他編排付印，並主持最後的校勘。」杜衡的家先是搬到了九龍佐頓道，後來又搬到天文臺道。路易士曾於一九三九年回上海，一九四〇年又回港，由杜衡介紹也進入國際通訊社。他與杜衡同住同遷，兩家常把小菜拼在一桌吃飯，名之曰「混合餐」。

一九四二年，杜衡隨「通訊社」同人到達重慶，住在重慶南岸海棠溪附近的南方印書館印刷廠後進的山坡上，幫助南方印書館做編譯工作，後來蔣介石的《中國之命運》一書在南方印書館印行，杜衡參與校勘，書成之後，蔣介石特贈以署名玉照，以示嘉許之意。一九四三年十一月十五日，胡健中接任《中央日報》社長，陶希聖擔任總主筆，約杜衡擔任主筆，先在重慶的化龍橋，後來搬到黃家埡口，如此工作將近兩年。陶希聖認為他由文學家轉為政論家，就在這兩年之內。杜衡的好友路易士（紀弦）也這麼說：「抗戰爆發後，杜衡到了香港，就從那個時候開始，他已漸漸地放棄文藝，而把大部分的時間與精力用在經濟學上面了。香港淪陷，他去重慶，從此以後，他就不再搞文藝了。……我想不外下面幾個原因：一、由於抗戰爆發，從前常在一起的一群志同道合的朋友們都各自星散了，他一個人也提不起什麼興趣來。二、抗戰期間，整個的文壇幾乎全讓左翼份子給霸佔了，他和那些『左鬼』（我們習慣地稱左傾文人為『左鬼』）說什麼也合不來，瞧著不順眼，就索性放棄了文藝。三、他也許是想在經濟學方面，從根本去推翻那些『左鬼』所倚為靠山的馬克斯主義——果然如此，他的放棄文藝，就不但不是一種消極的行為，而且是一種積極的表現了。」

一九四五年抗戰勝利之前幾個月，杜衡與陶希聖共同翻譯三本軍事學的書：一、《拿破崙兵法語錄》（根據英文譯本），選輯拿破崙用兵的名言一百幾十段，相當珍貴，由杜衡初譯，陶希聖再校勘。二、《克勞塞維茨的戰爭原理》是克勞塞維茨的戰爭哲學的心得，簡單扼要，條分理析，杜衡譯得流暢而通達。三、《孫子兵法中英文對照本》這是舊書重印。這三本書出版時，適逢抗戰結束，因此都賣不出去，但前兩本書後來卻成為軍事訓練的重要參考書。

抗戰勝利後，一九四五年十一月十四日馬星野接任《中央日報》社長，次年五月五日中樞正式還都，杜衡帶著妻女隨《中央日報》社的專機還都南京。當時陶希聖因經常奔走於南京與上海之間，因此社論就交由王新命、錢納水與杜衡幾位主筆撰寫。陶希聖說：「新命的火辣、納水的老練、杜衡的細緻，各有所長。杜衡的文章大抵是在國際局勢與國際問題的分析與評判方面。」當時也任主筆的蔣君章回憶說：「當時《中央日報》撰寫社論，每一主筆，每週擔任兩篇，都在報館裡寫的；凡是輪值主筆，九時半就到報館，把當天的新聞通訊稿翻閱一遍，找可以寫的題目。總主筆陶先生有時也來，有時不來，由錢納水先生作代表；馬先生是每晚必到的。我們找到了可寫或應寫的題目後，與錢先生商議後與希聖先生聯絡，有時候希聖先生已有題目，或一連串的所謂計畫性的社論題，便來電話通知，寫什麼題目，並以內容要點見告。在計畫性一連串的社論中，希聖先生常常一個人執筆到底。」

一九四七年秋，《中央日報》社為培養言論撰述人才，特設「新聞研究班」招考大專畢業生為研究員，研習社論寫作和新聞編採，共錄取十名，杜衡擔任研習指導者之一。一九四八年十月三十日馬星野請陳立夫董事長召開董事會，討論籌設《中央日報》太平洋版（後來正式出刊時改稱臺北版）於臺灣，並派總經理黎世芬赴臺籌備。

一九四九年初，杜衡隨《中央日報》社遷臺，當時的報社以臺北市漢口街為編輯部、社長室、主筆室等，以中正西路為經理部、廣告部及印刷部。杜衡在報社的安排下先住在臺北市洛陽街的一間小屋裡。繼續擔任主筆工作，致力於評論及專欄的寫作。當時總主筆仍為陶希聖，但他當時正隨著蔣介石僕僕於奉化、重慶等地，一直到同年年底才抵臺，總主筆職務實際上由主筆錢納水擔任，王新命、杜衡、殷海光均為主筆，而新聞研究班的研究員趙廷俊、江德成也兼寫社論。殷海光不久就離開《中央日報》到臺灣大學去任教，於是主要社論多由杜衡及錢、王三人撰寫。一九四九年五月三日《中央日報》刊載杜衡以「林阿火」署名的專論〈臺灣負擔不起〉，指責若干從大陸撤退來臺的官員、委員們仍如過往一般地作威作福，要求省政府接待供應，耗費龐大，使正在力求節約的臺灣省政府負擔不起。文中還指斥這批需索無饜的要員們為「政治垃圾」，當時轟動一時，並奠定《中央日報》在言論尺度突出的地位。國民黨撤退臺灣後不久即實行戒嚴法，限制辦報（即所謂「報禁」），《中央日報》（國民黨中央為後臺）、《中華日報》（國民黨臺灣省黨部為後臺）、《臺灣新生報》（臺灣省政府為後臺）成為臺灣五、六〇年代的三大報，尤其是《中央日報》在一九四九年三月十二日出刊，不到半年的時間，便成為臺灣銷量最大，內容最豐富，讀者最歡迎的第一大報。

此外杜衡還被著名的雜誌邀約寫專論，在著名學者徐復觀所創辦的香港《民主評論》上發表〈免於偏見的自由〉（一九四九年八月一六日）、〈民主政治，前進抑後退？〉（一九五〇年一月一日）；在五〇年代，由黃紹祖主編的臺灣《自由世紀》刊物上發表〈政治的巫術〉（一九四九年九月一日）等文章。但寫得最多的還是《自由中國》。該半月刊是一九四九年十一月二十日雷震（在大陸時代曾是國民黨官僚體系中的一員）在臺創辦的，並由胡適擔任發行人，鼓吹自由、民主，批評時政。杜衡和殷海光是最初的主要撰稿人，後來才有夏道平及宋文明等人。他發表在《自由中國》的文章有：〈世界霸權與軍國主義〉（第二卷第四期，一九五〇年二月一六日）、〈論經濟的國權主義〉（第二卷第六期，一九五〇年三月一六日）、〈國內紛爭與國際組織（上）〉（第三卷第六期，一九五〇年九月一六日）、〈國內紛爭與國際組織（下）〉（第三卷第七期，一九五〇年十月一日）、〈國家權力的界限〉（第四卷第五期，一九五一年三月一日）、〈國民經濟論與戰爭（上）〉（第四卷第十一期，一九五一年六月一日）、〈國民經濟論與戰爭（下）〉（第四卷第十二期，一九五一年六月一六日）、〈權力慾與民主政治〉（第六卷第四期，一九五二年二月一六日）、〈從間接民主到直接民主（上）〉（第六卷第十二期，一九五二年六月一六日）、〈從間接民主到直接民主（下）〉（第七卷第一期，一九五二年七月一日）、〈從經濟平等說起〉（第七卷第八期，一九五二年十月一六日）、〈凱恩斯的乘數原理（上）〉（第九卷第十期，一九五三年十一月一六日）、〈凱恩斯的乘數原理（下）〉（第九卷第十一期，一九五三年十二月一日）、〈凱恩斯的投資理論（上）〉（第十卷第十期，一九五四年五月一六日）、〈凱恩斯的投資理論（下）〉（第十卷第十一期，一九五四年六月一日）、〈論信用政策〉（第一四卷第三期，一九五六年二月一日）等文章。

從這些政論文章，可看出杜衡的知識淵博，他甚至涉及到經濟層面。因此他的同事宋文明說杜衡：「他思維敏捷，瞭解深刻，最易把握一個問題的核心。所以他不論從事文藝創作，研究一般社會科學與經濟學，或撰寫政論，他都有獨到的見解，也都有極大的成就。早年他從事文藝寫作，已曾蜚聲全國文壇，及後專門鑽研經濟學，據這一方面的學界人士相信，其成就可以與國際間的許多大經濟學家相比。至於他政論寫作的邏輯謹嚴，有見地，文字技術的優美，清爽與動人，更在整個中國數一數二。根據我個人撰寫社論二十年的經驗來說，這種文章很難寫得稱心滿意，但杜衡兄所寫的社論文章，不論是討論任何一類的問題，都可使人覺得可圈可點，引人入勝。假若讀臺北報紙的社論文章，尤其是有關政治及社會問題的文章，使人覺得讀了一遍還想再讀第二遍第三遍，這篇文章大半皆出於杜衡兄之手。假若我們的國家強盛。中國在國際間有地位，而杜衡兄的文章又都能署名，我相信杜衡兄早已是世界聞名的人物，早已是世界第一流的學者和作家了。」

一九五三年四月五日，陳訓悆出任《中央日報》社長，當時擔任國民黨中央黨部秘書長的張其昀推薦他在浙江大學的同事謝幼偉擔任總主筆。謝幼偉是造詣頗深的哲學教授，但新聞背景與時間觀念卻較淡薄，實不宜擔任此在政治上甚具敏感性的職務，但當時正強調增強黨的秘書長權能，因此並未遭反對。聽說在六月間，杜衡寫了一篇社論，總主筆謝幼偉在杜衡的文章中增添了一百多字。社論見報後，蔣介石大為震怒。動怒的原因，便是那續貂的文字出了差錯，於是在「棄車保帥」的情況下，杜衡二話不說上書請辭，不過「帥」也未安然過關，幾個月後（一九五四年三月一日）社長及總主筆兩人也都黯然離開了。名報人陸鏗說：「《中央日報》遷臺初期還是不錯的，後來只因出身宮廷的個別人，剛愎自用，擺出『忠黨愛國』的姿態，不是辦報，而是做官，違背了新聞自由的原則，反對新聞競爭，且排擠菁英骨幹如戴杜衡、江德成等，以致江河日下。」

而就在杜衡離開《中央日報》時，由當時的國民黨中央執行委員會第四組（文工會前身）主任沈昌煥的安排，杜衡轉任《新生報》的主筆。緊接著《大華晚報》也立刻請他擔任專任主筆。不到一個月的時間，臺北市有三到四家報社及雜誌聘請他撰寫評論，杜衡一時成為炙手可熱的政論家，十年之間，他曾同時為《新生報》、《聯合報》、《徵信新聞報》和《大華晚報》寫社評。

杜衡在公餘之暇，喜歡打橋牌，而且聽說技藝頗高。路易士早年在香港時曾經和他打過牌說：「杜衡除了精通橋牌理論，熟讀橋經之外，還會吵，會罵人，認真的不得了。要是侶嫂（案：夫人劉可侶）叫價或出牌稍有不合『理論』之處，他必定把她大訓一頓，就像老師訓學生似的，務必改正她的『錯誤』，重新叫價或出牌，直到令他滿意而後已。有時侶嫂也生了氣，把牌一摜，說不打了，他才會住嘴。否則，他的橋經是講到天亮也講不完的。」來臺後打橋牌還是他主要的消遣，同事趙廷俊夫婦就常去陪杜衡伉儷打牌，趙廷俊說我們技遜一籌，但玩得卻很愉快。趙廷俊又說：「集郵是他長期的嗜好，集存郵票的豐富和名貴郵票之多，當時可列入全國的前幾名。平劇他也喜歡，一次朋友在他家餐會，酒酣耳熱之後，黃紹祖先生引吭高歌〈聖塔露西亞〉，嘹亮動聽；戴先生唱一段〈擊鼓罵曹〉，頗有韻味，據他說學的是言菊朋腔調。」

一九六〇年，《自由中國》雜誌結合本土政治精英，有意籌建反對黨，甚至挑戰國民黨的威權統治，蔣介石迅速採取行動，九月四日創辦人雷震及主編傅正等人被捕，雜誌也因此被迫停刊。據女兒戴薇說此時的杜衡「不惟喪失其熱心筆耕之園地，且斷絕其奮鬥求生之意志，乃鬱鬱寡歡如坐愁城，以致身罹重疾。」杜衡在《徵信新聞報》的好友汪彝定這麼回憶他最後的歲月，說：「後來他的健康開始惡化，記得是民國五十年天氣漸漸轉冷的時候，他感覺不能上下階梯，每次約會在有樓的地方，他便有難色。我以為他是心理的恐懼作祟，往往勸他不必過份自以為發病難支，要鼓起勇氣，維持身體的潛力，而他在我和幾位朋友的勸促扶持之下，每次都參加了我們的聚會。事後也覺得並無不適，他自己還說這樣足以增加自信，卻不知道此時他的生命力已經在迅速崩潰之中，假如我們當時了解這一點，必不會勸促他勉為其難的。」

一九六二年四月二十五日，卜少夫給胡蘭成的信中寫道他在臺北見到杜衡的情景，說：「在臺祇有廿天，除陶希聖先生處，也去看了戴杜衡，他夫婦都老病不堪，尤其是杜衡，白髮衰瘦，患氣喘病，終年不出門，走幾步便上氣不接下氣，夫婦經常打針，但他卻是臺北最紅的主筆，他兼了四張報紙的主筆，幾乎每天要寫一篇社論或社評，每月收入約兩百美金（八千臺幣以上），有人說他能活下去，完全由於每天寫社論維持著的，倘使他不寫，也許便倒下來了。我不敢肯定。他和我談了半小時，談起過去學士臺的朋友。看到他那樣子，我想哭。」時光催人老，往事不堪欷噓！

汪彝定又說：「五十一年（一九六二年）的冬天開始，他的病象顯然走向惡化。開始有出汗不止及哮喘不能控制的徵象，次年他以哮喘危急，入臺大醫院診治。雖然不久出院，而脈搏始終不能恢復正常。冬天（案：一九六三年十月一四日）再遭喪偶之痛。當時我擔心他會受不起這打擊。但他終於以理智與旺盛的求生意志，克服了戴夫人去世給他的驚痛。不幸，僅僅三四個月後，他終於不能抵抗身體機能衰弱的壓力，再度入院。自此以後，他一直賴氧氣的支持，延長了在人間的歲月。……以後，因臺中天氣乾燥溫和，適於哮喘病人療養，再為他接洽臺中的醫院送去治療。最初幾天，本報臺中辦事處人員告訴我，杜衡病情已見好轉，正替他慶幸，並預盼老友病癒歸來，同享談論之樂。十八日深夜本報臺中辦事處忽然急電告知，他已經去世（案：實為一九六四年十一月十七日）。一個久在意中的不祥消息終於來了，回想十年交往而今人天永訣，不禁泣然。」

曾經是「總角之交」的施蟄存在晚年回憶老友時說：「一九四九年他隨《中央日報》去了臺灣，據說一直擔任《中央日報》的主筆，因揭發大官貪污而被解職，後來放棄文學活動，改行研究臺灣的經濟，發表過不少經濟評論，對六〇年代臺灣的經濟起飛具有指導和推動作用。他的這些文章，我在八〇年代後期才見到，而他卻在一九六四年病逝，他以前就患有肺病。如今想起早年文學工場時的情誼，一起編輯《現代》雜誌的日日夜夜，同訪來華參加『第二次世界反帝大會』的法國作家瓦揚・古久列的情景，恍如就在眼前，不免有些傷感。」

杜衡曾是一個小說家，曾出版過《石榴花》（短篇小說集）、《懷鄉集》、《叛徒》（又名：《再亮些》）、《漩渦裡外》（長篇小說）；更以「蘇汶」的筆名寫文學理論與文學批評，更編有一部《文藝自由論戰集》。而讓他最享盛名（抑或惡名）的是「第三種人」的稱號。而在抗戰軍興以迄逝世前，他盡棄文藝，從事政論工作，凌雲健筆，舉凡有關時局演變之動脈，政治興替之緣由，及政府施政之成敗，國家經濟建設之方案，都作詳盡之剖析與論衡，見解獨到、議論精闢，讓您見到另一個不一樣的杜衡！

# 永遠的「文藝鬥士」

## ——張道藩

談到張道藩，人們馬上會聯想到蔣碧薇、徐悲鴻、孫多慈等一些人。蔣碧薇（一八九八－一九七八）出生在江蘇宜興一個世代望族的大家庭裏，十三歲那年由父親做主定下親事。但幾年後，徐悲鴻卻闖入了她的生活。其後，一心想掙脫封建思想束縛的蔣碧薇隨徐悲鴻一起私奔日本東京，然後又同赴巴黎留學。一九二二年，在德國柏林他們認識了青年畫家張道藩（一八九七－一九六八）。徐悲鴻回國後，蔣碧薇還留在巴黎，和張道藩等經常在一起聊天、跳舞，張對蔣殷勤有加。一九二六年二月，張道藩在一封長信中正式表達其對蔣的愛意，蔣予以回絕。此後，張道藩和法國姑娘素珊（中文名：郭淑媛）結婚。一九三〇年，張、蔣、徐三人又一次在國內相逢。徐悲鴻是時在南京中央大學任教，而張道藩已當上了南京市政府的主任秘書。之後徐悲鴻移情別戀上他的學生孫多慈，一九四五年，徐悲鴻登報聲明與蔣碧薇離婚，並於次年與廖靜文喜結良緣。而蔣碧薇從此成為張道藩的情婦。素珊在得知真情之後，多次要求張與蔣斷絕關係，但是張道藩卻不予理睬。一九五八年張、蔣關係走到了盡頭，一九六〇年底，張道藩與妻子破鏡重圓。而在之後的時間裏，蔣碧薇把自己一生的戀情寫入了五十萬字的《蔣碧薇回憶錄》中。她與徐悲鴻的婚姻維持二十多年，與張道藩的戀情則長達四十多載，此情綿綿，但最後都以悲劇收場。

張道藩一生官銜太多，曾連任中國國民黨中央委員並任中央常務委員、中央政治委員會委員。在黨務方面，曾任駐倫敦支部評議長、貴州省黨務指導員、南京市黨部委員、江蘇省黨部委員、中央組織部秘書、中央組織部及中央社會部副部長、中央宣傳部及中央海外部部長、中央文化運動委員會主任；在行政方面，曾任廣東省政府農廳秘書、南京市政府秘書長、浙江省政府教育廳長、交通部次長、內政部次長、教育部次長；在教育方面，曾任國立青島大學教務長、中央政治學校教育長；在文化方面，曾創立中華全國美術會，任理事長，創立國立戲劇學校，任校務委員會主任委員，並任其他許多學術文化團體理事長及常務理事。但在他生命的最後時刻，他說：「……我若去了，不要把一些官銜刻在我的墓前，我只希望在一塊石頭上刻上『中華民國文藝鬥士張道藩』幾個字，便心滿意足了……」。是的，從抗戰勝利之後，張道藩逐漸將心力投入文藝界，來到臺灣之後，更是國民黨在文藝政策及執行方面的最高負責人。

一九四九年一月以後，大陸局勢逆轉，四月下旬張道藩從上海飛往廣州。後來在某次中央常會中，提議裁撤「中央文化運動委員會」（簡稱「文運會」），將原有業務歸併到中央宣傳部，結束這個在他手中創設，已有八年多的「文運會」。十二月底，中國廣播公司在臺北改組，他當選為董事長，直到一九五四年五月卸任，他從一個對廣播外行，到奠定堅實的基礎，張道藩功不可沒。

一九五〇年春，他在蔣介石的指示下創設「中華文藝獎金委員會」（簡稱「文獎會」），獎助富有時代性的文藝創作，直到一九五七年七月結束。在七年多裡，獎助作家超過千人，對臺灣五〇年代文藝思潮的形成，產生巨大的影響。同年五月四日，又成立「中國文藝協會」（簡稱「文協」）。先後設置了小說、詩歌、散文、音樂、美術、話劇、電影、戲曲、攝影、舞蹈、文藝論評、民俗文藝、新聞文藝、廣播電視文藝、國外文藝工作、文藝翻譯、大陸文藝工作、文藝研究發展等十八個委員會。他重視青年的文藝教育，他指出文藝最可貴者在創新，創新的希望在青年，他在〈我對文藝工作的體認和期望〉中說：「為了整個文學的前途，文藝事業必須後繼有人。……不是要青年向我們看齊，照著已有的老樣子摹寫，而是要我們看青年人自己的想法和看法是否有新穎的獨特的地方，依循他們才性之所近，來引導他們不斷進步，發展他們的創造力」。同年八月，「文協」和教育廳合辦暑期青年文藝研習會。十月，「文協」成立小組，義務為文藝青年批改習作，而他接任《中華日報》董事長，更增闢中學生週刊，約作家五十人為中學生修改作品。「青年重要。」他總是這麼說。

作家王鼎鈞特別提到青年小說家馮馮的例子，馮馮當時寫了一部自傳體小說《微曦》，長度超過一百萬字，起初，他把這部小說送到《中央日報》副刊，據形容，馮馮把稿子裝在麵粉口袋裡扛在肩上。《中央日報》副刊版面無法容納，勸他精簡成二十萬字，馮馮當然捨不得。一九六四年四月，《微曦》由皇冠出版設出版。嘉新水泥公司捐款成立文化基金會，設置文藝獎金，馮馮把《微曦》送去。馮馮出身軍旅，刻苦自修，風度甜美可親，引起董事長王雲五的關注。雲老特別請張道藩負責審查《微曦》，那時張道藩已六十八歲，連年抱病，仍然花了一星期時間，把這部超級長篇一個字一個字讀完，還寫了五千字的「概略」，以便思考衡量，他給《微曦》很高的評價，馮馮得到最高獎金。這一年，馮馮二十七歲。馮馮後來當選「十大傑出青年」。馮馮的成名，是蒙張道藩的肯定有相當大的關係。

作家王鼎鈞又說：「臺灣在五〇年代號稱恐怖時期，政府對文藝作家百般猜疑，而作家多半以對現實政治離心為高，兩者互為因果。道公實在不願意聽到某某作家被傳訊了、某某作家被拘捕了，他曾多次要求政府善待作家，委委婉婉見諸文字：『不要計較他們的小節，待之以朋友，愛之如兄弟，引導他們的趨向，發揮他們的天才，激勵他們的志氣，替國家社會多多效力。』他也非常希望作家換一個眼光看現實政治，有時見諸文字：『在文藝的世界裡，能夠解脫現實的束縛，追求理想的自由，以智慧代替權力，以和諧消融矛盾，以喜樂化除痛苦，以博大的愛心寬容偏狹的憎恨。』」

一九五二年三月，張道藩繼劉建群之後擔任立法院長，迄一九六一年二月獲准辭職為止，歷時九年，這也是他一生當中政治生涯的最高峰。在院長任內，他盡心盡力，任勞任怨，充分發揮議長的功能，也表現了他鉅細靡遺的行政幹才。此外，他大公無私的清廉操守，更贏得全院同仁一致的讚揚。

一九五四年三月，吳國楨在美國提出批判政府的尖銳言論，被稱為「吳國楨事件」。其實吳國楨一直都是蔣介石的寵臣，蔣下野後，吳國楨隨蔣四處行動，作為他的幕僚，出謀劃策，並在一九四九年八月一日成立的中國國民黨總裁辦公室內任職，吳國楨對臺灣政治有所動作，此亦種下了陳誠對吳不滿的遠因。國民政府遷臺後，蔣為爭取美國支持與經援，任命和美國有良好關係的吳國楨出任臺灣省主席兼保安司令、行政院政務委員。然而在韓戰爆發後，美國改為全力支持國民政府並給予美援，吳國楨的地位也因此下降，與蔣經國與彭孟緝的特務系統也不斷發生衝突。一九五〇年臺灣火柴公司總經理王哲甫無辜被捕，吳下令放人。臺灣保安副司令彭孟緝執行蔣經國命令，堅不放人，先判死刑；由於吳的反對，經蔣介石出面，改判七年徒刑。吳國楨已完全無法再與蔣經國共事，蔣中正曾派黃伯度傳話，許以行政院長之職，要吳好好與蔣經國合作，願當院長兼省主席亦可。但吳一概拒絕，偕妻上日月潭，聲言非准予辭職不下山。後來在下山時，吳的座車前輪與主軸聯接的地方，疑似螺絲鬆動，是經人動過手腳，吳國楨幾遭不測。一九五三年四月，吳國楨辭省主席職，同年五月二十四日，吳與妻子前往美國。

一九五四年一月，臺灣傳出吳國楨貪污套取巨額外匯的傳聞，臺灣報紙刊出〈勸吳國楨從速回臺灣〉社論。同年二月九日吳國楨在臺灣大各報刊登啟事駁斥謠言：「此次來美，曾經由行政院長陳院長批准，以私人所有臺幣向臺灣銀行購買美金五千元，作為旅費，此外未由政府或政府中之任何人員批准撥給分文公款，……為國服務三十餘年，平生自愛，未曾貪污，在此國難當頭之際，若尚存心混水摸魚盜取公帑，實際自覺不擠於人類。」並且公開批評國民黨當局，批評救國團、情治單位及蔣介石獨裁，並指出臺灣當時政治的六大問題：一黨專政、軍隊政戰部門、特務問題、人權問題、言論自由與思想控制。美國《紐約時報》、《芝加哥論壇報》、《時代》、《新聞周刊》等著名報刊，無不爭相報導。

與吳國楨同是南開中學的立法院長張道藩，不顧「同窗之誼」，曾三度向行政院提出三次質詢批評吳國楨，罪名包括「擅離職守，拒辦移交，私自濫發鈔票，拋空糧食；並在外匯、貿易、林產等問題的處理上，非法亂紀，專擅操縱，有意地包庇貪污、營私舞弊等」，列舉吳國楨十三條罪狀；但証據明顯不足，僅用「據說」、「據聞」、「據報」等不確定的字眼。陶希聖則發表〈兩把刀、殺到底〉一文，口誅筆伐。吳國楨寫了三封信給蔣介石，逐條駁斥對他的誣蔑。不久吳國楨在美刊出〈上總統書〉，批評蔣介石「自私之心較愛國之心為重，且又固步自封，不予任何人以批評建議之機會。」同時，把矛頭直指「太子」蔣經國，主張將其送入「美國大學或研究院讀書」，否則會妨礙臺灣進步。三月十七日，國民大會更通過決議，要求政府除撤免吳國楨政務委員職務並依法究辦，蔣介石同日並正式發表「總統命令」：「據行政院呈：『本院政務委員吳國楨於去年五月借病請假赴美，託故不歸，自本年二月以來，竟連續散佈荒誕謠諑，多方詆毀政府，企圖淆亂國際視聽，破壞反共復國大計，擬請予撤職處分。另據各方報告，該員前在臺灣省主席任內，多有違法和瀆職之處，自應一並依法查明究辦，請鑒核明令示遵』等情。查該吳國楨歷任政府高級官吏，負重要責職二十餘年，乃出國甫及數月，即背叛國家污蔑政府，妄圖分化國軍，離間人民與政府及僑胞與祖國之關係，居心叵測，罪跡顯著，應即將所任行政院政務委員一職予以撤免，以振綱紀，至所報該吳國楨前在臺灣省政府主席任內違法與瀆職情事，並應依法徹底查究辦，此令。」將吳國楨撤職查辦，並開除吳國楨的國民黨籍。

由於在立法院的精神負擔太重，已嚴重影響他的健康，因此他興起辭去立法院長一職，他說：「我這麼做，既不是矯情，更不是姿態，而是出自真心。因為這個工作，無論和我的性情或是我的志趣，都背道而馳。我最初坐在主席臺上，還能讓自己試作客串的演員或是欣賞的觀眾。但政治是要負責任的，位置坐的愈高，責任負的愈重。我的責任心又很強，不能做到『笑罵由人笑罵，院長我自為之。』」但蔣介石不讓他辭職，他休息了短暫後，只好硬著頭皮，抑制自己的心情，繼續從事沈重的工作。

一九五六年七月，在他六十歲生日過後不久，他呈請中央結束文獎會業務，停辦出版五年的《文藝創作》月刊，並在原址創辦中興文藝圖書館，自兼館長。辦圖書館是他多年來的心願，他把當年在上海、南京、重慶各地出版的文藝書籍，包括左翼作家的作品，約在萬冊左右，整理出來，以滿足愛好文藝的青年的迫切需要。這也成了當時臺灣收藏二、三〇年代文藝作品最多的圖書館之一。

國際筆會一九二二年於倫敦成立，中國於一九二五年加入，總會設在上海，會長由蔡元培擔任，林語堂任執行秘書。但除了一九三三年二月十七日下午以「國際筆會中國分會」的名義，招待過蕭伯納訪華外，該會甚少活動，形同虛設。一九五七年，國際筆會準備在東京召開第二十九屆大會，經駐聯合國教科文組織代表陳源提議，臺灣重建了筆會組織，推舉張道藩為會長，並於同年恢復了會籍。一九五九年，陳源與羅家倫（繼任會長）、陳紀瀅、曾恩波出席了在德國法蘭克福召開的第三十屆國際筆會。

研究者秦賢次認為張道藩對文藝界影響最大的是他的文藝政策觀，他說：「由於他一生在高層黨政界的一帆風順，由於他是國民黨高官中對文藝及文藝工作者最為關愛者，更由於他是國民黨多年來最高的文藝主管。因此他的文藝政策觀逐漸匯聚形成政府當局的文藝政策，從而對文藝界產生巨大的影響。」它具體而微地顯現在一九六七年十一月國民黨九屆五中全會所通過的「當前文藝政策」上。秦賢次認為這是民國以來我國文藝政策的新里程碑。除了確定文藝的基本目標及創作路線外，更重要的是政府要設立專責的文藝機構作為輔導；政府更要設置鉅額文藝基金，列入預算，作為培養人才，獎勵作品之經費等等。這個具有前瞻性的文藝政策，事實上係透過張道藩的苦心策劃，經大會修正通過的。最重要的是，這個文藝政策並不是開過會後就束之高閣存檔了事，後來的發展正顯示它的正確性與可行性。

張道藩說：「我生平為了文藝，在極困難的時候，只好自己站出來打前鋒。俗語說：『出頭的椽子先爛』，這當然是一種犧牲。但做革命的文藝工作，總要有人肯犧牲。——即使入地獄，只要能對國家民族有利，我也要把地獄看成天堂。」這是張道藩對畢生貢獻心力的文藝工作，至死不悔的精神寫照。

一九六八年六月二日，他走完人生最後一程，享年七十二歲。

華仲麐教授這麼評價他：「他在公私情理之間，隨時含有兩種極端矛盾，以致痛苦終身。因為他對社會有極端的熱愛，而又有極端的厭惡；他智慧崇高，頭腦冷靜，能分析觀察事理，同時感情熱熾，天天在自煎自熬；他不肯同化，又無法改造，有心解脫，又不忍割捨；別人所陶醉的高位，他認為無聊，別人所滿足的盛名，他覺得可恥；在不斷追求、不斷希望、不斷搏鬥、又不斷矛盾中，可能會歸於幻滅，而形成這位藝術政治家畢生的悲劇。」

張道藩曾經說：「我徹底反省，生平雖於公德無虧，卻受私情所累。」確實對於美麗、善良、賢淑的元配郭淑媛而言，張道藩是有所虧欠的。自從一九四九年年底，郭淑媛女士就帶著女兒和小姑到雪梨去，生活艱苦得要靠她十指做手工賺錢來教養兩個女孩。直到一九五九年，張道藩才在不斷地自責之下，說：「我自己越想越難受，身為立法院長，讓太太在海外長期受苦，我簡直不配做個堂堂的男子漢！」他終於湊足一筆旅費到澳洲探視妻女幼妹，夫妻此時已闊別九年，但只歡聚兩個月，張道藩因公務在身就回來了。次年妻女返臺定居，一家總算團圓。

一九八一年，張道藩逝世十多年後，因道藩圖書館交由臺北市政府接辦，郭淑媛從美返國，她除了希望道藩先生的精神因這個圖書館而得以流傳之外，她也談道：「張先生留給我的，除了數不盡的愛和回憶，最重要的是『愛國』兩個字。」當年張道藩人在臺北，但他心裡卻惦念著遠在澳洲生活的郭淑媛，她在接受記者訪問說：「他親手從臺灣寄龍井茶給我，郵包上有他的親筆字。」她說著說著，眼睛漲滿了淚水。

# 從作家到臺大文學院院長的錢歌川

最近因讀楊騷與白薇的資料，發覺他們的情書中老是提到一個「A妹」，後來得知這位「冰雪聰明」學音樂的湖南平江女孩，名叫凌琴如。當初楊騷對於還不太懂得愛情為何物的凌琴如，傾注了過分強烈近乎瘋狂的愛情，使得凌琴如嚇跑了，最後她選擇了也是在東京求學的錢歌川，兩人在一九二六年八月於東京結婚了。

錢歌川（一九〇三－一九九〇）原名慕祖，自號苦瓜散人，湖南湘潭人。是著名的散文家、翻譯家、語言學家。從一九三四年在開明書店出版《北平夜話》後，其散文作品共有二十多部問世。論者認為，他的散文跟梁遇春的散文一樣，有點英國散文的味道：閒散、淵博、雋永。讀之如在冬夜圍爐，促膝閒談。除了創作，他還翻譯了不少外國文學名著，如哈代的《娛妻記》，托爾斯泰的《安娜哀史》，愛倫坡的《黑貓》，薩洛揚的《失足恨》等等。在翻譯界和外語教學領域，不知道錢歌川名字的人大概不多。他翻譯過多種英、美、日本作家的小說，出版過近百種關於翻譯和學習英文的書，特別是他的《翻譯的技巧》一書，上世紀七十年代問世以後，一紙風行、暢銷不衰。

在抗戰勝利後不久，這位聲名鵲起的作家卻在一九四七年四月來到臺灣，並接長臺灣大學文學院院長，錢歌川在〈入臺記〉一文，這麼說：

……恰巧在民國三十四年的冬天，陳長官（案：陳儀）曾電召來臺，那時長官公署駐渝辦事處，已經替我準備飛機票和安家費等等，我正打算辭去教育部的工作即來臺灣的，不意那時友人朱世明將軍發表駐日代表團的團長，外交部要我去替他主持秘書處，他們認為像我這樣對於中英日文都懂得一點的人，去協助朱將軍創辦代表團是很適當的。我因為公誼私情，只得婉謝了臺灣的邀約。……這樣生活過了三個月，代表團已規模初具，我找到了一個替死鬼，便請假回南京了。

臺灣之行，既已拒絕在先。這時既令很想去，似乎也沒有機會了。正在這個時候，與國立臺灣大學有關的一些朋友不知怎的忽然想到了我，函電交馳地要我到臺大來主持文學院，還有位朋友特意跑到南京去「勸駕」，我聽說臺大有五十萬卷的圖書，早已心嚮往之，其遲遲沒有即刻接受的緣因，就是生怕院務太繁……而且教育部的事恐也不容易一下完全擺脫，果然次長杭立武兄首先就反對，他出面拍了一通電報回絕陸筱海（案：陸志鴻）校長，電文只有六個字：任務重，不能離。南京既脫離不了，後來聽說臺灣方面也發生了問題，就是那時的長官公署正想攫取臺大，各院院長要由他們派人，至少也要他們的同意才能聘請。校方把我的名字提出來的時候，省方表示不太歡迎，理由是從前長官電召我未應命，現在大學請我，而我就答應來，這不是使他們失面子嗎？

這樣一來，我可能來臺的第二次機會，似乎又成了泡影。

然而現在我畢竟來到了臺灣……可見雖則好事多磨，終屬有志竟成呢。……天下事常從絕處逢生，在你認為已經絕望的時候，別人又會來使它得到轉機的。就在臺灣二二八事變前不久，前教育處處長范壽康兄回到了南京，他問我怎麼樣，意思是要不要來臺灣，我對他的表示是無所謂。當然我知道中央不讓走，邊省不歡迎，我又何必向他表示我內心的趨向呢？學校畢竟不是官場，用不著需要疏通，教授亦自有其身價，不肯低首鑽營，而只能待人來聘。但大學方面對於我的事始終虛座以待，而且上海的朋友仍然在催促我早日赴臺。他們知道了長官公署的意思，便向教育處長解釋了一番，說我第一對於做官不感興趣，且當時陳長官找我，並未指明職務，使我無從考慮。如果指定是文教方面的事，也許我早就接受了，不過聽說多半是給我一個參事的名義，所以我覺得不必來，並無別的意思。經朋友這樣解釋之後，省方的誤會是消除了。

從錢氏的文章中，我們看到他接長文學院院長是有些轉折的。據臺大歷史系教授李東華的考證，在一九四六年五月十八日，臺大校長羅宗洛因臺省長官公署拒撥臺大經常費問題，親赴南京向教育部、行政院交涉，後雖獲同意，但羅宗洛卻向教育部長朱家驊堅辭臺大校長。在朱家驊及臺大當局挽留不成後，陳儀向教育部推薦當年隨羅氏來接收臺大後任工學院院長的陸志鴻擔任校長。也因此後來陸校長對陳儀不能不多所「禮讓」，錢歌川的聘任亦是其中的一個例子。其實在一九四六年四月，羅宗洛就要聘沈剛伯擔任文學院院長，後因羅氏的去職，終未果。十一月中傳言陸校長擬聘魏建功接掌，然魏氏時任臺灣省國語推行委員會主任之職，亦未成行。一九四七年一月又傳擬聘顧頡剛來臺長文學院，後顧頡剛致信懇辭，此事見諸於顧頡剛女兒顧潮的《歷劫終教志不灰：我的父親顧頡剛》一書。而據〈夏德儀教授二二八前後日記〉一九四七年一月十四日記：「臺大文學院長，聞已聘定錢歌川。」一月十九日又記：「裴溥言告我，謂秘書處職員云，新聘文學院長錢歌川又不來。」至一九四七年四月下旬錢歌川終於抵臺履新。

一九四七年七月間，教育部核准臺大增設外國文學系，於是文學院增為四個系，錢歌川分別聘許壽裳、涂序瑄、范壽康、饒餘威為中文系、歷史系、哲學系、外文系的系主任。並新聘教授中文系有喬大壯教授，外文系有傅從德、李霽野、王國華、馬宗融、黎烈文教授，歷史系有郭廷以、楊雲萍教授。為了提升研究設備費，錢歌川曾向校長極力爭取，九月一日更以私函表示其意見：「……本校負責全校之四長皆係科學家，不免輕視文教，致未能使本校各院平均發展。且襲承日本人之殖民地政策而忽視光復後最重要之文教。文學院學生之少，全係日本殖民地政策必然之結果，不可以此做為歧視文學院之理由。我輩因此正應對文學院特別致力，使之達到臺灣教育特殊之使命。若繼續再予壓迫，則臺灣何時可以歸心？我校當權諸公注重科學之結果，亦應有所表現，若所發表者仍係日人之研究報告，則我國人接收後雖在科學家主持之下，而科學方面亦不能超過日人，或維持原狀。文學方面再不能予以發展，豈不令外人竊笑。」

錢歌川在他的《苦瓜散人自傳》中說：「陸志鴻校長是一個好好先生，勤奮有餘，魄力不足。襄助他接辦臺大的，當然是一批留日同學，如馬廷英、沈濬、陳世鴻、范壽康（最初任臺灣省教育處長）諸公，似乎都很跋扈，不大一致來與校長合作，所以陸校長在任不滿兩年就下臺了。……教育部派來繼任的校長是莊長恭。此人毫無辦學經驗，又一意孤行，濫用職權。甫一到任，就對文學院原有的教師，不分青紅皂白，一概加以停聘，心目中以為都是前任的私人，非斬盡殺絕不可，否則不足以表現部長所諄諄叮囑的整頓。我那時才四十出頭，有點少年氣盛，頗為衝動，好像路見不平，就要拔刀相向的神氣。對於莊校長這種亂暴作風，實在看不順眼，便印了一張傳單，舉出他的八大罪狀，寄去教育部和全國各大專院校，作為打抱不平。同時眾多的被解聘的人，也組織了一個聯合會，來向校方興師問罪。……後來莊校長感到樹敵太多，無法再做下去，便在就任不到半年的一個早晨，悄悄地不辭而別，坐飛機返回大陸去了。教育部續派傅斯年繼長臺灣大學。……莊長恭在送他走馬上任的時候，談到臺大的情形，只對他說：『你此去要不把錢歌川踢走，你就休想安心來辦臺大。』傅斯年在一九四九年一月接長臺大後，一查案卷，發現我的聘約，還有一年，無法即時把我趕走，……我是一九四六年八月起聘的，到一九五〇年七月才聘約屆滿而離開，初去時支薪五百六十元，離開時支薪六百元，而一九四六年到一九四八年夏，還兼任文學院長，莊長恭來，我馬上辭去院長，莊校長委丁西林繼任。（案：當是沈剛伯）」

在錢歌川在臺大的短短三年時間裡，卻發生了幾樁大事，首先是文學院中文系主任許壽裳在一九四八年二月十八日遭到暗殺。一般都認為與他極力宣揚魯迅思想，得罪當道有關。其次是繼任的中文系主任喬大壯的自殺，錢歌川說：「（他）暑假回去大陸，竟效王國維的故技，在蘇州投水自殺了。他的悲觀倒不是為了國事，夫人去世以後，對他的精神打擊是相當大的。他曾有一闋〈定風波〉詞，寫在我的冊頁上，似可看出一點箇中消息。

一葉飄然萬里來，夢中不鎖望仙臺。楊柳新聲飛玉琯，筵畔，葡萄初醱映金杯。　白雁隨陽成陣去，秋暮紅鵑帶血亞枝開。日落中原何處認，休問，水投東海幾時回。

我初到臺大時，李霽野、臺靜農、魏建功等人，都已先在，但不久李、魏都回大陸去了，只留下臺靜農未走。」

臺大約滿後，一九五〇年夏天，錢歌川全家移居臺南，任臺灣省立臺南工學院（成功大學的前身）的英文教授。錢歌川說：「我從臺北移硯臺南，不但沒有受到任何損失，反而在經濟上大有增益。在省立工學院既是專任，不久又接受了在左營的海軍軍官學校的專任聘書。文學校和武學校，是兩個不同的系統，互不相涉，是可以同時專任的。」

一九五七年七月間，成大英文教授張思海在臺北某報刊登啟事，罵錢歌川「言行卑鄙，盜名欺世」，錢歌川乃指控其妨害名譽告上法庭，雙方在七月三日於臺南地院出庭應訊。而錢、張兩人原為摯友，張思海進入成大工學院，亦係錢歌川所介紹，兩人共事已達七年之久。據錢歌川對記者說，他對待張思海不薄，且曾三度為張介紹工作，他在《大洋英語月刊》刊登批改張思海教授的英文作文，係循張氏之請，係純出於研究性質，如張教授對此不滿，儘可予以辯駁，何須刊登啟事詆毀他，故而依法控以妨害名譽之罪。而張思海則說，自從去年三月工學院改為成大後，秦大鈞校長擬增設外文系，錢歌川為防他從中攫取斯職，曾寫匿名信給秦校長：意謂張思海英文不行。而不久之後，學生英文試題上發生一點錯誤，錢歌川復據此向秦校長處檢舉，致他被校長叫去詢問，面子非常難堪，不料到了下學期發聘時，校方即將他改聘為國文系教授，主教中國近代史。錢教授以如此方法對待他，實感憤怒，於是向臺南地檢處檢舉他偽報「倫敦大學畢業」學歷。（案：經查此為人事室筆誤，或不起訴處分）

錢歌川在回憶錄中說：「這時正是張其昀在當教育部長，他認為教授興訟，有辱杏壇，甚至使部長蒙羞。他便下令秦大鈞校長，將我兩人解聘，並示意校長也不能辭其咎。這樣一來，把秦大鈞嚇壞了，為恐他的飯碗不保，而大起恐慌。張其昀已存心藉此機會，奪回成大校長一個地盤，而秦大鈞不察，還在多方設法彌補，使大事化小，小事化無，恢復平靜。他親赴臺北，想請陳誠出面斡旋，當然陳誠不理。在臺南方面他一面請他的留德同學，我的湖南同鄉，標準局長向賢德，來求我息事寧人，撤銷自訴，一面又設宴邀請我們兩造，和校中各位首長吃飯，以圖調解糾紛。……我因為校長的懇求，向賢德的勸告，終於自願撤回了自訴，使得這場所謂教授官司不了了之。但官司雖了，事情並未結束，到暑假前發聘書的時候，秦大鈞就扣發了我和張思海兩人的聘書。」

離開成大，一九五七年八月錢歌川任鳳山陸軍軍官學校專任教授，又兼任左營海軍軍官學校兼任教授，其間也應高雄醫學院院長杜聰明之邀，課餘至學院講授英文五年。

一九六四年五月，錢歌川離開居住十七年的臺灣，應聘為新加坡義安學院的中文系教授，教授翻譯、新文學、中國古典文學。一九六七年五月，改任新加坡大學中文系教授。錢歌川回憶當時的景況說：「新大中文系連系主任，一共才有教師五人，除本系學生外，還有外系學生來選課。除現有在校的學生外，還得為本系過去的畢業生，指導寫高級學位的論文。所以每個教師的負擔，都是非常重的，尤其是我這個半路出家的生手，系裡交下的任務，幾乎壓得我透不過氣來。我擔任一班《論語》課，本系學生用中文講解，倒沒有什麼問題，而外系學生來選修的，要用英文講解，因為他們都是不懂中文的。《論語》的章句，固然有各種英譯本可以參考，但註疏卻找不到有英譯的，我要來現譯，就得先譯成白話，然後再譯成英文，才可講給學生聽。有些註上用的字，是不能再用別的字來替代的，所以連白話都無法翻譯，遑論英文。這是最傷腦筋的，而且我無法解決。還有英文譯本中譯錯的字句，也得糾正過來，不能照本宣科。」

一九七一年五月，錢歌川自新加坡大學退休，六月，轉任南洋大學教授，講授翻譯。次年十一月，已屆退休年齡，南洋大學不予續聘；十二月，偕同夫人凌琴如由新加坡直飛美國，住在次女錢寧娜、女婿于同根家，間中也至馬利蘭州長女錢曼娜、女婿蕭增勝家小住，居閒致力寫作，仍以散文為多。同年將歷年講授翻譯之講義整理為《翻譯的技巧》出版，一時洛陽紙貴，成為暢銷書。

一九七四年四月，錢歌川偕凌琴如第一次返回大陸探親觀光，時值「文革」動亂之期，僅到過廣州、杭州、上海、北京四城市。一九七八年九月，錢歌川又偕凌琴如第二次返回大陸遊覽，應邀出席由國務院總理華國鋒主持的國慶宴會，曾隨團至西安、桂林等地遊覽。

一九八一年十一月十五日，凌琴如因癌症不治病逝於紐約。錢歌川悲痛逾恆，後來他寫下〈他生未卜〉說：「老年喪偶，是人生一件悲慘的事，一輩子相依為命的人，一旦分手，成為死別，永無再見之期，怎能不令人悽創哀慟。……六十年來你的形象，一直填滿我的胸臆中，現在突然一下，你從我心中飛走，飛到永恆中去了，留下給我的是無窮盡的空虛。啊，可憐這個孤零零的我。」次年，錢歌川以八十高齡，偕女曼娜、寧娜及兩外孫作第三次大陸之行；同年賦〈八十感懷〉七律一首，詩云：「既老不衰人健在，古稀今又過旬年；老妻遽爾撒手去，舊夢依稀在眼前。太空船探行星秘，記憶力憑電腦傳；留得此身賞奇巧，自求多福樂陶然。」

學者湯晏認為錢歌川很有個性，有魏晉文人獨有的特徵，他不太喜歡講人家閒話得阮籍真傳，但也會開口罵人，這也是六朝人物的必備條件。因此在一九八八年一月三十日，他們旅居紐約的一批來自大陸及港臺的愛好文藝的朋友，大約十人，就有「十人會」的聚餐。湯晏記得這次聚會到了十一個人，在座有一位從臺灣來的遠客女作家趙淑敏，那天聚餐大家談得很愉快，餐後殷志鵬負責送錢先生回家。後來聽一位朋友說，錢先生很喜歡與他們這批「小」朋友在一起，他年紀大了，比較寂寞，這種聚會他是最喜歡的。而後「十人會」聚餐他每次都參加，並且常在背囊中帶一壺酒來，而後「十人會」常有人帶酒來助興是錢先生創的例子。他最後一次參加「十人會」聚餐是一九九〇年七月二十八日。後來即病了。九月三十日的一次聚餐錢先生已臥病醫院，我們買了一張慰問卡片，大家簽名希望他早日康復，但沒想到一病不起。

一九九〇年十月十三日，錢歌川因肺炎感染病逝於紐約，享年八十八歲。女兒錢寧娜說，父親自退休十八年來和兒孫們相處得非常融洽，他老人家也一本個性，凡事自理，非常不喜歡麻煩別人。他每天看報、剪報、收集資料、寫文章，從不馬虎。錢寧娜說：「這幾天我整理父親的書桌，發現裡面放了許多小紙條，上面寫著英文單字，都是父親從書報雜誌中抄下來的新字彙。」年近九十歲的老人，用功之勤，可見一斑。而在病逝前三星期住院期間，錢歌川收到來自世界各地的信件幾達一尺之高，錢寧娜說，這些信有後學請教的、有討論著作的、有要求出書的，她說：「父親是真正的學者。他能在學問中自得其樂。他是中國老一輩那種多才多藝的學者，在我們這一代，已很難看到這樣的人了。」

的確，錢歌川是多才多藝，除中、英、日文造詣俱佳，著作等身外，他還會繪畫，當年遊學英國時，以英文寫了一本《中華童話》，插圖都是自己畫的，現被聯合國收藏；他也長於金石篆刻及木雕，他的《苦瓜散人自傳》封面，就是自刻的自畫像。

錢歌川任教臺南成功大學時，錢寧娜受父親影響，考大學的第一志願就填成功大學，她後來就是成大中文系第一屆的畢業生。之後來美留學，一九六二年在堪薩斯大學念新聞研究所，一九六五年在田納西州許維爾的Vanderbilt大學獲圖書館學碩士學位。一九六六年一月一日起到紐約皇后區圖書館任職，工作長達三十八年，於二〇〇四年七月十六日正式退休。

# 翻譯家黎烈文教授

黎烈文是二十世紀三、四十年代著名的作家、翻譯家，曾在《申報》主編「自由談」，針砭時弊，鞭撻黑暗，得到魯迅、巴金等著名作家的大力支持。而在抗戰初期，福建省政府主席陳儀聘請了郁達夫、黎烈文等著名作家到福建工作。黎烈文在永安組建了改進出版社，創辦了《改進》和相繼出版發行《現代文藝》、《現代兒童》、《現代青年》、《抗戰民眾》、《戰時木刻畫報》六種期刊，開展了轟轟烈烈的以直接宣傳抗日救亡為主要內容的進步文化活動，並為永安進步文化活動後來迅速發展奠定了良好基礎。郭沫若、馬寅初、朱自清、錢俊瑞、邵荃麟、馮雪峰、何其芳、臧克家、胡風、老舍、巴金、宋之的、羊棗、艾青、艾蕪、唐弢等著名作家、詩人都曾為《改進》刊物撰稿，因此，《改進》深受東南各省和國統區大後方廣大讀者所喜愛。儘管水安是座群山連綿、交通閉塞的山城，但也成了抗戰時期東南半壁的文化中心。這其中黎烈文是功不可沒的。

但到了一九五八年北京人民文學出版社出版的《魯迅全集》中的註釋卻這麼說：「黎烈文，湖南湘潭人，曾主編《申報》〈自由談〉、《中流》半月刊。後墮落為反動文人，一九四九年全國大陸解放時逃往臺灣。」對於這條註釋可說是完全歪曲事實，另外黎烈文到臺灣早在一九四六年二、三月間，是應臺灣光復後首任長官公署陳儀之聘的，絕非到一九四九年大陸解放後才「逃到」臺灣；至於「反動文人」，更是莫須有的「罪名」。

巴金在〈懷念烈文〉一文中就說：「我記不清楚了，是在什麼人的文章裏，還是在文章的注釋裏，或者是在魯迅先生著作的注解中，有人寫道：曾經是魯迅友好的黎烈文後來墮落成為『反動文人』。我偶然看到了這句話，我不同意這樣隨便地給別人戴帽子，我雖然多少知道一點黎的為人和他的情況，可是我手邊沒有材料可以說清楚黎的事情，因此我也就不曾站出來替他講一句公道話，（那時他還活著，還是臺灣大學的一位教授。）這樣，流言（我只好說它是『流言』）就繼續傳播下去，到了『四人幫』橫行的時期，到處編印魯迅先生的文選，注釋中少不了『反動文人黎烈文』一類的字句，這個時候我連『不同意』的思想也沒有了，我自己也給戴上了『反動學術權威』的帽子，……自己身上給投擲了污泥，就不能不想起替朋友揩掉濁水。所以我的問題初步解決以後，有一次『奉命』寫什麼與魯迅先生有關的材料，談到黎烈文的事情，我就說據我所知黎烈文並不是『反動文人』。我在一九四七年初夏，到過臺北，去過黎家，黎的夫人，他前妻的兒子都是我的熟人。黎當時只是一個普通的教授，在臺灣大學教書，並不受重視，生活也不寬裕。我同他閒談半天，雨田（黎太太）也參加我們的談話，他並未發表過反動的意見。他是抗戰勝利後就從福建到臺北去工作的，起初在報館當二三把手，不久由於得罪上級丟了官，就到臺灣大學，課不多，課外仍然從事翻譯工作，介紹法國作家的作品，其中如梅里美的短篇集就是交給我編在《譯文叢書》裏出版的。雨田也搞點翻譯，偶爾寫一兩篇小說，我離開臺北回上海後，烈文、雨田常有信來，到上海解放，我們之間音信才中斷。」

黎烈文的好友也是作家的王西彥在〈我所認識的黎烈文〉中說，在一九四六年的二、三月間，「記得他啟程是在陰曆春節以後，由雨田和我送他上輪船。他預訂的房艙原只有兩個床位，派給他的是臨時增加的一個沙發床。橫靠在艙門的一邊，上面貼了張條子，寫著『黎烈文社長』幾個字。另外兩個床位上是『×××廳長』和『×××院長』。頭銜顯然比他顯赫。一看到這情形，雨田臉上難免流露出不愉快的表情。……黎烈文離開福州後，我曾多次到倉前山去看望雨田和她的小女兒。等到黎烈文在臺北找好房子，作了初步安排，她才帶著小女兒渡海東行，時間應該已經是夏末秋初了。」

黎烈文抵臺北之後，受陳儀委託，與李萬居共同主持《新生報》社的工作。李萬居是他留法時的同學，任社長，黎烈文任副社長，兼總主筆。只是這任期只有半年之久，他就「掛冠求去」了。其原因據其弟弟黎烈師給友人的信中說：「那時任臺灣省長官公署宣傳委員會主任委員的夏濤聲，總是盯著他這位『上海鼎鼎有名的左翼作家』，找岔子、挑毛病。」本來陳儀是邀他赴臺灣全權主持《新生報》的言論，不料雖掛了個副社長兼總主筆的頭銜，言論卻全不由他作主，他處處受到當局的掣肘，頭銜形同虛設，因此在一九四六年的夏末，他就辭去《新生報》的一切事務了。

辭去《新生報》的工作後，他為了「四口之家」的生活，只得去臺灣省訓練團高級班任國文講師，靠教幾節課餬口度日。他在給好友巴金的信中說：「我也窮得厲害。」再則說：「這半年來在臺北所受的痛苦，特別是精神方面的，這次都和朱洗痛快地說了。」他還說：「我一時既不能離開臺北，只好到訓練團去教點課……」他又說：「訓練團也混蛋，（信）既不轉給我，也不退還郵局，一直擱在那邊。」

一九四七年七月，黎烈文應臺灣大學文學院院長錢歌川的邀請，任文學院西洋文學系教授，從此開始了他的在臺灣二十五年的執教生涯。

一九四七年六月二十日至七月中旬，好友巴金來到臺灣，是為文化生活出版社開辦臺北分社找房子，這件事情，黎烈文也從中幫過忙。黎烈文在給巴金的信中說：「時局不定，文生社能在臺北弄一個分店，或辦事處作退步，總是好的。兒玉町大學書店斜對面（離以前索非弄的國語函授學社很近）有一所店面房子，地點既好，開間也大，又不要頂費，只要預付一年租金，租金也還公道。這房子是《公論報》的，如果早說，毫不成問題；現在卻有人在搶，我已和李萬慶鬧過幾次，叫他無論如何分一間給文化出版社，現在雖還沒談妥，但大概可以成功，這事陳暉當有詳細的信報告你們。」而巴金在同年八月十一日給田一文的信中也談到過去臺灣找房子開辦分社，並派幼弟李濟生去主持的想法：「濟生已去臺北，想在那邊設一分店，不過我看好的房子已經讓別人頂去了，能否找到房子，還難說。我的計畫是從小做起。文生社目前沒有什麼大計畫，年內只想把積稿印出一部分。」

一九四七年八月間，黎烈文回到上海，他說：「趁著暑假之便，由臺灣去了一次上海，取回十年前寄存在朋友家中的一些衣物、書籍和文稿，其中當然包括《紅與黑》已經譯出的二十餘萬字。」同年八月十五日出版的《文藝春秋》第五卷第二期，扉頁有〈歡迎艾蕪・黎烈文〉短文，文曰：「最近，艾蕪先生自重慶來上海，黎烈文先生自臺灣來上海。文藝春秋社在本月十日下午三時，約請了經常為本刊執筆的作家李健吾、許杰、臧克家、碧野先生等作陪，舉行了一次小小的茶聚，以示歡迎。」另外他和巴金還有過歡樂的相聚時光，巴金在〈懷念烈文〉中說：「一九四七年黎還到過上海，是在我去過臺北之後，住了半個多月，回去以後還來信說：『這次在滬無憂無慮過了三星期，得與許多老朋友會見，非常痛快。』他常到我家來，我們談話沒有拘束，我常常同他開玩笑，難得看見他發脾氣。三十年代我和靳以談起烈文，我就說同他相處並不難，他不掩蓋缺點，不打扮自己，有什麼主意、什麼想法，都會暴露出來。有什麼丟臉的事他也並不隱瞞，你批評他，他只是微微一笑。」

一九四七年五月十九日黎烈文給巴金的信中說：「梅里美集的序文，我等訓練團的工作結束後就動手寫，大約下月底可以寄上，總還來得及吧。我以前在《譯文》上譯登過蘇聯盧那察爾斯基作的一篇〈一位停滯時期的天才——梅里美〉（後來曾收入《邂逅草》內），最好能收入梅里美集內作為〈附錄〉，不知你能找到這篇文章不？」。一九四八年二月，黎烈文翻譯梅里美的《伊爾的美神》，收入巴金主編的《譯文叢書》由文化生活出版社出版。王西彥說：「黎烈文也給我寄來了他由上海文化生活出版社印行的新書，梅里美的短篇小說集《伊爾的美神》。收容在這本新書裡的，除了他在上海和永安時期的舊譯，還有在臺北的三篇新譯，而且附了一篇寫得十分精闢的〈梅里美評傳〉。直到現在，我仍然認為，在對梅里美的介紹方面，這本書是一個值得珍視的貢獻。即使幾經動亂，我手頭依然保留他送給我的幾本譯書，其中《伊爾的美神》的扉頁上，工整地寫著兩行題字，後面一行是『烈文・三十七年三月於臺北』，還在他自己的名字下面加蓋了一個殷紅的圖章。」

曾經是臺大黎烈文的學生的顏元叔教授說：「從大陸來到臺灣，那時我是十八歲，腦子裡沒有帶來幾位作家，『黎烈文』是極少數的人名之一。……當時，在大陸，差不多的中學生大概都讀過黎烈文的《冰島漁夫》。因此，進臺大外文系時，第一位以文名吸引了我的注意力的，便是黎烈文教授。黎先生當時教的是法文（一）與法文（二）；法文分組授課，也有法籍的神父在教；我和幾位要好的同學，毫不考慮地選了黎先生的法文：他對我們來說，是中國文壇上的一個里程碑。」

黎烈文關心學生、愛護學生，但是更嚴格地要求學生。顏元叔在〈懷念黎烈文教授〉一文中就說：「有一年暑假，那時和法國還有點邦交，法國領事館送來一批法文書籍，獎勵學法語的學生。黎老師（這是他事後告訴我的）很想把我列入得獎名單，但是，他說：『你就是差兩分，沒有辦法！』辦法是有，你加兩分就得了。他就是不加：愛莫能助的樣子。當時，我心裡也許有點疙瘩，不過很快就消失了。我覺得他做得對。黎老師不是什麼『萬世師表』；不過，像這些小地方，他的做法是個榜樣。」

在繁忙的執教之餘（他先後還在臺灣師範學院、政法大學、東海大學和淡江文理學院兼有課程），黎烈文還潛心於他的研究、著譯工作，他比較集中於法國文學方面的譯著，據初步統計，他的譯著有三十餘種。黎烈文是五四以來我國研究法國文學的名家，無論是法國文學作品的譯介水平，還是譯著的數量，至今在我國的翻譯界還是無人出其右的。一九四〇年初，他翻譯的巴爾扎克的長篇小說《鄉下醫生》由商務印書館出版了。卷首有「吁嗟傷心人，唯有幽與靜」兩句題詞，後來他覺得譯得不妥當，但是書已經出版上市了，他十分悔恨、自責。於是他自己印了一個更正的小紙條，把改進出版社營業所代售的幾十本，請人一一貼上。用他自己的話來說，是「盡人事！覆貼一本是一本！」問他售出去了的、或外地區的怎麼辦？他攤著雙手，顯出無可奈何的樣子。很明顯，因為這個題詞翻譯欠妥，他那翻譯家的良心正受著譴責。那種作法在他來說，似乎是能夠多覆貼一本，他的不安就能減少一分，這正是一個嚴肅翻譯家的態度。

為黎烈文出版《紅與黑》的文壇社老闆穆中南就說：「烈文先生對於譯著的忠實，可以從他的原稿中看出。《紅與黑》除了後四章，在每章文之首都有幾句話，或詩，或名句，或格言，這些東西很難譯，不完全是法文，有時是拉丁文或其他國文字，黎先生都一一的把它譯出，畫龍點睛，啟人省思。如在上卷題丹東的『真實，無情的真實。』真實與無情相聯如何的令人醒目。又下卷題聖・柏甫的『她不美麗，她沒有擦上一點胭脂。』美麗還要擦一點胭脂，看世界是如何的醜陋。除此之外共有七十一個類似短句，有的確是莫名其妙！但黎先生都用心的把它們譯出。又在每章末都有譯者註釋，這都是一般人所不願為的。而黎先生這種忠實的態度，實在令人欽佩。文中偶爾更動一二字，都是煞費苦心的。」

而黎烈文在〈《紅與黑》出版後記〉中就曾痛批作家書屋出版的趙瑞蕻的譯本，說他「錯誤與刪略之多，不勝枚舉。」「譯者對法文似甚欠了解，因而望文生義，譯文與原著不知差得多遠。且《紅與黑》法文原書有許多版本，稍為講究的都分為上下二卷，上卷三十章，下卷四十五章。普通本則多不分卷，而連接成為七十五章。趙君不知依據何種版本，在扉頁和目錄上都註明為『上卷』，可是卻翻譯了三十三章，比一般原書的上卷多出三章；三十三章以下則毫無交代，序文中亦未說明他這本譯稿是一部未完的譯稿。直到大陸失陷為止，他的《紅與黑》還有四十二章不曾與世人相見。」黎烈文又說：「《紅與黑》的法文原書，至今已有無數種的版本，我的譯稿所依據的乃是比較晚出的《新法蘭西評論》（Nouvelle Revue Francaise）的『七星叢書』（Bibliotheque do la Pleiade）版。這版本是根據一八一三年巴黎Levavasseur書局所出《紅與黑》的初版排印的。書末有極詳的附註，指出初版與後來一八五四年經過作者斯湯達爾修改的巴黎Michel Levy書局版的不同的字句。而重要的是：作者斯湯達爾生前曾以《紅與黑》一部送給他的義大利友人布西（Bucci），那上面又有著作者許多親筆的修改和批註，這部書現在還珍藏於義大利Civita Vecchia市布西後裔的家中。我所依據的『七星叢書』本，曾對照這個寶貴的布西本詳加校訂，作成許多附註印在卷末，以供參考。我翻譯時大都斟酌採用了布西本上的修改。此外我還參照了Lawell Bair的英譯本，桑原武夫與生島遼一合譯的日譯本。英譯本與日譯本雖都偶有錯誤與不妥之處，但遇到困難的文句，它們對我仍頗有啟發的作用。……總之，我譯此書時，縱不敢說力求完美，但至少已力求忠實。……作者斯湯達爾寫成此書時，預料五十年後方有識者；今我譯成此書，希望比斯湯達爾原著有較好的命運。如此書能對中國心理分析小說的發展，提供實質的貢獻，則譯者壯歲執筆，皓首垂成的一番努力就不算白費了！」。

一九六九年十一月，黎烈文突患腦血栓症，半身癱瘓。一九七二年十月三十一日經長期臥床後，與世長辭了。寂寞身後名，黎烈文的身後顯得相當蕭條，「很少的幾副輓聯和有限的幾隻花圈、花籃也都是那些生前的老友和學生送的。」「他躺在棺木中，蠟黃的面孔似乎沒有經過化妝。……只有少數要送葬到墓地的人陪著哀傷的臺靜農先生談論黎先生的事蹟。」「黎先生就這樣走了，平日裏他埋頭寫作，不求聞達；死了以後仍然是冷冷靜靜地走上他最後一段路程。」好友巴金在〈懷念烈文〉中最後說：「我不能不想起那位在遙遠地方死去的亡友。我沒有向他的遺體告別，但是他的言行深深地印在我的心上。埋頭寫作，不求聞達，『不多取一分不屬於自己的東西』，這應當是他的遺言吧。」

一九七三年春，黎烈文的夫人許粵華整理其新舊譯著，交由臺北志文出版社出版。計有：《伊爾的美神》（梅里美著）、《屋頂間的哲學家》（梭維斯特著）、《雙重誤會》、《煉獄之魂》（梅里美著）、《魔沼》（喬治桑著）、《脂肪球》、《兩兄弟》（莫泊桑著）、《冰島漁夫》、《拉曼邱的戀愛》（羅逖著）、《法國短篇小說選》（斯湯達爾、左拉等著）、《法國文學巡禮》等。

黎烈師在〈懷念大哥黎烈文〉中說：「大哥！你的長子已是美國化工界有名的權威，次子已是良醫，女已嫁為人婦，且均有工作，均能承受你的努力讀書的血液遺傳，可以告慰於你在天之靈。」黎烈文的長子黎念之攻

「化學工程」，次子忍之攻「醫理學」，女慰之攻「物理學」，均獲博士學位。其中長子黎念之於一九三二年出生於上海，母親嚴冰之在生下他兩個星期後，就因患產褥熱不幸病逝。為了紀念嚴冰之，黎烈文給兒子取名為念之。黎念之一九五四年畢業於臺灣大學。一九五七年獲美國密歇根韋恩州立大學化工碩士學位。一九六三年獲史蒂文斯理工學院哲學博士學位。曾在派克・大衛斯醫藥公司、勞倫斯原子能研究所任職。一九六〇年被聘為史蒂文斯理工學院化工系講師。一九六三年後歷任埃克森石油公司高級科學家、環球石油公司（ＵＯＰ）分離科技研究所所長、阿理德・西格諾公司（Allied-Signal）科學與技術研究所所長。

黎念之是膜科學的主要奠基人之一。他發明的液體膜技術已形成一項重要的技術。他在高分子膜方面亦有卓越的成就。他所研究發明的幾種膜在化工、石油工業、環境保護、資源再生利用、醫藥及生命科學等領域均有應用。他在液體膜及高分子固體膜科學技術領域的傑出貢獻，對化學工程學科及相關學科領域的發展具有深遠影響。此外，他在表面化學、化工分離與催化劑研究方面也有卓越貢獻。其著作有一三部，論文及專利共有一百五十餘篇（項），應邀在美國、中國、日本、歐洲等地作學術演講一百二十餘次，擔任過約六十次重大國際化學、化工、膜科學學術會議主席。一九九〇年當選為美國工程院院士。一九九六年當選為中央研究院院士。一九九八年當選為中國科學院外籍院士。二〇〇〇年獲得了被譽為化學工業界諾貝爾獎的普金獎章（Perkin Medal），他是迄今為止全球唯一獲此殊榮的華人。二〇〇一年榮獲了世界化工大會授予的終身成就獎。二〇〇八年五月十七日黎念之院士又榮獲美國New Jersey Institute of Technology（NJIT）授予榮譽科學博士學位。

# 吳稚暉與章太炎何以成死對頭？

吳稚暉和章太炎同為特立獨行的人物，他們都參加革命，都有聲名，都有學術地位。章太炎狂傲不遜宿有「章瘋子」之稱，吳稚暉也以嬉笑怒罵、放浪形骸聞名。章太炎寫文章罵光緒皇帝為「載湉小丑」，吳稚暉在東京留學生集會上則包著白頭巾發表演說，直呼慈禧太后為「老太婆」，雖然一在國內，一在海外，勇氣不可同日而語，而張狂激越則如出一轍。但兩人後來卻相互攻訐，勢成水火，一般人在論述兩人交惡的這段史實，都歸之於《蘇報》案的發生，但其實早在這之前，兩人就已經有很深的嫌隙在了，《蘇報》案只不過是個近因而已。

我們要談《蘇報》案，不能不談「愛國學社」，要談「愛國學社」又不能不談「中國教育會」，因為這兩個團體在當時都是互有關連的。「中國教育會」可以算是一個早期的中國革命團體，據蔣維喬〈中國教育會之回憶〉文中說：「當民元前十年壬寅（一九〇二年），正值義和團亂後，清廷亦知興學之不容緩，明令各省開辦學堂。而國中志士，鑒於清廷之辱國喪權，非先從事革命不可，但清廷禁網嚴密，革命二字，士人不敢出諸口，從事進行，更難著手。是年三月，上海新黨蔡孑民（元培）、蔣觀雲（智由）、林少泉（獬）、葉浩吾（瀚）、王小徐（季同）、汪允宗（德淵）、烏目山僧宗仰等集議發起中國教育會。表面辦理教育，暗中鼓吹革命。」其後吳稚暉、章太炎均在「中國教育會」任職。但兩人心中早有芥蒂，在選會長事上，更有激烈衝突。據蔣氏說，民前九年春季選會長時，吳稚暉推舉黃宗仰為會長，其意以會中缺乏經費，若選宗仰，則可藉其力，向當時上海猶太籍富商哈同夫人捐助鉅款。但章太炎等人不以為然，認為宗仰為方外人，不宜長教育會，但吳稚暉持意甚堅，後來黃宗仰果然當選，吳章兩人的衝突就益形尖銳。

「中國教育會」本擬自辦學校，恰巧這時上海南洋公學（案：吳稚暉早在一八九八年就任教於此）鬧學潮，有二百多個學生退學，這些退學學生要求中國教育會辦一學社，教育會循學生之請，予以經濟（由哈同夫人捐助）及教員之贊助，成立「愛國學社」。以蔡元培為學校總理，吳敬恒為學監，黃炎培、蔣智由、蔣維喬等為義務教員。而學社的全體社員亦都加入了教育會，教育會與學社便成二而一、一而二的關係，或許可說教育會是母體，學社是子體。何況學社開辦初期，教育會籌措經費，會員義務擔任教職，出錢出力，使得學社社員深深感動。迨學社漸有基礎，部分社員覺得教育會不過是個空頭組織，並沒有什麼實際的東西，加上經濟情形不佳，教育會對學社並沒有什麼大的幫助，最多只是會員擔任教職員不拿薪水而已。在教育會看來，學社之能成立，之有今天，完全是教育會之功；而學社則認為教育會是藉學社收入的學費賴以生存。有了這種歧見，雙方便不再水乳相融了。

蔡元培對愛國學社這種過河拆橋的態度亦不以為然，只不過蔡氏素性溫和，不願形諸於言辭；唯吳稚暉則認為：既然愛國學社社員有這種想法，就讓他們自行發展好了，何必斤斤計較？章太炎則非常激烈，堅決主張撤銷對學社的支持與合作。一九〇三年農曆五月十八日，教育會與學社聯合開評議會。會議一開始，討論主從的問題，大家發言很激烈，或說會是主體，社是附屬品，或說號召皆用社，會是附屬品。此時吳稚暉想房錢已欠兩個月，外款不再有，官場刻刻捕人，此時尚爭主屬，實在可笑。乃以尖刻之語說：「大家有什麼可爭的，其內容不過是一副校具而已。」吳的話一出，蔡元培也很氣憤，一變平素的和平態度說：「何至於此呢？」並且站起身來說：「我本要上德國留學去，我宣布辭去教育會和學社職務。」說完就先行退席。章太炎則拍桌大罵說：「稚暉！你要陰謀篡奪，效宋江之所為，有我在此，你休想！」。會長黃宗仰一直擔任調停工作，但終無效果，同年農曆五月二十四日愛國學社遂宣告獨立，並發佈〈敬謝教育會〉一文，以示和教育會脫離關係；農曆閏五月初一日黃宗仰亦以教育會會長名義發佈〈賀愛國學社之獨立〉一文以答之，兩者正式脫離關係。

中國教育會在創辦之時，轟轟烈烈，倡嚴革命，反對列強侵略中國。在當時這種言論實在震駭全國，自然亦遭到守舊派的反對，上海各大報，如《申報》、《新聞報》，亦持反對論調，所以吳稚暉等人覺得必須自辦一報紙，才能發揮影響力量。上海《蘇報》原是一家以日僑出面開辦的報紙，一八九六年創刊於上海，內容乏善可陳。一八九八年由南社的陳範接辦，傾向改良。中國教育會中有許多能文之士，《蘇報》乃每月出稿費一百元，資助「愛國學社」，由蔡元培、吳稚暉等六人按日為《蘇報》撰寫時事評論，於是中國教育會不必自辦報紙，就有一個對外的喉舌了。一九〇三年，陳範延請章士釗為主筆，相繼刊登反清言論。特別是鄒容的《革命軍》和章太炎的〈駁康有為論革命書〉的介紹和刊發，是「蘇報案」發生的直接原因。

愛國學社獨立未及兩週，《蘇報》案便告發生。在《蘇報》案未發之前那幾天裡，章太炎曾在學社和社員吵鬧，鬧得不可開交，結果被幾個人把他的手和腳拉住，由章士釗之弟章陶嚴摑章太炎的嘴巴，一連摑了幾十下。由於這次事件，更加深章太炎的誤會，認為是吳稚暉所主使的，因為吳的態度一直是偏向學社的。

《蘇報》案爆發的前五天，吳稚暉應留日歸國學生俞大純之約往訪（後來知道是俞明震用他兒子俞大純名義函邀吳稚暉，是有意對吳氏加以迴護），至則大純之父俞明震曾出與吳稚暉說，且告以係奉兩江總督命自南京來滬查辦《蘇報》案，吳亦名列查辦中。言談之中，俞明震勸吳稚暉轉告章太炎等人，改變其言論態度，且示意吳等「最好到外國去留學，可幫助國家改良」云云。巧合的是，就在吳俞會晤時，當晚《蘇報》社帳房就被逮捕。翌日，章太炎亦在愛國學社被捕。七月一日，鄒容等亦往巡捕房自首投案，著名的《蘇報》案就此擴大了。七月三日，吳稚暉往巡捕房探視章太炎、鄒容等。雙方隔鐵柵相見，心情自然大不相同，由於吳稚暉未被捕，章太炎乃大起誤會，一再公開指責是吳向俞明震告密的。

三年後，章太炎出獄，東渡日本，主持《民報》編輯。一九〇七年三月章太炎在《革命評論》第十號中刊登其所撰之〈鄒容傳〉，其中有「明震故愛朓，召朓往，出總督札曰：『余奉命治公等，公與余昵，余不忍，願條數人姓名以告，令余得覆命制府。』朓即出《革命軍》及〈駁康有為論革命書〉上之曰：『為首逆者，此二人也。』遽歸，告其徒曰：『天去其疾矣，爾曹靜待之。』」之句，文中的「朓」，即是吳稚暉的舊名。章太炎在此公然指出吳稚暉「獻策」，賣友投敵以自保。吳稚暉在巴黎讀到〈鄒容傳〉，勃然大怒，認為章氏是借紀念鄒容為名，顛倒黑白，發洩對他的私怨。於是他在《新世紀》第二十八號封面刊頭下提出對章太炎的質疑，說自己當初與俞明震見面，本是他探監時親口告訴太炎，而太炎「敘述恒與俞君相晤事」，與事實不符，要求太炎「將出諸何人之口，入於君耳，明白見告，恒即向其人交涉。如為想當然，亦請見覆說明為想當然，則思想自由，我輩所提倡，恒固不欲侵犯君之人權，恒即置之一笑。倘不能指出何人所口述，又不肯說明為想當然語，則奴隸可貴之筆墨，報復私人之恩怨，想高明如君，必不屑也」。

章氏見報，亦即於《民報》第十九號刊出覆吳敬恆書，指出吳稚暉確曾於他和鄒容入獄數日後前來探視，並自述與明震見面事，然而當鄒容問「何以有我與章先生」時，「足下即面色青黃，囁嚅不語，須臾引去」；其次，「足下獻策事」是「張魯望」說的，我不知「張魯望」的話得自傳聞還是聽俞明震親口所說，但聯繫「足下」被鄒容問得「面色青黃」來看，我可斷定這都是事實。吳稚暉馬上於《新世紀》第四十四號撰文駁斥：「書中答俞事，除『張魯望言之』一語外，皆想當然之詞，可不辯。僕今但聞張魯望君，果有其人否？何以屢詢留歐同人，無知之者。新從東方來之人，亦不之知。」吳稚暉甚至懷疑張魯望其人根本是捏造的，於是他又質問章太炎「請問明張君，彼又聞諸何人？」。章太炎再於《民報》第二十二號回文反擊：「今告足下，張魯望乃一幕友，前歲來此遊歷，與僕相見而說其事。至其語所從來，僕何必問。」又說：「且足下既見明震，而火票未發之前，未有一言見告，非表裡為奸，豈有坐視同黨之危，而不先警報者。及巡捕抵門，他人猶未知明震與美領事磋商事狀，足下已先言之，非足下與明震通情之證乎？非足下獻策之證乎？僕輩入獄以後，足下來視，自道其情，當是時，足下亦謂僕輩必死，以此自鳴得意，故直吐隱情而無所諱……」。章氏文中又指出，鄒容之入獄，乃吳氏暗中唆使愛國學社同仁，語激鄒氏曰：「章某已入獄，爾不入獄為無恥。」對此，吳稚暉於《新世紀》第六十三號駁斥：「哀哉章炳麟之末路。……輒更造偽證，重為罪孽……如此漫空之鬼話，雖平日至親愛於足下者，亦為之皺眉太息，抵書不欲觀。」雙方你來我往，到最後均已流於意氣之爭，謾罵之詞，不絕於耳。

綜觀「告密」之說，章太炎也僅僅臆斷吳氏賣友，但始終拿不出確鑿證據。但《蘇報》案既因言論賈禍，為何主持筆政的章士釗卻能逍遙法外呢？據章士釗的解釋是：因為清廷所派查辦大員江蘇候補道俞明震與他有師生情誼，俞明震為陸師學堂總辦時，章士釗是陸師學堂的學生，以英年能文，為彼激賞，因此俞明震此次特曲予迴護。同時對吳稚暉也特別加以迴護，才以對吳稚暉甚表推崇的兒子俞大純的名義函邀吳稚暉，到進士第楊寓一敘。沒想到這次見面，卻造成章太炎對吳稚暉不諒解的誤會肇因。其實章士釗也指出，當時鄒容的《革命軍》及章太炎的〈駁康有為論革命書〉，「二書已流布江湖間，並非奇謀陰計，何待有人密陳，俞始曉治。」而一九〇七年遠在德國的蔡元培曾撰〈讀章氏所作鄒容傳〉一文，仗義為吳剖白，謂章、鄒之入獄，絕非吳氏所陷害，乃章氏之神經作用，並列舉當時事實為證。後來蔡氏又給吳氏一信云：「彼此次之函真無聊之極，乃至不敢涉張魯望一字，雖強作虛憍之面目，由第一書第二書以至此書次第觀之，則彼末次之書業已自認其罪狀矣……。」

再者鄒容本由張繼將他藏在虹口一位西教士的家裡，是章太炎召之入獄，章太炎文中有說「僕既入獄，非有慰丹（按：鄒容）為之證明，則革命軍之罪案，將并於我，是故以大義相招，期與分任。而慰丹亦以大義來赴。」而張繼也說：「太炎被逮，余與威丹（按：即慰丹）居新閘路某里。太炎以書招威丹，威丹慷慨赴義，余不能留，且願成兄弟之美。」馮自由《革命逸史》亦云：「炳麟自獄中作函告容，令自行投到。當晚鄒容乃自首。」因此觀之，吳氏及愛國學社實無語激鄒容之事明矣，可能因後來鄒氏瘐死獄中，太炎有此心虧，欲轉禍假人爾。

學者郜元寶在〈看章太炎如何罵人〉文章說，章太炎用「大義殺人」的方法堵住吳稚暉的進攻後，復以更猛烈的火力攻擊吳的歷史污點，擴大戰果，以使對方據地盡失。章氏「揭發伏藏」，作「誅心之論」，顯得「氣壯而理直」，至於罵吳稚暉「曳尾塗中，黿鱉同樂，而復竊據虛名，高言改革，懼醜聲之外揚，則作無賴口吻以自抵讕。」真是直唾其面，蕪辭漫罵了。最後還贈吳稚暉一頂「康有為門下之小吏，盛宣懷校內之洋奴」的帽子，這才重重收筆，宣佈徹底勝利。但由他們的筆戰中，卻可見兩人的性行與節操。

# 江東才子楊雲史坎坷一生

張愛玲是李鴻章的曾外孫女，她的祖父張佩綸娶李鴻章的女兒李菊藕為妻。她在回憶祖母的文章中說：「我稱大媽媽的表伯母，我一直知道她是李鴻章的長孫媳，不過不清楚跟我們是怎麼個親戚。那時候我到她家去玩，總看見電話旁邊的一張常打的電話號碼表，第一格填寫的人名是曾虛白，我只知道是個作家，是她娘家親戚。原來就是《孽海花》作者曾孟樸的兒子！她哥哥是詩人楊雲史，他們跟李家是親上加親。曾家與李家總也是老親了，又來往得這樣密切。」楊雲史的父親是楊崇伊，他的女兒（也就是楊雲史的妹妹）嫁給李瀚章（李鴻章的長兄）的孫子，而非李鴻章的孫子，張愛玲顯係沒弄清楚。楊雲史則娶李鴻章的孫女李國香（道清）為妻，成了李鴻章的孫女婿。楊雲史說：「當庚子（案：光緒二十六年）七月，文忠奏調先大夫隨辦和議入都在文忠幕，余則為文忠公長孫婿，父子皆居文忠邸，時侍左右。」另外楊崇伊的幼弟又是李瀚章的女婿，楊家與李家確實是親上加親。至於曾、李兩家並沒有什麼直接的關系，只不過楊崇伊娶了曾之撰的妹妹（曾孟樸的姑姑）為妻，楊雲史是曾孟樸的表弟而已，曾、李兩家稱不上「老親」，張愛玲顯係誤解了。

楊雲史（一八七五－一九四一）本名朝慶，四十歲以後更名圻，字雲史，號野王，江蘇常熟人。父親楊崇伊是光緒六年庚辰科進士，以庶吉士散館授編修。熬了多年翰林清苦，沒有什麼出路，於是以翰林資格考取御史。戊戌政變楊崇伊扮演了慈禧榮祿后黨集團的重要打手，請慈禧重行親政的奏折，便是出自利欲薰心的楊崇伊。因此他陷君上於囚禁，久為士論所鄙。但因此立下了大功，於是外放為陝西漢中府知府。做了幾年知府，升道員，此後榮祿等人就不大理睬他，他的官職也不再爬高了，後來鄉居恃勢，包庇娼家，持鎗奪妓，被奉旨革職，永不敘用，可謂聲名狼藉。

楊雲史少有不羈之譽，讀書過目不忘，自言父親嘗於夜間命其查考史籍，他不須燈火，隨手在書架中檢出，於月光之下指明某行載某事，毫髮不爽。少年時居京師，詩文倜儻，裘馬麗都；與元和汪榮寶、江陰何震彝、常熟翁之潤，皆以名公子擅文章，號「江南四公子」。文采風流，極一時之盛。光緒十八年（一八九二）年十八，婚李鴻章長孫女李道清。光緒二十一年，中了秀才，當詹事府的主簿，次年入京師同文館學習英文。光緒二十六年，應順天鄉試，得了個第二名舉人，亦即所謂「南元」。同年年初，妻李道清病卒。光緒二十八年在揚州續娶漕運總督徐仁山女兒徐檀（霞客）為妻。光緒三十三年，受知於張百熙，奏調郵傳部郎中。光緒三十四年，岳父李經方出使英國，便奏調他充任英屬南洋領事，駐於新加坡，他一住便是三年。其間在宣統元年曾返國奔父喪，次年又返新加坡。這是神仙生活的三年，這是才子與才女詩酒相伴偎紅倚翠的三年。這徐霞客是個才女，跟隨丈夫來到南洋，住在熱帶風光的海島綠墅中，風月清夜，高詠獨嘯，彷彿是天上勝境之中的絕配仙侶。無怪乎楊雲史發出如此贊嘆：「……夫婦吟嘯其中，終歲春夏，園亭清曠，風月殊佳。幽居海島，晨夕相對，理亂不聞，蒼然物外，當是時，苟無去國之嗟，思親之切，則將終老是鄉，作始遷祖於南溟矣。此為余夫婦少年最樂時也。……」就在這時期，楊雲史詩興勃發，創作了大量長詩，例如〈南溟哀〉、〈爪哇火山詩〉、〈西溪行〉等。

俞小紅在〈晚清才子的風流一生〉文中說，當時南洋群島的華僑種植橡膠園成為巨富的很多，這使得楊雲史十分的眼熱，他本身受到李經方洋務思想的影響，認為經商是致富的良途，也是國家興旺的命脈，所以一直想集資在南洋發展橡膠業。在友人的幫助下一心一意開辦了一座橡膠園，租地一萬兩千畝，開始了雄心勃勃的橡膠種植。那是個佈滿熱帶雨林的原始地。楊雲史不懼野獸蛇蝮、瘴氣毒蟲，親自入山督工不止。一年來居然種植了三千畝膠林共十九萬株，做起橡膠的出口生意了。可惜歐洲戰亂，市場疲軟，三年竟成荒園。棄官經商以利養老的夢想破滅，而彼國催繳租金不絕，結果由他母親曾太夫人鬻產為他了結，無奈怏怏歸國。

楊雲史回到常熟，先暫住在表兄曾樸的虛霩園。楊雲史在〈石花林雜詠並序〉中云：「辛亥冬，余奉母居曾氏之虛霩園，名曰石花林，是園為君表（案：曾之撰）母舅別業，半城半野，半山半水，方圓二十畝，臺榭十餘處，水木清華，為吳郡名園之一。……春秋佳日，婦子奉母，步陟成趣，以博慈歡，怡怡然不復知有治亂衰壯之感矣。憶舅氏營此園，余方七歲，遊此不出，舅覓余久不得，則掃雪酣臥梅花下矣。乃戲謂『兒清異，異日當以園賜爾。』余今得居是園，豈偶然哉！」當時楊雲史年方三十七歲，但他所「效忠」的清廷已亡，他隱居於此，立下決心要當「遺少」了，有「長為百姓，瀟灑江海」之意。

但楊雲史家中人口眾多，生計日蹙。在民國九年（一九二〇），他萬般無奈的入了江西督軍陳光遠的戎幕。陳光遠係一介武夫，不通文墨，以一個飽讀詩書之士，與一個不學無術的老粗相處，無異秀才遇到兵，自然格格難投。翌年，楊雲史果貽書而去，書曰：「雲史乃江東下士，將軍謬採虛聲，致之幕府，時陪閫公之座，遂下陳蕃之榻，頗思盡其愚悃，有裨萬一。頃得山妻徐霞客書謂：園梅盛開，君胡不歸？不禁他鄉之感，復動思婦之懷，清輝玉臂，未免有情，疏窗高影，亦復可念，清狂是其素性，故態因之復萌，敢效季鷹煙波之清，乞徇林逋妻子之情，予以休暇，遂其山野，庶白雲在山，靚妝相對，此中歲月，亦足為歡，則將軍之賜也。」他藉此求去，其「見梅思婦」之語，一時傳為美談。

楊雲史自江西返江南後，約在民國十年，經同年好友潘毓桂的介紹，訪晤吳佩孚。吳佩孚說：「楊先生是江東才士。」禮延入幕，先為副秘書長，後為秘書長，極賓主之歡。楊雲史嘗寫信給徐夫人，談到遇合之樂，曰：「三年擇婦而得君，十年擇主而得吳。」自得之情溢於言表。吳佩孚因係秀才出身，於古詩詞及書畫有一定的造詣，雖然棄文從戎，卻喜接文士，這與陳光遠的胸無點墨，不可同日而語。吳佩孚對楊雲史可說是言聽計從，其重要筆札皆出其手。而楊雲史在文件中每逢書及吳佩孚名字時，例均「抬頭」，以示尊敬！其親書以奉吳佩孚「主公兩正」之聯云：「杜老歌詩出忠愛；呂端大事不糊塗。」對吳佩孚更備極尊崇吹讚之意。

楊雲史一生與吳佩孚最為相知，吳佩孚亦倚畀極深。楊雲史好畫梅，吳佩孚嘗贈聯曰：「天下幾人學杜甫，一生知己是梅花。」又贊其詩曰：「氣體魄力，直追盛唐。其磅礴鬱積，蓋皆出乎至性至情者也。是以憂時念亂愛國之言，時時流溢。」又云：「雲史詩清真雅正，自成大家。五言卓絕，尤稱獨步，近人無與比肩。」楊雲史著名的《江山萬里樓詩詞鈔》，便是在吳佩孚幕僚時期印行，並由其題簽作序的。

《江山萬里樓詩詞鈔》中詩鈔共有十三卷，分少年、壯年、中年、強年四集。據鄧雲鄉〈常熟才子楊雲史〉一文稱：「吳佩孚幾次大戰役，楊均有詩紀載。一是民國十一年春天，張作霖率奉軍入關，占據天津、北京附近。吳佩孚率軍自洛陽移師河北，大敗張作霖於長辛店，再敗於灤縣，數日之間，破奉軍八萬，張作霖退出關外，有名的直奉戰爭，以奉軍失敗而告終。楊有〈軍中詩〉四首記此戰役。最後一首道：『夜半東風起，軍中萬馬鳴。用兵不在眾，捲甲及平明。百戰增詩力，三邊破竹聲。胡天飛鳥絕，不敢近長城。』」民國十三年秋，第二次直奉戰爭開始，一向視作吳佩孚手下大將的馮玉祥，突然倒戈兵變，陷北京，圍總統府，囚曹錕，逼下令停戰，褫吳佩孚軍職，解其兵柄，又入宮逐清帝后妃，而籍其財貨，楊雲史悲憤萬分，曾有〈榆關紀痛詩〉十首，蓋作於黃海舟中，其長序痛罵馮玉祥：「雖趙高之害蒙恬，董卓之劫洛陽，華歆之逼漢獻帝，不能專惡於前」，並云：「余侍從帷幄，歷有年所，久安從軍之樂，數被戰勝之榮，今乃於千載不偶之事，天崩地拆，目擊而躬逢之，傷正氣之不伸，慨天心之助長，慟尊親之受辱，哀綱紀之淪亡」，其痛心可知。吳佩孚以榆關（山海關）兵敗，退至湘鄂邊境駐節武漢，楊雲史始終未離吳氏左右。吳佩孚後來在〈赤壁春夜懷雲史〉詩云：「戎馬生涯付水流，卻將恩義反為仇，與君釣雪黃州岸，不管人間且自由。」上聯痛罵馮玉祥的背叛；而下聯則凸顯他與楊雲史兩人交誼之篤。當吳氏離湘出走時，適楊雲史夫人徐霞客正病逝湖南岳陽，安葬之次日，楊雲史復隨軍行。其

〈悼亡詩〉四首之一有云：「樓船江下氣如雲，永訣淒涼不忍聞！戎馬書生真薄倖，蓋棺明日便從軍。」其心情之慘痛可想而知。楊雲史與徐霞客情好最篤，夫人逝世後作〈謚妻記〉及〈悼亡詩〉凡數萬言，一字一淚，刊有《雲史悼亡四種》。

後吳佩孚入川，楊雲史始返江南。里居未久，復遷北平。其時，張學良亦在平，他讀楊雲史的〈榆關紀痛詩〉，對秘書陳甘簃說：「他雖然過去曾經對敵，立場不同。但其詩忠厚悱惻，實可欽佩其為人。因學良夙慕唐太宗的能幹，要請楊先生為之講解『貞觀政要』。」得楊雲史同意，每日到卍字廊張學良的書齋，但當時張學良正是軍書旁午，百事如麻，因此始終不晤，楊雲史遂拂袖辭去。後張學良又請其往關外一行，一九二八年夏間，楊雲史遊遼東，獲識塞北佳人狄美南，八月迎歸。美南，名小琴，先名白玉珍，曾鬻歌滬上大世界，後以故來瀋陽，張豔幟於蓮英書館。楊雲史在遼瀋三年，曾主編東三省志，惜因「九一八」事變，終未刊行。

後楊雲史自遼瀋歸常熟，葬徐夫人於邑之南鄉，嗣與姬人狄美南住石花林，日惟種花吟詩，閉戶不見客，雖城居而實山林焉。但前後不到二年，仍回北平賃宅居住。以久居北地，氣候相習，且吳佩孚亦在北平，仍可時時相聚。又以北方詩友較多，唱酬是樂，南方地熱風濕，易致疾病，故居平時間較久。平津危急時，宋哲元（明軒）長冀察政務委員會，聘吳佩孚為高等顧問，楊雲史亦從之。對宋之折衝樽俎，實有相當貢獻。七七事變發生後，楊雲史倉促間無法走脫，因滯留於北平。其時吳佩孚尚在北平，日人有利用其為傀儡之企圖。楊雲史獲悉，遂密繕長函，加以勸阻。吳之始終全節，以至逝世，完美堅貞，與楊雲史有莫大的關系。日人以吳佩孚頑固，乃轉注目於楊雲史，企圖以楊聯絡吳。派員訪之，詢其對中日事件的感想。楊雲史則曰：「我無感想。我的感想，我是中國人，祇知愛中國。」訪員亦無可奈何！北平淪陷後，群奸如江朝宗、王揖唐等，已經粉墨登場。楊雲史與彼等，非為舊友，即是同僚。江等再四拉攏，但終不為所動，忍受貧困，典質度日。

一九三七年十一月十八日，日軍燒毀楊雲史在常熟的祖屋石花林。他後來在〈紀石花林之被焚〉一文中說：「石花林余虞山園宅也，新築於民九己未之歲。背山臨水，廣庭高廈，花木甚盛，四時不絕。手植紅梅十六株，皆高出樓檻矣。書籍萬數千卷，多明板殿板，經史子略備，集部詩詞曲叢書尤多精本，貯於西樓。余父子五人，皆久客，惟老僕留守之。丁丑十一月，倭冠陷江南，大掠而東，至常熟。其軍官某，喜宅幽雅，入據之。初頗相安，居十餘日，於書室見余撰印之《打開天窗說亮話》文二百餘冊，蓋瀋陽之變，余撰此文，勸各黨各軍合力抗日者也。某乃大怒，謀楊某抗日分子，當膺懲。余固世家也，多藏書籍字畫玩好，而家俱幃帳衣服，亦頗精。於是命軍士掃數洗劫兩夜，運滬東行。既畢，以硫磺彈縱火焚燒，頃刻都盡，鼓掌歡笑而去。實則利余物之多頤，以火掩劫掠之痕跡耳。於是石花林及余身而片楮無存，此後無屋可仰矣。此丁丑十一月十八日，舊曆十月十六日事也。」同日，楊雲史燒毀隨身信函文稿，又辭別吳佩孚，攜如夫人狄美南準備離開北平。

到一九三八年春，化名葉思霞，與夫人走塘沽，不意為敵人扣回，幸當時華北偽政權王克敏的關說，得以放行。南下香港，本欲赴漢口謁見當局，以病不果。在港期間，友朋往來還不多。除楊千里、陳荊鴻、和陳孝威幾位先生是經常聚首者外，此外時間，多數在杜月笙先生公館，因那裏有不少熟人，可以談天，解除寂寞。其時孔祥熙任行政院副院長，聘楊雲史為行政院參議。因此在港的生活，勉可維持。

根據學者程中山〈楊雲史香港時期（一九三八－一九四一）詩文紀事及其集外佚詩輯錄〉文中說，一九三九年五月，楊雲史董理舊稿，自丁卯年（一九二七）以來十二年作品，結為續集，欲並合前集再刊行之。五月十五日（陽曆七月一日），楊雲史撰寫《江山萬里樓詩詞鈔續集》自序。中秋日（九月二十七日），續理舊稿，並撰成〈江山萬里樓詩詞鈔雜誌〉，云：「三年戰事，轟炸為先，民間圖書文物，頃刻灰燼，摧毀殆盡，友好以余之紀述諸稿，在故鄉者，既已自焚，在鄉邑者，又付劫火。僅此區區歌詩，堅囑付梓，以免兵火散失，此余所以增刊是集之意也。」

一九三九年十二月四日，吳佩孚卒於北平，在香港的楊雲史，輓以聯云：「本色是書生，未見太平難瞑目；大名垂宇宙，長留正氣在人間。」有人說，就兩人交誼來論，此聯似嫌泛泛，但須知當時北平已在敵偽時期，縱然情深意摯，他又何能盡情傾吐以自取其禍？在病榻中，楊雲史「望海成慟，淚枯心亂，死生契闊，深悔遠行」之餘，慨然於吳佩孚「知我之深，從諫之美。」而「身難北歸，但有號哭。欲為誄文，一訴忱悃，方寸瞀亂，弗可成篇」於是他噙淚寫成〈哭孚威上將軍〉五律四十首，略記他追隨吳佩孚二十年間的見聞種種。而以「靈運先成佛，人間太寂寥，舉頭山海窄，閉目廢興銷。何日報知己，空令賦大招，投詩南海上，風雨撼寒潮」作結，是獻給吳佩孚的薤歌，亦報平生知遇之恩。

其弟子李猷在〈追憶先師楊雲史先生〉文中說：「我到重慶之後（案：當為一九三九年冬，李猷誤記為一九四〇年），時時通信，獲悉先生左臂，仍拘攣不適，而且疼痛加劇。一方面經濟日窘，醫藥乏資，五中如焚。承我主管徐景薇先生（徐先生為常熟龐氏之婿與先生有遠親）的同情，去港報告於董事長錢新之先生，求為協助，或給與顧問等職位。但是錢先生的意思，以先生名高望重，不敢屈為幕僚，因允每月由錢先生本人致送先生港幣數百元。先生得此，甚為安慰，致函告我，意思說：無錢醫病，今得此款，可以就醫買藥，可謂『窮途仗友生』云云。可見彼時景況之惡劣。此時先生已自太子道遷移天文臺道，仍自租房屋。大致過了數月，為鄰居陳志皐先生夫婦招待，移住其家。雖生活上較為舒適，但病況也日漸加重，然仍勉力寫作，在病中還集《易林》句成〈攘夷頌〉一篇，獻於今總統蔣公，文辭淵雅，為抗戰期間一重要文字。亦常做詩，記得寄我七古一篇，其末句曰：『萬水千山聳一肩。』意思是荊榛滿地，何處可以優遊？若要問他蹤跡，在千山萬水間，一個聳肩的病翁便是，可見心情的沈重了。」

一九四〇年十二月十五日，楊雲史出席葉恭綽（字譽虎，號遐庵）六十壽辰酒會。《陳君葆日記》云：「晚，『文化人』假寅圃公宴葉譽虎，是補行慶祝他六十壽辰的意思。本來加入的是二十五人，但其中四五人卻未就席便爾先去。楊雲史穿一件琵琶襟的背心，這裝束本來不大宜於他那樣年記的人，後來聽季明說才知他和楊千里均為蘇州人。『雲史有一妾，據云係絕色。』冼玉清出來時說。『誰告訴您的呢？』我問。『是江霞公』她說。我聽了更（便）不作聲。但冼玉清似乎頗感興趣也似的，『改天我們到他家裡去拜望他，他一定叫他的姬人出來見見的呀！』她說。我心裡覺得頗可笑。」在這之前，楊雲史有〈壽遐庵〉賀詩七絕四首。而葉恭綽亦有致函楊雲史，以酬謝贈詩云爾。在當年楊雲史曾與葉恭綽同知張百熙門下，而楊雲史遠祖與遐庵均同出北宋葉夢得，楊雲史曾化名葉思霞，也是因此緣故。楊雲史在所贈之詩後有記云：「今遐公業望炳炳，高隱香江，蕭然物外。今歲仲冬六旬誕辰，余流寓茲土，相見山海之間，誼既同宗，少復同官。遐公精畫松，余喜畫梅。而余生日且與之同在仲冬，可不謂之歲寒友乎？庚辰十月偶憶舊事，率成俚句，即為遐庵壽，不欲世俗之言也。」

一九四一年七月，楊雲史病況愈篤，已至半身不遂。七月初，友人陳荊鴻曾去探視，據其《海桑憶語》書中之〈楊雲史之淚〉云：「洎香島將陷前數月，雲史病且篤，予往視，已不能興，屬人取壁上所懸攝影，語予曰：『此吾故居也，庭前梅花盛開，頗耐人想，今不復得見矣。』言時，淚盈於睫，嗚咽不勝。且曰：『吾病恐終不起，君其必以詩輓我，予亟慰之。』後數日遂死，予踐約哭之以句：『病床垂涕語，尚憶故園梅。竟使天涯老，終憐一代才。山河多異色，詞賦有深哀。莫便化朱鳥，南雲愁不開。』嗟乎！古人謂文生於情，情生於文，予睹雲史之淚，凡數數矣，是蓋深於情者也，宜其詩之工也。」

一九四一年七月十五日夜十時半，楊雲史病逝於香港尖沙咀柯士甸道寓所，終年六十七。七月十七日，故舊杜月笙、錢新之、許世英、楊千里、江倬雲等十五人發出〈訃啟〉。十八日，友人江孔殷、許世英、葉恭綽、陳孝威、梅蘭芳、杜月笙等數十人前往香港殯儀館致祭弔唁，並為之大殮。許多資料都說狄美南在料理楊雲史喪葬之後，亦仰藥以殉，此說不確。章士釗有〈校閱雲史詩稿書贈遺孳狄小男〉詩云：「燕市笙歌聽未酣，手扶才子到江南。石花老盡人千里，詩卷飄存佛一龕。身世久輸三語椽，晚年同住九龍潭。為防紅粉成遺恨，幾處親題狄小男。」詩中的狄小男就是狄美南。據李猷說：「他的詩詞續集，民國二十九時據他自己寫信到重慶給我說，已編好四本，交香港中華書局排印。嗣先師逝世，繼之一二八太平洋事變發生，遂無結果。又聞此續稿為其如夫人狄美南女士帶到重慶，狄女士後以病逝於重慶，其書稿遂由先師之幼公子吉孚接管。三十八年後，聞吉孚亦已逝世，此續稿遂不知下落，思之淚下，甚望此稿尚在人間，有重光之日。」但據程中山說：「手稿後輾轉流落在上海，最後毀於文革期間。從此，楊雲史寫於一九二六年後之詩，幾乎蕩然無存。過去兩年，學術界先後重新整理了兩部楊雲史《江山萬里樓詩集》：其一，二〇〇三年六月由馬衛中、潘虹校點，上海古籍出版社出版的《江山萬里樓詩詞鈔》；其二，二〇〇四年二月由楊元璋（楊雲史之孫）整理，上海社會科學院出版社的《江山萬里樓詩詞鈔正集續集》。兩書除了對楊雲史舊集重新標點及排印外，又輯錄大量晚年的作品，其中，香港時期的作品，多達三百餘首。可是，兩書於楊雲史居港作品，輯佚雖勤，但由於對楊雲史晚年居港記載瞭解不深，遺漏亦多。」因此程中山又輯其佚詩八十五首，或可補時賢輯佚之不足。

楊雲史一生詩名滿天下。其詩宗盛唐，追蹤老杜、香山、梅村，歌行滔滔，才華豔發。名詩人范肯堂讀他的詩，歎為「楊郎清才」，尚書張百熙譽為「江東獨步」，康有為題其詩稱「絕代江山」，皆可謂推崇備致。沈亭談到：「楊氏之詩，乃宗盛唐者。五言律詩，用字煉句，很能鎔景入情與鑄情入景，以致情景雙絕而平分。其七言古詩，乃從李商隱入手者。他平素最憎厭韓偓詩作。其七言絕句，清空輕動，飄逸絕倫，意境也高。寫景，有江遠山高、咫尺千里之畫意；寫園林勝地，有花暖石寒、鳥喧魚靜之細緻；寫從軍戰地，有關山月小、馬鳴蕭蕭之景況。」楊氏之詩，且多為組詩，動輒數十首，與樊增祥輩上下。所著《江山萬里樓詩詞鈔》向有「詩史」之目，其中不少以親身經歷寫成的記事詩，是近代史研究重要的史料。他在吳佩孚幕府時，所經大小戰役，幾乎都有詩記之。著名的〈榆關紀痛詩〉前有長序，記吳佩孚四照堂用兵之計、張作霖以重金賄賂馮玉祥倒戈過程，非常詳盡，足以補相關的文獻不足。他的〈檀青引〉、〈天山曲〉、〈長平公主曲〉、〈雞公山感懷詩一百韻〉，均以詩記事，才氣縱橫，其成就不在擅長「長慶體」的吳梅村之下。

清末宋詩派領袖陳衍評其詩「力振唐音，不落宋人啞澀之體。」晚年於香港所作抗戰詩章，沈鬱蒼涼，無愧詩史。故後學錢仲聯《近百年詩壇點將錄》：「近代學唐而堂廡最大者，必推楊雲史。《江山萬里樓詩鈔》，頗難求其匹敵。」楊雲史在《江山萬里樓詞鈔・自敘》中云：「弱冠時，君父之政，國家褆福。當如錦之年華，際方盛之日月，裘馬清狂，流連光景，有樂無苦。其心熙熙，其聲和。年齒既長，憂患遂來。天時人事之故，與夫物我之際，蓋有不可以告人者。為有昔歡，能無今感？知天下事惟往者為佳耳。」其詞情文深造，哀感頑豔，語微而旨遠。清亡後，其俯仰江山，感慨今昔之作，神貌尤似南唐李後主。近現代詞人中，唯楊雲史之詞最近李後主。若無與李後主相似的才華、身世和經歷，也不能寫出類似之詞。楊雲史少年時「裘馬清狂，流連光景」，中年後又遭國破家亡之痛，一生經歷與李後主類似，故而得之。其《江山萬里樓詞鈔・自敘》云：「海內君子，譽我者曰：近年詩如工部，詞如後主。嗟乎，是豈我所樂聞者哉？」楊雲史之晚境，與杜少陵同其悽慘，楊雲史之存年，較杜少陵僅多十餘載，蕭條異代，良用嘆惋。

# 張大千在藝壇文友間

徐悲鴻曾推譽張大千為「五百年來一大千」。張大千在《大風堂名蹟》序中寫到：「世嘗推吾畫五百年來所無，抑知吾之精鑒，足使墨林推誠、清標卻步、儀周斂手、虛齋降心，五百年間，又豈有第二人哉」。張大千精於鑑賞，對此他頗為自負，不管創作亦或鑑賞，五百年來張大千是第一人。對此大師，不管傳記或論評多矣，余非專研此道，不敢妄加月旦。因見張大千與諸多好友之照片，搦管寫此小文，或可見其與藝壇文友間，生死情誼於萬一。

## 渡海三家，藝壇爭勝——張大千與溥心畬、黃君璧

張大千與溥心畬、黃君璧三位大師，雖在大陸出生，但到晚年都定居臺灣，因之臺灣美術史稱之為「渡海三家」，而張大千與溥心畬又並稱「南張北溥」。

一九二八年秋，張大千從上海赴北京訪友，經陳三立（散原）和著名畫家于非厂介紹，而結識了溥心畬。他們常常在一起談書論畫、吟詩作賦，結下了深厚的友誼。他們的畫經常一起在北平的琉璃廠展出，銷路甚暢。有

鑒於此，當時琉璃廠集萃山房經理周殿侯提出「南張北溥」之說，得到于非厂的回應，並在《北晨畫刊》上刊登了一篇題為「南張北溥」的文章。從此，「南張北溥」之說傳遍大江南北，聲名日隆。張大千對溥心畬非常敬佩，認為「南張北溥」之說不妥，他說中國當代畫家「只有兩個半」，一位是溥心畬，另一位是吳湖帆，應稱「南吳北溥」，半個個是謝稚柳；另半個已去世，是謝稚柳的哥哥謝玉岑。

溥心畬作為皇室後裔，他不僅自幼博覽群書，更有機會飽覽許多宮廷藏唐宋名畫古蹟，心摹手追，皆能得其神理，善山水、人物、花鳥、走獸。山水以「北宗」為主，筆法參略「南宗」，注重線條鉤摹，較少烘染。溥心畬學畫是無師自通的。他自己說：「蓋有師之畫易，無師之畫難；無師必自悟而後得，由悟而得，往往工妙」。溥心畬又是書法名家，他家藏古代書法極富，面對真蹟心追手摹，所以他臨米芾幾可亂真，臨趙孟頫帖也極得神韻。人評曰：「以右軍為基礎，嘗出於米、蔡堂奧，朗朗如散髮仙人，凌虛御風之意，為近百年不可多見之作。」溥心畬又是位詩人，舊體詩寫得極好，「腹有詩書氣自華」。因此他晚年在臺灣對弟子就曾說：「如若你要稱我為畫家，不如稱我為書家；如若稱我為書家，不如稱我為詩人；如若稱我為詩人，更不如稱我為學者。」

書法名家啟功先生曾說溥張兩人：每一相逢，張大千先生拉過宣紙即席揮灑，「眼快、腦快、手快」，然後遞給溥心畬，溥先生畫幾筆再扔給張大千，不一會兒，一幅南張北溥合作畫即告完成！據溥心畬的弟子傅申在〈南張北溥的翰墨緣〉文中說，溥張合作最多的是三〇年代和抗戰勝利後的北平時期，以及五〇年代的日本時期。傅申還說：「溥張合作畫最早的是一九三二年的〈溥張合作山水冊〉十二頁。……這十二頁都是溥氏先在每頁畫了部分山石、樹木、或寺宇房舍，然後請大千完成的。……近樹與寺宇多出自溥氏，人物各半，山石及遠景十九皆出自大千，只有末幅的主景近山出於溥氏。」

另有一無意間的合作，黃天才在《五百年來一大千》書中說：「大千一九五四年夏間在東京繪贈臺老那本冊頁的最後一頁，就是山田的畫像（案：張大千在日本的「紅粉知己」），大千並題記：『畫成，既題署，侍兒謂尚餘一頁，興已闌，手亦倦，無暇構思，即對影為此，是耶？非耶？靜農何從而知之耶？』當時，同在臺北的溥心畬聽說大千寄來冊頁，遂向臺老索觀，臺老將冊頁帶去，溥心老逐頁翻閱，邊看邊讚賞，翻到最後空頁，未待臺老相請，溥老拿起筆來就題：『凝陰覆合，雲行雨施，神龍隱見，不知為龍抑為雲也？東坡泛舟赤壁，賦水之月，不知其為水月，為東坡也。大千詩畫如其人，人如其畫與詩，是耶？非耶？誰得而知之耶？』」黃天才認為「山田小女子，得『南張』為之畫像，『北溥』為之題識，復得一代文豪妥為珍藏，曠世機緣，還有更甚於此的嗎？是耶？非耶？小女子得而知之耶？」

溥心畬曾有詩讚美張大千曰：「滔滔四海風塵日，宇宙難容一大千；卻似少陵天寶後，吟詩空憶李青蓮。」並對張大千的畫，讚之曰：「蜀客大千居士，天姿超邁，筆蹤奇逸，其人亦放浪形骸，不拘繩檢。畫如其人也。然其細筆則似春蠶吐絲，粗則橫掃千軍，盡後繪之能事矣。」而張大千對溥心畬的畫，也讚之曰：「學北宗畫，生動有致，近人所少見。溥心畬致力於此道，功最深，用筆設色，高步元人，歎為絕詣！」後來又說：「柔而能健，峭而能厚，吾仰溥心畬。」一九六四年六月十八日，張大千攜家人從巴西飛回臺北，特地到陽明山溥氏墓園弔祭獻花，並對子女說：「這位已故的溥伯伯是有名的大畫家，人家說他與我在國畫上有貢獻，他的造詣很深……」。曾是「南張北溥」，後來「北溥」之名漸抑，「南張」之名遂揚；一位獨居臺灣，一位風行歐美；一位發揚中國畫的傳統，成為中國近代畫壇的集大成者；一位兼收古今，薈萃中外，成為一位承前啟後、繼往開來的國畫宗師。

黃君璧比張大千大一歲，在黃君璧八十華誕，張大千對他笑說：「我們坐在一起，人人都說我老，其實我還比你小一歲，只不過我的鬍子比你老哥哥長一點。」說罷，兩位畫壇大師哈哈大笑。黃君璧最擅長寫雲與瀑，純以水墨浩瀚飛騰，無人可與抗手。早在一九二九年，張大千在日本第一次看到黃君璧的一幅山水畫，驚歎不已，發出「雲瀑空靈，吾仰黃君璧」的讚嘆。

關於兩人的交往，黃君璧在〈張大千是非常人〉文中說：「民國二十年，大千到廣州，過訪容安居（予舊居齋名），談笑為歡，誠如俗諺所謂一見如故。大千心愛古畫，看見舍下壁上懸有董玄宰墨筆秋山圖，讚嘆不已，我即舉以相贈，從此訂交。……並贈我以詩，有句曰：『眾裡我能獨識君，當時俊氣超人群』之句。其後，大千重到廣州，……我新得石濤和尚梅石水仙立軸，氣雄力厚，畫上並有石濤題詩，用小楷寫出，墨色之佳，無出其右，大千見了，又愛不忍釋，我就想到寶劍贈與烈士之意，即告訴大千，現在暫且讓我把畫掛在牆上，多看幾時，數月後我要到上海來，屆時即以此畫奉貽。等我到上海，實踐諾言，大千檢出元人寫虎溪三笑圖及石谿山水相贈。」

黃君璧又說：「民國二十五年，我在南京舉行畫展，他專程來寧參觀。民國二十八年，我作東道主，請大千及其公子心智同遊峨眉青城，盤桓匝月，兩人寫生，獲得很多好畫稿，互相切磋，得益非淺。……我的『君翁』之名，即是他所命名，並在山上為我刻一石章，上鐫『君翁』兩字，以後又為我刻『黃君璧』、『可以橫絕峨眉巔』兩方圖章，……」張大千對黃君璧極為敬佩，他在一九三九年所作〈仿石谿垂釣圖〉的題跋就云：「石谿一脈，三百年來惟吾友黃君璧獨擅其秘。自與訂交，予為擱筆，敬之畏之，又不僅如憚草衣之於王山人。客來山中，傳其遠遊西康，遂放膽為此，它日君璧或見此畫，應笑我於無佛處稱尊也。」

黃君璧入川後，聲名愈大，張大千、徐悲鴻對其畫都寄予極高的評價，後來由國立中央大學藝術系之聘請，為該系國畫教授，由重慶而回南京，有十一年之久。一九四九年到臺灣任省立（後改國立）師範大學藝術系教授兼系主任。一九五五年奉派赴日本文化訪問，因得與溥心畬、張大千在東京聚首。

黃君璧又說：「民國五十八年，我應南非開普敦博物館邀請，前往訪問及展畫，曾訪問大千於巴西之八德園，相見喜極，是晚大千即在家招待我晚餐，並手書菜單，囑其夫人入廚整治，他平生好客，待朋友熱情誠摯，令人難忘！民國六十六年，大千返國定居，我和他過從更多，我長他一歲，每相見便以『老兄』、『老弟』互稱，並合作書畫。」

一九八三年四月二日張大千病逝，黃君璧寫下〈張大千是非常人〉總結說：「總之大千是個非常人物，為人豪情疎爽，才華卓絕；對於繪事，無論人物花鳥蟲魚，無所不能，無所不精，對於書法、詩詞、篆刻，包羅萬象，建立一已獨特的風格，超然出塵，令人心折！」。

## 川中二張，情逾手足——張大千與張群

說到張大千交往之深，情誼之厚的友人，恐非張群（岳軍）莫屬了。張群長張大千十歲，四川華陽人，而張大千生於四川內江，兩人有同宗同鄉之誼。但張群一生在政界位居要津，弼佐中樞，而張大千一生不做官，追求藝術，兩人並非同道，何以情逾手足，堅比金石呢？

其實張群與張大千相識甚早，張大千在〈張岳軍先生印治石濤通景屏風序〉文中就說：「庚午、壬申（一九三〇年至一九三二年），予居上海。華陽張岳軍適為市長，相見甚歡。二人同嗜石濤八大書畫，每有所得，輒相誇示。岳軍得石濤〈寫杜詩冊〉、楷書〈道德經〉及八大寫東坡〈朝雲軸〉，頗以自衿。予得石濤〈寫陶詩冊〉、真書〈千字大人頌〉、寶掌和尚畫像；八大畫山水人物冊，意欲勝之。蓋石濤八大並以山水花卉著稱，人物獨少見。予此二冊，一卷一軸，以為絕無僅有者。爾時好事爭奇，以此為笑樂。最後岳軍得石濤所繪〈通景屏風〉十二幅，先師李文潔（案：清道人李梅庵）題為『天下第一大滌子者，生平所見實以此為最』，予乃折服。」這十二幅水墨立軸連接的通景，有小溪曲流、有虬松修竹、有奇石芭蕉，又間有蘭菊葵花，石濤擅長的粗筆細筆、山石花卉，都一一呈現，是石濤中年氣足神完的作品。而當二十多年後，張群把這份珍品影印贈之友

好時，張大千對張群這種不秘諸笥箱而公之於世的做法，深有感慨地說：「……暇時偶復展視，未嘗不念石濤八大，每視石濤八大，未嘗不念岳軍。」

而張群生前接受記者黃肇珩的訪問說：「我和大千友情深厚；是喜歡他的畫，他的天才，同宗更增濃了感情。可是我更珍視的是他的性格，他的為人。」張群更指著張大千晚年（一九八二年九月）書贈給他的對聯：

金石其心，芝蘭其室；
仁義為友，道德為師。

張群說：「大千用這十六個字，間接來形容我；其實，這正是他的自我寫照。」

抗戰軍興，張大千在北平，一度被日本憲兵隊押訊。此時在重慶贊襄中央的張群，在政務百忙之際，多方籌計，促其脫險來渝。而後張大千計畫去敦煌探古，張群又盡其安排而促成。而敦煌之行曾有毀畫盜寶之說，陳立夫曾倡議捉拿查辦，幸賴張群為之多方緩頰疏通，張大千終能以兩年七個月，潛心臨摹上自元魏、下至西夏之千年壁畫兩百七十六幅。自此張大千作畫，氣勢更加堅實雄偉，色彩更為富麗多變，畫風又為之一新。迨大陸淪陷之際，張群正在「西南軍政長官」任內，張大千能在倉促之間偕同夫人徐雯波及女兒，並攜出少數敦煌傑作及所藏部分古畫抵達臺灣，也全由張群全力安排而得遂。據黃天才書中所述，當時規定攜帶行李只能八十公斤，張大千請張群再設法，於是只好以蔣總裁機要秘書曹聖芬及空軍武官夏功權的行李為名義，搭乘蔣總裁的專機載運出來。黃天才認為「這批古書畫，後來在張大千寄蹟海外的三十多年裡，對張大千幫了大忙，大千攜同家人逃難、旅行、安家、建園及生活費等，賣他自己的畫不夠支應時，就賣所藏古書畫挹注。」

張群一直關心張大千的健康，張大千在巴西定居，發生眼疾的幾年期間，因作畫困難，以致畫展開得少，張群最關心的是張大千的醫療所需，他表達出「疾病相扶持」的真情。一九六八年張群八十大壽，張目寒提議由嚴家淦副總統及幾位黨國大老與社會名流發起，聯名請張大千畫一幅大畫為張群祝壽。張大千畫了《長江萬里圖》並題曰：「窮十日之力而成此《長江萬里圖》，答諸君子之請，而敬公一觴也。」而到了一九八一年深秋，張大千的《廬山圖》開筆後的四個月，張群為了規勸張大千「節塵勞，慎飲食」，好好保養身體，特別鄭重其事寫了一首七言律詩，並附以長跋：「……凡在友好，均宜節省此老之精力，為國家珍惜一代之大師；而大千弟亦應該勉節樽俎過從之煩，重一身之頤養，即所以延藝文之命脈。……」愛之護之，拳拳之意，盡在筆墨間。當張群親自帶到摩耶精舍當面送給張大千時，張大千感動得流下淚來。張群又趁勢說：「大千，你的生活、習慣和嗜好，需要注意調整，我比你長十歲，因為我注意保養，健康情況比你好；你再不好好的將息，愛護你自己，說不定你比我先走，還要我來為你辦喪事……」（見黃肇珩訪問張群文）。果不其然，一年半後張大千先走了，張群以九十五歲高齡，出任治喪委員會主任委員，為老友治喪。並輓以聯曰：

五百年國畫大師，閱覽之博，造詣之深，
規範軼群倫，無忝邦家稱瑰寶。
半世紀知交莫逆，憂患共嘗，藝文共賞，
倉皇成永訣，空餘涕淚對梅丘！

# 蜀皖異地，莫逆平生——張大千與張目寒、臺靜農

二〇一〇年七月十五日，監察院珍藏一幅張大千的作品《古木松柏》，由院長王建煊移撥給國立歷史博物館收藏，而在考究畫作來源時，意外牽出張大千與前監察院秘書長張目寒的生死情誼。張目寒（一九〇二－一九八〇）安徽霍丘人，一九一四年春，臺階仁（介人）在鎮上創辦了明強小學，韋崇文（素園）、臺傳嚴（靜農）、韋崇武（叢蕪）、李繼業（霽野）、張貽良（目寒）均在該校甲班就讀。後來張目寒到北京世界語專門學校讀書，臺靜農則到北京大學讀書，兩人經常結伴回家，過從甚密。當時魯迅在世界語專門學校授課，張目寒有幸成為他的學生，很快贏得了魯迅的信任，他先後引薦臺靜農等幾位好友登門拜訪魯迅。為了共同的追求，魯迅與這夥年輕學子成了忘年交，於是，一九二五年八月三十日，魯迅與臺靜農、曹靖華、韋素園、韋叢蕪、李霽野等六人，在北京成立了「未名社」。從特定意義上說，沒有張目寒，就沒有「未名社」。「未名社」在前後七年多時間裏，一共出版了《未名叢刊》一八種，另有未列入叢書者二種，即魯迅的雜文集《墳》和臺靜農編的《關於魯迅及其著作》。與此同時，還出版發行了四十八期的《莽原》半月刊，二十四期的《未名半月刊》。以豐碩成果贏得了現代文學史上的一席地位，成為「五四」後期的重要文學社團之一。魯迅認為，未名社「是一個實地勞作，不尚叫囂的小團體」，「那存在期，也並不長久」，然而所出版的書刊，「在那時候，也都還算是相當可看的作品」。張目寒後來先後擔任南京國民政府中央執行委員等要職，赴臺後曾任監察院秘書長，為于右任的重要幕僚。

張目寒雖非職業畫家，但卻愛好繪畫藝術。因而當時一些著名畫家，都樂於與他交往。張大千與張目寒於一九三二年前後於蘇州相識，當時張大千與其兄善子同客蘇州網師園，張目寒為座中常客，彼此切磋文藝談論書

畫，張大千說：「晤言一室，往往竟夕，論書畫、論文字、論古今藝苑賢俊，遇興會處，二兄必掀髯而喜」。一九三四年張大千受南京中央大學校長羅家倫之聘，來出任美術系教授之後，張目寒與張大千很快就成為好朋友。臺靜農也是在張目寒家認識張大千的。他每次回鄉途經南京時，都在張目寒家落腳。有一次，臺靜農來張目寒家時，正趕上張大千在他家作畫。經張目寒介紹，兩位在文壇和畫壇的傑出才子就拉開了數十年交往的序幕。臺靜農四十多年後回憶說：「有次在目寒家客廳，（張大千）一面作畫，一面同三數朋友說笑，畫一完成，即釘在牆上，看『亮』不『亮』，這是我第一次才聽到畫法上有所謂『亮』這一名詞，其實便是西畫法的『透視』。」

抗戰爆發後，張大千，避居四川成都之青城山。而此時在臺靜農也撤退到四川，在江津白沙的女子師範學院任教。在教學之餘，臺靜農開始習練書法。一次，臺靜農偶然模擬王覺斯的體勢，為書法大師沈尹默所見，他認為王字「爛熟傷雅」，不可學。後該院國文系主任胡小石，就將家藏的明末書法家倪元璐的手蹟影印本，給他臨摹。臺靜農很喜歡倪元璐的書法，習練得很投入。不久，張大千聽說臺靜農在學習倪元璐的書法，非常高興。就將自己收藏的倪元璐的五幅真蹟贈送給他。這無疑是對臺靜農的極大鼓舞。他更加用心地學習「倪字」，進步很快，成為卓有成就的書法家。

一九四六年臺靜農應許壽裳之邀到臺灣大學任教。三十年後，張大千也結束了萍蹤不定的海外生涯，定居臺灣。這時臺靜農與張大千才有了更多的交往機會。當時，張大千深居簡出，很少與外界聯繫，而臺靜農卻能經常出入於張大千在臺北雙溪的摩耶精舍。他與張大千經常聚在一起談書論畫，並常飲酒助興。臺靜農將自己從一九四〇年代開始學習倪元璐的成果展示給大千看。張大千仔細地翻閱了他的作品，十分認真地稱讚道：「三百年來，能得『倪書』神隨者，靜農一人也。」

臺靜農也喜歡繪畫，尤其喜歡繪製梅花。每逢張大千的生日，臺靜農都要給他畫一幅梅花。他對張大千說：「我畫梅花給你，不是班門弄斧。是用來表達一點心意。」。因為他深知張大千擅長畫荷花，但心中卻獨鍾於梅花，只為那種高潔孤傲的情操。有次張大千在法國辦完巨幅荷花大展後即直飛東京賞梅，張大千在給張目寒的信，就叮囑目寒「速辦理旅日手續，來東京為看梅之行，遲則梅花已過，千萬千萬」。黃天才也說，張大千在日本橫濱近郊磯子海濱的「偕樂園」牆壁上就題有：「飽飲酸香又一回，年年何事苦相猜，從今不用要盟誓，開了梅花我便來。」的詩句，可見他「癡梅」的程度了。而他晚年定居的摩耶精舍，在巨石側遍植梅花，呼為「梅丘」，身後亦將骨灰葬於此石之下。

張大千喜歡收藏古代畫家的真蹟，如董源的《江堤晚景》、《瀟湘圖》、顧閎中的《夜宴圖》、黃山谷的《張大同手卷》等，都是大風堂的至寶，對這些稀世珍寶都鈐有「東西南北只有相隨無別離」和「敵國之富」的印鑒。在他出訪異國他邦時，總是隨身攜帶，而且從不出示於他人。有一次，張大千要到日本短期訪問，帶來帶去，有些不便。於是由張目寒建議，暫時存放在臺靜農家裏。臺靜農回憶說：「我當時有說不出的惶恐，只得將這三件至寶供養在壁櫥舊衣堆裡。傳說凡寶物所在處，必有神光射入斗牛，可是在寒舍的寶物，卻沒有神光射出，也許寶物自知借地躲藏，姑且收斂，不然定有人追蹤而至。」

另某年張大千生日，張目寒為其寫了篇祝壽的賦文，但由於張大千眼疾，看不見小字，於是他去信寄去上好的手卷宣紙一卷，著目寒讓其重新以核桃大小的字書寫，然後親自點將為此卷增色。其信言曰：「寄上紙一卷乞弟（張目寒）以胡桃大小字書之，其前煩靜農（臺靜農）弟寫松一株，乞芷町兄寫竹一枝，卷前乞髯翁（于右任）題四大字，卷後乞心畬兄（溥心畬）、曼青兄（鄭曼青）各賜一詩，當永為家寶也」。中國文人之間的筆墨唱和實在風雅。

張大千以生命待友的方式之一，就是贈畫，大量的贈畫。好友的壽誕，當然要贈畫；張目寒是安徽人，於是張大千擬在他七十壽慶，贈與《黃山圖》，既感謝他多年來挹注有功，又表達彼此的金蘭之交。當時客居在八德園的張大千身體狀況十分不佳，在打鹽水針支撐下，歷經一個多月才將此長卷繪製完成。然而就在張目寒得到《黃山圖》後僅四年就患上「失憶症」，此後七年纏綿病榻。一九八〇年二月二十三日走完他的人生。噩耗傳來，張大千極為悲慟震悼，親撰輓聯錯寫三次，最後仍以寫錯重改之輓聯張掛，聯曰：

春草池塘，生生世世為兄弟；
對床燈火，風風雨雨隔人天。

而臺靜農與張目寒交情莫逆，也親撰輓聯曰：

晚歲足辛酸，一切有情皆幻滅；
平生猶昆季，不堪臨老慟交親。

張目寒故後，張大千曾有一函致臺靜農云：「目寒歿後，忽忽已十餘日，無時不在悲痛中，更無心情做小詩以哭之。昨日午睡夢見之，如在青城上清宮，猛驚悟，方始知是夢，因呼內子同往一臨弔之，不意弟已先在，相對悽然……」真情至文，讀之令人鼻酸！

一九七八年張大千的八秩大壽時，臺靜農撰寫了一篇〈大千居士吾兄八秩壽序〉。這篇「壽序」，勾勒了張大千「力挽頹風，大筆如椽，元氣淋漓，影響及於域外」的傑出貢獻，肯定張大千在中國畫壇「整齊百家，集其大成」的歷史地位。臺靜農用他擅長的隸書書寫，古樸凝重，被稱為「文墨雙絕」的傑作。一九八三年三月，張大千在醫院昏迷期間，臺靜農去加護病房探視，但覺「雖然一息尚存，相對已成隔世。」，無比傷痛。張大千病逝，臺靜農除親撰〈大千居士事略外〉，又輓以聯曰：

宗派開新，名垂宇宙丹青手；
園亭依舊，慟絕平生兄弟交。

浪花淘盡，風流人物。俱往矣，往事如煙！唯餘平生風義，令人長懷想！

# 林庚白和《孑樓隨筆》

林庚白（一八九七－一九四一）原名學衡，字凌南，又字眾難，自號摩登和尚，閩侯縣螺洲鎮人。林庚白四歲能作文，七歲能寫詩，被視為「神童」。一九〇七年，他因寫論文罵孔子、周公，被天津譯學館開除學籍，次年改入天津北洋客籍學堂。一九〇九年秋，因領導反日運動又被學校開除。不久由天津赴北京，以第一名考入京師大學堂預科，與同學姚鵷雛、汪國垣、胡先驌、王易等相酬唱。一九一〇年，經汪精衛介紹加入同盟會。一九一二年，與柳亞子訂交，並加入南社。孫中山辭去臨時大總統職務之後，林庚白在上海秘密組織「鐵血剷除團」，以暗殺北洋官僚和變節黨人為目標。同年，出任上海《民國新聞》（日報）主筆。一九一三年春離滬入京，主持國民黨在北方的機關報《民國報》；同年出任「憲法起草委員會」秘書長。一九一七年七月張勳復辟，林庚白隨孫中山先生南下護法，八月任廣州非常國會秘書長，九月兼任孫中山大元帥府秘書。一九二一年，受孫中山密派，到北洋第二艦隊做策反工作，未果。一九二七年「四・一二」政變之後，林庚白因對馬克思主義的唯物觀產生懷疑而一度消極，閉門讀書，研究詩詞。一九二八年國民政府定都南京後，他受聘為外交部顧問及南京市政府參事。一九三三年，他在上海創辦《長風》半月刊。此時他專事創作，所撰詩文甚多，並先後編校《庚白詩存》、《庚白詩詞集》，並撰寫《孑樓隨筆》、《孑樓詩詞話》等，成為南社的一員健將。

林庚白曾引薦女作家謝冰瑩與柳亞子相識，據謝冰瑩回憶說：「庚白是一個耿直忠誠的朋友，他一生坦白，對人赤裸裸毫無半點虛偽，常把他十八歲就和許金心女士結婚，後來感情不合，精神痛苦的事告訴別人。」林庚白追求的名女人不少，前有林長民的女兒才女林徽音，林庚白在北平追之甚力，但終無結果。後來又追電影明星兼女作家王瑩，但沒多久，兩人就鬧翻了，據說王瑩認為林庚白有些神經病，天天盯得太牢，話又說得太囉唆。林庚白因懂得命理，他曾算出自己未來的伴侶必是一個才貌俱全的女人，後來遇著了林北麗果真如此。

曾讀盧冀野《柴室小品》談到林庚白好替別人算命，其中有兩件很靈驗的事：一是在他十年之前算到章行嚴（士釗）要入閣，而且一定是長司法；後來不獨時間推準了，連部亦被他說著了。還有一件是李根源的「過鐵」，他預先算定。害得這位李麻老高臥小王山不敢出來，到時果然生了個對嘴瘡，動手術開刀，「過鐵」算是過了的，只不曾送掉性命，這也不能說林庚白推算的不對！

《孑樓隨筆》書中提到林長民和林寒碧的死，似有定數。他說林寒碧在死前二三日，以贈別之作見示，有「領取車行已斷魂」之句，後竟以誤觸汽車死，豈真冥冥中有定數在耶？而林長民於一九二四年春半，自瀋陽寄詩給他，有「欲從負販求遺世」之句，翌冬郭松齡之變，林長民果死於亂軍中，奉天軍隊，以其狀似日人，恐釀成交涉，遂焚骸骨，真乃羽化矣。其中林寒碧就是林北麗的父親，後來成為林庚白的岳父；而林長民是才女林徽音的父親。

對於林庚白的星命之說，柳亞子這麼認為：「君好星命之學，嘗探取當代要人名流之誕辰年月而推算之，謂某也通，某也蹇，某也登壽域，某也死非命。儕輩嗤為迷信，君縱談自若也。……實則偶而言中，不足信也。」對此「掌故大家」高伯雨有一番看法，他說：「一九十五月年袁世凱竊國，準備下一年元旦『啟基』，庚白就揚言袁世凱明年必死，相沖相剋，說得頭頭是道，老袁果然在一九一六年死了。因此人們都說他是『神機妙算』，找他批八字的朋友多到不可勝數，高興時他也樂於應酬。其實他並不迷信，他說袁世凱死，不過是他恨袁世凱叛國，乃利用社會人士的迷信心理，借算命來煽動民氣與咒詛袁早死而已，用心是很苦的。可是為了這個，後來卻得了不好的反響，就是他死在九龍時，有些人卻說他『對別人的命算得準，對自己的命反而不清楚，好好地安居在重慶，怎會到香港送死呢？』這實在不知道他談命理是隱晦的煙幕。他對當時袁世凱的政權很不滿意，時有批評，未免遭時忌，故此大談命理，又高談闊論，裝出一副狂士的面目，使當政的人不注意他，一提到他就說：『這人麼，狂人而已！』此乃庚白處亂世的哲學也。」

一九四一年十二月一日，林庚白由重慶帶了家眷來香港，擬與旅港文化人共同探討社會形勢問題，還擬在港辦一日報，宣傳抗日，這一計畫得到了愛國華僑陳嘉庚的支援；另外還要籌辦詩人協會，以團結進步文化人士；撰著一部民國史。盧冀野說：「他在重慶動身前，我曾去勸止他，但他去志已決，沒法能挽留得住。」林庚白抵港甫一周，太平洋戰爭爆發，九龍隨即淪陷。林庚白住於友人家中，被日軍間諜誤認為國民黨中央委員，被日本佔領軍通緝，為避免累及眾鄰，十二月十九日下午，他和林北麗出門另覓避難所，走了幾百步到天文臺道口，遇見站崗的日軍喝問他何往，林庚白不懂日本話，伸手入衣袋取紙筆，意欲借文字說明他的意向，日軍誤以為他要取武器，便開槍向他射擊被擊斃，沒想到他竟為避凶而遭凶了！

而其遺骨當時草草掩埋於香港天文臺道的菜田之中。沒有棺木，也沒有墓碑。香港復原後，有人說其夫人林北麗曾去尋訪埋骨之所，林北麗有〈將去九龍吊庚白墓〉詩：「一束鮮花供冷泉，吊君轉羨得安眠。中原北去征人遠，何日重來掃墓田」，但了無蹤跡。而據唐之棣《香江詩話》記載：一九四七年十月，柳亞子再度到香港，想起五年前客死香港的蕭紅、林庚白兩位亡友，故有詩「碧血黃壚有怨哀，蕭紅庚白並奇才。天饕人虐無窮恨，更為賓基雪涕來。」柳亞子先後前往淺水灣、天文臺道訪尋蕭紅、庚白之墓，第一次，兩人之墓均未找到。後來，在友人周鯨文等陪同下再度訪尋，終於一一找到了。另據沈惠金給筆者的信云：「二〇〇六年五月十三日，我到上海拜訪林北麗先生，談到她前夫林庚白的墓穴問題。林北麗先生告訴我：林庚白一九四一年遇難後，葬於九龍。抗戰勝利後，孫科出面把林庚白等一批知名人士的遺骸遷葬到上海萬國公墓，當時的《申報》對此有報導。後來，林庚白的墓穴位置要闢為通道需要遷移一下，公墓管理方這時候又說這個叫了幾十年的林庚白墓穴不是林庚白而是另外一個人的，至於林庚白遺骸已搞不清葬於何處。北麗先生憤憤不平地說：『庚白早年投身辛亥革命、在抗日戰爭中獻出寶貴的生命，如今墓穴怎麼可以說沒就沒了呢？』她說她正在向有關方面申訴，希望能找到庚白之墓並立上一個碑，完成晚年最後一個心願。」

林庚白逝世後，他留下的文稿有政論、詩論、經論、小說、小品、隨筆等，而最有成就者是古典詩詞。其詩稿由柳亞子與林北麗編纂校訂為《麗白樓遺集》，內有《今詩稿》殘稿一卷、《麗白樓文剩》一卷、《麗白樓詞剩》一卷、《麗白樓語體詩剩》一卷、《麗白樓詩話》二卷、《虎穴餘生記》一卷、《水上集》三卷、《吞日集》八卷、《角聲集》四卷、《虎尾前集》和《虎尾後集》各一卷。

《孑樓隨筆》於一九三二年十一月起在上海《晨報》連載，至一九三三年七月五日止，一九三四年八月由《晨報》出版單行本。林庚白在該書的〈卷頭語〉中說《孑樓隨筆》這個專欄是社長潘公展邀他寫的，他說：「同時我更感動於公展的幾句話：他以為近二十多年的中國文藝界，本來很缺乏這一類的文字，為了我個人的社會關係；和在政黨的歷史，寫起來必定『包羅萬有』，可以當做新聞或故事，也可以當做小說，戲劇，和詩詞話。是這樣的說法，喚起了我的惰性，《孑樓隨筆》也就跟著產生了。」

《孑樓隨筆》的內容確實如作者所言「包羅萬有」，由於林庚白從武昌起義時，和汪精衛等人組織京津同盟會於天津，響應革命，他不止是單做宣傳工作，還參加實際行動，他和吳祿貞聯繫，計畫以奇兵直逼北京，加速清王朝崩潰，後來吳祿貞遇刺身死，事才終止。民國元年他在上海與陳子範、林瑞珍、陳銘樞、魏懷、林知淵、葉夏聲、林森等秘密組織「鐵血鏟除團」，曾計畫謀炸往福建宣撫的前兩廣總督岑春煊，後因陳子範製炸彈失慎死難。林庚白在《孑樓隨筆》中說：「亡友陳子範，以郭家朱解，而兼有荊軻聶政風，辛亥鼎革，憤官僚軍閥之僭竊政柄也，則密與數四同志，組『鐵血鏟除團』，出以暗殺。」所以他對當時的一些人物多所交往，他說：「友人鄒魯、葉夏聲，同為粵籍，同為舊國會議員，又同為吾黨之早達者。夏聲少美好如婦人女子，魯則黧黑，貌不揚，然魯生平多豔遇，兩賦悼亡，而夫人皆傾城之選，夏聲則三十以前，頗自矜『不二色』，其後數置妾，類極醜惡，相懸有如此。」都是紀實也。

林庚白後來一直追隨孫中山，一九二〇年甚至促使討桂的大捷。他在文中說：「……孫公思有以竟革命之功，促炯明返旆討桂，時閩帥李厚基，屬於皖系者，迺資炯明以大宗軍火，厚基所部之師長臧致平，與直系有舊，陰使人扣留不發，孫公方旅居滬濱，遂召余與謀，余於是密邀胡漢民及皖系策士方樞，浙東師長陳樂山，又盧永祥代表石小川四君，以某夕集議於外灘之德國領事館二樓，議既定，間關走福州，為厚基致平，有所疏解，此大宗軍火，始獲輸送至炯明軍，討桂卒以大捷，未幾孫公即詣粵，重組軍政府。」此可視為珍貴之革命史料也。

由於閱歷之廣，使他看盡官場冷暖。他在談道仕進之道時，提出五字訣曰：吹、寫、拍、拉、跑。他說五者備，罔或不能致聞達。而對於一個傑出的外交家，他認為必須具備三要素：「曰眼光，曰手腕，曰魄力；眼光欲其銳，手腕欲其敏，魄力欲其宏。當斷則斷，不宜有毀譽之見存，而成敗利鈍，亦不必緦緦過慮，然此非識力絕遠大者不辦。」他認為如李鴻章者，也只可稱半個外交家，但「視今之挾琵琶，作鮮卑語，媚事權要，亦自炫為外交家者，固已高出萬萬矣。」

另外他提到一段中國外交上的秘史說：「袁世凱僭號『洪憲』，人咸以為出自『籌安會』六君子之勸進，而不知有國際背景在，蓋老於中國情況之故英使朱爾典實慫恿之。友人某君，曩為袁氏掌記室，數參樞要，曾出示朱爾典與袁氏祕密談話之副本，竟謂中國如帝制，英可相助，且允以疏通日本；言甘而意毒，袁氏果為所愚，以自戕其身。」而對於「三一八」慘案，世人都認為是章士釗主導的，林庚白則認為章士釗夙巽懦，無此膽力也。

他根據他的同學賈德潤，也就是當時國務總理賈德耀的弟弟所言，提出不同的說法：「『三一八』之事變，由於當時與西北軍接近，號稱左傾之徐謙，揚言於眾，謂『與京畿駐軍之長官某某，已有默契。諸君第勇往勿却，必可奏效！』青年學子，深信其說，然徐固未得某某長官之同意。請願群眾，既麕集執政府，執政以迄閣員咸皇遽，以為是必某某長官之『取瑟而歌』，迨浼別一人與西北軍密者，電詢某某長官，長官答以『初無聞知，公等可毋疑！』於是而衛隊之槍聲隆隆矣。」他如有關「一二八」之役，世人都認為當局以不發援軍為病，林庚白說開始他也如此認為，後來他和當時任朱紹良總參議的友人李拯中談，「拯中謂當局於十九軍轉戰淞滬之日，即電屬紹良速撥精銳六師來應援，紹良以紅軍方勢盛，謀諸拯中，恐驟調六師去贛，防線必且鬆懈，多缺口，迺飛謁當局力陳，無已始改派張治中所部之兩師為援軍云云。」這些內幕消息多得自於當事者，有其相當的可信度，可為治近現代史者提供一份珍貴的史料。

他對北洋軍閥也有其精闢的看法，他說：「北洋軍閥之分崩離析，始於馮段之背袁，盛於直奉之畔段，而終於直皖奉之內潰。此其變遷與消長起滅之故，關於史料者至鉅，有可得而述者。蓋此中消息，類涉隱秘，而策士、黨人，操縱其間，其縱橫裨闔之工，亦因時、因地、因人、因事，而各異其跡也。」他在《孑樓隨筆》中有條分縷析，探因溯源的講述，足可稱之為「北洋軍閥史話」。因篇幅所限，就不再援引。另外他慨嘆在北洋軍閥統治之下，政黨、議會，皆成具文。他說：「國民黨之宋教仁，研究系之梁啟超與湯化龍，畢生精力，瘁於組閣，顧終不獲，且以身殉焉，可哀也已。夫國號共和，政尚議會，而民國十五年以來，國務總理，罕出於政黨領域中，以此而言憲政，雖千百年可知矣！」。

林庚白因交遊廣闊，詩人、文士、政客等皆有交往，同時也有他獨到的觀察。如他在書中說：「梁鴻志道其客丁沽時，有友介一女郎與遊，遂同詣平安電影院，幕方半，女郎暱就鴻志，探手於袴，且摩挲焉，鴻志為賦絕句二首，極雋妙，第不諗曾作妄語否？絕句云：『無燈無月光明夜，輕暖輕寒懺悔時。慚愧登迦偏觸坐，與摩戒體費柔荑。』又云：『鼎鼎百年隨電去，纖纖十指送春來，老夫已辨天涯老，欲賦閒情恐費才』」。由於是親聞於梁鴻志者，所以可以為梁詩之「本事」也。又他讀鄭孝胥之《海藏樓詩》，曾寫下〈題《海藏樓詩》〉二首，雖譏鄭詩多標榜忠孝之辭，但還是讚其「出唐入宋極研鑽，雄闊清新取徑寬。」而當時鄭孝胥叛跡未彰，等到後來鄭孝胥當上偽滿國務總理，林庚白在在《孑樓隨筆》中說：「鄭孝胥於清室遺老中，頗以才氣自衿許，其交親亦咸震於孝胥之名，不知孝胥雖自負為『縱橫家』，實僅一『熱中功名』之文人耳。」可說是一語中的。至於當時對李烈鈞娶部屬龔永之妻為婦，蔣夢麟娶好友高仁山之遺孀為妻，社會上都群相竊議，林庚白則獨不以為然。他說：「蓋世風丕變，而人道之義，方為中外有識之士所重，此虛偽之道德，正宜摧陷而廓清之，未足為烈鈞夢麟病。」他甚至還寫詩給蔣夢麟稱其：「結褵能善故人妻，大勇如君孰與齊？目論獨憐矛盾世，儒酸猶自說修齊。」確可謂特立獨行之士，其見解言論的確不同於流俗。

林庚白恃才自傲，目中無人，不可一世，自稱「詩狂」。他所作詩詞，具有盛唐遺風，又有時代特色。聞一多、章士釗評其詩詞「以精深見長」；柳亞子評價他「典冊高文一代才」。陳石遺的《近代詩鈔》選有他的詩，且稱其「早慧逸才，足與當代諸家抗手。」而他最所自負的也是他的詩，他在《麗白樓詩話》中說：「曩余嘗語人，十年前鄭孝胥詩今人第一，余居第二。若近數年，則尚論古今之詩，當推余第一，杜甫第二，孝胥不足道矣。淺薄少年，譁以為夸，不知余詩實『盡得古今之體勢，兼人人之所獨尊』，如元稹之譽杜甫。而余之處境，杜甫所無，時與世皆為余所獨擅，杜甫不可得而見也。余之勝杜甫以此，非必才能凌鑠之也。」

《孑樓隨筆》一書論詩詞之篇章亦不少，如「凡詩、詞皆以意深而語淺，辭美而旨明者，為上上乘，於文亦然。試讀李杜之詩，二主之詞，便知此中之真諦。」他還指出同光以來的諸多作者，皆多「食古不化」者，喜套用古人的詞語，以為如此方稱得上「雅」。林庚白則認為字面無所謂雅俗，僅有生熟之別耳。他舉例說古時因是燃燈而有「剪燈吹燈」之說，而今日大家都使用電燈，何自剪之，吹之哉？他強調：「徒喜其字面之美，因襲不改，非僅『遠實』，直是『不通』。今人詩、詞，犯此疵累者，指不勝屈，幾使人不辨，作者所處之時代，與所經歷之日常生活，寧非笑柄？」。因此他不但大力提倡以新詞語入舊詩，還甚至以白話文譯法國詩人Paul Vailaine的〈秋之歌〉。這都由於他是一位傑出的詩人，對於詩的見解自然高妙之故也。

林庚白在《孑樓隨筆》的〈卷頭語〉中說：「我寫著隨筆，我想我畢竟是一個有閒階級，在這外患內憂和飢寒災荒交集的中國，還有『閒情逸致』，來賣弄筆墨，而且寫的是充滿了『趣味主義』的文字。」的確，整本書無處不充滿「趣味」。例如他說汪榮寶出使比利時，帶著小妾前往，但西方國家是一夫一妻，於是汪公使只得詭稱是他的妹妹，但過了一年多，使館的洋人群相耳語說：「怎麼這樣大的妹妹，到了晚上，老是跟哥哥睡在一床？」聞者絕倒。又談到人體構造，說人之器官，有兩孔的，有一孔的，大抵兩孔的只有一種用途，一孔的卻有兩種用途。「蓋目為兩孔，僅能視；鼻為兩孔，僅能聞；耳有兩孔，僅能聽；口以一孔而兼飲啖與語言之用；男女私處，以一孔而兼溲溺與生育之用也。」諸如此類筆墨，在書中俯拾皆是。

《孑樓隨筆》內容包羅萬象，是身為才子、名士的林庚白的所見所聞、所思所感，既有史料性，文筆又粲然，處處充滿趣味。能不稱為一本「奇書」乎？

# 沈葦窗與《大人》雜誌

已故香港邵氏電影公司在臺分公司總經理馬芳蹤說：「文化事業出版界，我最欽佩兩個人，一是臺北『傳記文學』的社長劉紹唐兄，以單槍匹馬一個人的精力，把中國近代史的資料蒐集成庫，且絕不遜於此地的『歷史博物館』與大陸的『文史檔案館』。另一位就是香港『大成』的沈葦窗，『大成』是專門刊載藝文界的掌故與訊息，目前海峽兩岸包括海外，似乎還找不出第二本類似的刊物。」其實《大成》還有個前身就是《大人》雜誌，它創刊於一九七〇年五月十五日，至一九七三年十月十五日停刊，前後出了四十二期。一九七三年十二月一日《大成》緊接著創刊，至一九九五年九月沈葦窗病逝終刊，出了二百六十二期。兩個刊物合起來共三百零四期，前後有二十五年之久，它也是「一人公司」。香港作家古蒼梧說：「《大成》的業務，從編輯、校對到聯絡作者、郵寄訂戶，幾乎都由沈老一人包辦。每次我到龍記樓上《大成》編輯室送稿，總見到他孤單地在一堆堆雜誌與書刊中埋首工作，見我來了，便露出燦爛的笑容，跟我閒聊幾句，臉上毫無倦容。……」。當然可想見更早的《大人》的情況，亦是如此。

關於沈葦窗的生平資料不多，他是一九一八年十二月三十日出生，浙江省桐鄉烏鎮人。正如他自己說的：「我寫作至今，從未提過自己的家世。」只在〈記從兄沈泊塵〉一文中，他透露一些蛛絲馬跡：「祖父右亭公生子女九人，泊塵是三房長子，能毅、叔敖是他的胞弟。我父季璜公行九，娶我母徐太夫人，婚後居上海之臺灣路，姪輩到上海求學，多住我家。我家兄弟都以『學』字排行，泊塵名學明，家兄吉誠名學謙，我名學孚。我生在臺灣路，大約我出世未久，這位『明哥哥』便去世了！」沈泊塵卒於一九一九年，得年僅三十一歲。沈泊塵兄弟三人曾合辦《上海潑克》畫報，為中國漫畫報刊的始創者。作家陳定山就說：「上海報紙之有漫畫，始於沈泊塵。若黃文農、葉淺予、張光宇正宇兄弟，皆為後輩矣。」

沈葦窗畢業於上海中國醫學院，據香港的翁靈文說沈葦窗自滬來港後，雖投身出版事業，但也常應稔友們之請，望聞切問開個藥方，多能藥到病除。沈葦窗曾任香港麗的呼聲廣播有限公司金色電臺編導、電視國劇顧問。他的夫人莊元庸也一直在「麗的呼聲」工作，莊女士其實早在上海名氣就很大了，每天擁有十萬以上的聽眾，她口才好，聲音悅耳，有「電臺之鶯」的雅號。後來在臺灣的華視也工作過，我還看過她演出《星星知我心》的連續劇。

沈葦窗是崑曲大師徐凌雲的外甥，徐凌雲曾對寧波、永嘉、金華、北方諸崑劇，甚至京劇、灘簧、紹興大班等悉心研究，博採眾長。十八歲登臺，堅持長期練功不輟，生、旦、淨、末、丑各行兼演，「文武崑亂不擋」。後來又與俞粟盧、穆藕初等興辦蘇州崑劇傳習所，培養「傳」字輩一代崑劇藝人有功。沈葦窗說他自己：「少年時即好讀書，有集藏癖，年事漸長，更愛上了戲曲。其時崑曲日漸式微，但因我的舅父徐凌雲先生是崑曲大家，總算略窺門徑；還是和平劇接近的機會多，凡是夠得上年齡的名角，都締結了相當的友誼，搜羅有關平劇書籍更不遺餘力。」他後來將這些重要史料收藏，如《富連成三十年史》、《京戲近百年瑣記》、《清代燕都梨園史料》、《菊部叢譚》、《大戲考》等十二部珍貴或絕版史料，以「平劇史料叢刊」由劉紹唐的傳記文學社出版，嘉惠後學。

沈葦窗在上海時期，就在小報上寫文章。一九四〇年金雄白在上海創辦一份小型四開報紙，名為《海報》，當時寫稿的人可說是極一時之選，長期在《海報》撰稿的有陳定山、唐大郎、平襟亞、王小逸、包天笑、蔡夷白、吳綺緣、徐卓呆、鄭過宜、范煙橋、謝啼紅、朱鳳蔚、盧一方、沈葦窗、陳蝶衣、馮鳳三、柳絮、惲逸群等，女作家中，更有周鍊霞、陳小翠諸人。沈葦窗當年曾是金雄白辦報時的作者，沒想到幾十年後金雄白變成了是沈葦窗的作者。《大人》初創時期，就有一個非常壯觀堅強的撰稿人隊伍，這些人大多是大陸鼎革後，流寓在香港和臺灣的南下文人、名流和藝術家，大都是沈葦窗的舊識，也可見他在舊文化圈中人脈的廣博。

《大人》雜誌給這些人提供了一個發表文章的重要平臺，刊載了大量有價值的文章和重要的第一手史料。其中像被稱為「中醫才子」的陳存仁的兩本回憶錄《銀元時代生活史》、《抗戰時代生活史》，都先後在《大人》及《大成》上連載，而後才集結出書的。《銀元時代生活史》後來在一九七三年三月，由香港吳興記書報社出版，張大千題耑，沈葦窗撰序云：「一九七〇年五月，《大人》雜誌創刊，我承乏輯務，初時集稿不易，因而想到陳存仁兄，他經歷既豐，閱人亦多，能寫一手動人的文章，於是請他在百忙之中為《大人》撰稿，第一期他寫了一篇記章太炎老師，果然文筆生動，情趣盎然，大受讀者歡迎。存仁兄的文章，別具風格，而且都是一手資料，許多事情經他一寫，躍然紙上，如歷其境，如見其人，無形之中成為我們《大人》雜誌的一員大將。《銀元時代生活史》刊載以後，更是遐邇遍傳，每一段都富有人情味和親切感，存仁兄向有考證癖，凡是追本究源，文筆輕鬆，尤其餘事。綜觀全篇，包含著處世哲學、創業方法、心理衛生、生財之道，對讀者有很大的啟發性和鼓勵性，實在是老少咸宜的良好讀物。今當單行本問世，讀之更有一氣呵成之妙，存仁兄囑書數言，因誌所感，豈敢云序。」

再者在《大人》甚至後來的《大成》上，占有相當份量的，莫過於「掌故大家」高伯雨（高貞白、林熙）的文章了。一般說起「掌故」，無非是「名流之燕談，稗官之記錄」。但掌故大家瞿兌之對掌故學卻這麼認為：「通掌故之學者是能透徹歷史上各時期之政治內容，與夫政治社會各種制度之原委因果，以及其實際運用情狀。」而一個對掌故深有研究者，「則必須對於各時期之活動人物熟知其世襲淵源師友親族的各族關係與其活動之事實經過，而又有最重要之先決條件，就是對於許多重複參錯之瑣屑資料具有綜核之能力，存真去偽，由偽得真……」。能符合這個條件的掌故大家，可說是寥寥無幾，而高伯雨卻可當之無愧。高氏文章或長篇大論，或雋永隨筆，筆底波瀾，令人嘆服！難怪香港老報人羅孚（柳蘇）稱讚說：「對晚清及民國史事掌故甚熟，在南天不作第二人想。」而編輯家林道群也讚曰：「高伯雨一生為文自成一家，他的『隨筆』偏偏不如英國的essay，承繼的是中國的傳統，溶文史於一，人情練達，信筆寫人記事，俱是文學，文筆之中史識俯拾皆是。」這是高伯雨的高妙處，也是他獨步前人之處。

資深報人金雄白筆名「朱子家」，曾在《春秋》雜誌上連載《汪政權的開場與收場》而聞名。沈葦窗邀他在《大人》再寫了〈「海報」的開場與收場〉、〈委員長代表蔣伯誠〉、〈梁鴻志死前兩恨事〉、〈「入地獄」的陳彬龢〉、〈倚病榻，悼亡友〉、〈梁鴻志獄中遺書與遺詩〉等文，因大都是作者所親歷親聞，極具史料價值。一九七四年他的《記者生涯五十年》開始在《大成》雜誌第十期連載，迄於一九七七年六月的第四十三期為止，前後達兩年又十個月之久，共六十八章，幾近三十萬字。金雄白說：「七十餘年的歲月，一彈指耳，回念生平，真是如幻如夢如塵，在世變頻仍中，連建家毀家，且已記不清有多少次了，俱往矣！留此殘篇，用以自哀而自悼，笑罵自是由人，固不必待至身後。」

還有早期的老報人，著名雜誌《萬象》的第一任主編陳蝶衣，他後來來到香港，還是著名的電影編劇、流行歌曲之王。六十多年來，陳蝶衣光是歌詞的創作就有三千多首。人們尊稱他為「三千首」。周璇、鄧麗君、蔡琴、張惠妹……，中國流行音樂史上一代又一代的歌后們，都演唱過他寫的歌。他在《大人》除寫了〈一身去國八千里〉、〈舉家四遷記〉、〈我的編劇史〉、〈花窠素描〉等自身的回憶文章外，還有《銀海滄桑錄》的專欄，寫了有關張善琨、李祖永、林黛、王元龍、陳厚、胡蝶、阮玲玉、李麗華、周璇等人，所記多是外間少人知的資料。後來以《香港影壇秘錄》為名出版了。

曾經在上海淪陷時期，創刊《古今》雜誌，網羅諸多文人名士撰稿，使《古今》成為當時最暢銷也最具有份量的文史刊物的朱樸，一九四七年到了香港，早已成為一名書畫鑑賞家了，並以「省齋」為筆名撰文。沈葦窗說：「我草創《大人》雜誌，省齋每期為我寫稿，更提供許多書畫資料。那時，省齋在王寬誠的寫字樓供職，薪水甚少，但有一間寫字間卻很大，他每天下午到那裡去轉一轉，看看西報，主要的工作是為王寬誠鑑定書畫。」

當時已渡海來臺的陳定山，是名小說家兼實業家天虛我生（陳蝶仙）的長子，他早年也寫小說，二十餘歲已在上海文壇成名了，他工書，擅畫，善詩文，有「江南才子」之譽。來臺後長時期在報紙副刊及雜誌上寫稿，筆耕不輟，同時也為《大人》寫稿，陳定山因長居滬上，嫻熟上海灘中外掌故逸聞，一代人事興廢，古今梨園傳奇，信手拈來，皆成文章，乃開筆記小說之新局，老少咸宜，雅俗共賞。這些文章後來成為《春申舊聞》的部分篇章。

詩人易順鼎（實甫）之子，寫有《閒話揚州》引起揚州閒話的易君左，在一九四九年冬抵香江時，曾在鑽石山住過，當時那裡住有不少是國內逃避戰禍而抵港的知識份子，因此他寫有〈鑽石山頭小士多〉、〈記香港幾次文酒之會〉等文。更值得重視的是他寫的「文壇憶舊」，包括：〈我與郁達夫〉、〈曾琦與左舜生〉、〈詞人盧冀野〉、〈田漢和郭沫若〉。這些文章所寫的人物皆作者有過深交的文友，寫來自不同於一般的泛泛之論。可惜的是一九七二年易君左病逝臺北，一九七二年四月十五日出版的《大人》刊出的〈田漢和郭沫若〉已註明是「遺作」了。

國民黨政要雷嘯岑，歷任南昌行營機要秘書、安徽省政府委員兼教育廳廳長、鄂豫皖三省「剿匪」總司令部秘書、湖北省第七區行政督察專員、重慶市教育局局長、《和平日報》社總主筆、《中央日報》社主筆。一九四九年七月去香港、任《香港時報》社總主筆。一九六〇年在港創辦《自由報》並受聘為香港德明書院新聞學系主任。他在《大人》以筆名「馬五」，寫有「政海人物面面觀」一系列文章。

他如，老報人胡憨珠長篇連載的〈申報與史量才〉，及當年曾在上海中文《大美晚報》供職的張志韓，所寫的〈血淚當年話報壇〉長文，都有珍貴的一手資料。

而沈葦窗自己也寫有〈葦窗談藝錄〉，談得較多的是京劇，這是他的本行。甚至《大人》每期有關京劇崑曲的文章，都佔有一定的比重，這也是這個雜誌的特色，同時也成為喜好京劇崑曲的讀者的重要收藏。沈葦窗的哥哥沈吉誠，在香港電影戲劇界、文化新聞界都相當吃得開，他在《大人》以「老吉」筆名，從第二期起寫有〈馬場三十年〉至第三十八期連載完畢，講的是香港的賽馬。在上世紀五〇年代，老吉的《馬經大全》，曾經風行一時。

《大人》每期約一百二十頁，用紙為重磅新聞，樸素大方。內頁和封底為名家畫作、法書或手跡，畫家有齊白石、吳湖帆、黃賓虹、張大千、溥心畬、傅抱石、關良、陳定山、黃君璧、吳作人、李可染、周鍊霞、梅蘭芳、宋美齡等。從第三期開始，每期都有四開彩色精印的銅版名家畫作或法書的插頁，精美絕倫。這些插頁除已列的上述部分畫家外，還有：邊壽民的蘆雁，新羅山人、虛谷的花鳥，沈石田、陸廉夫、吳伯滔、金拱北的山水，鄧石如、劉石庵、王文治的法書等。但由於這些插頁開本極大，採折疊方式，裝訂在雜誌的正中間，常為舊書店老闆取下，另外販售。此次復刻本，多期就沒有這些插頁，但在目錄中編有該插頁的頁碼，有時會有八頁之多，其實它是一張大畫折疊的頁碼，如今畫雖不見，但不影響內文，因該畫和內文是完全不相關的。在此聲明，希望讀者明瞭，不要以為雜誌有所「缺頁」是好。

這次能輯全整套雜誌而復刻，首先要感謝熱心協助，並提供收藏的師長好友：資深報人鑑賞家黃天才先生、收藏家董良彥（君博）先生、史料家秦賢次先生及香港的文史家方寬烈先生、學者作家盧瑋鑾（小思）女士。《大人》在臺灣流通極少，甚至國家圖書館都沒有收藏，筆者首先見到的是秦賢次兄已捐贈給中央研究院文哲研究所的部分雜誌，驚嘆之餘，才興起要收藏這份雜誌的念頭。但談何容易，歷經數載，找遍舊書攤才得不到四分之一之數。後經黃天才先生提供他的收藏，並熱心找到收藏家董良彥先生的珍貴收藏，董先生的十幾本雜誌品相極佳。在整理蒐集到手的四十二期雜誌，發現其中兩期有脫頁，於是藉著到香港開學術研討會之便，我和賢次兄又找到方寬烈先生及小思老師，經他們協助影印，補全了全套雜誌的內容。

我曾在二〇一〇年十月十七日香港的《蘋果日報》副刊寫有〈遲來的懷念〉一文，開頭說：「今年九月底，我到香港參加張愛玲誕辰九十週年國際學術研討會。十五年前的九月八日張愛玲被發現死在洛杉磯公寓，無人知曉，據推測她的死亡時間應該是九月二日或三日。而幾天之後的九月六日沈葦窗因食道癌在香港病逝。之所以將兩人並提，是他們都是『寂寞的告別』人世。正如作家穆欣欣所說的：『張愛玲走得孤寂而熱鬧。說孤寂，到底是她自己選擇的一種方式，待世人知曉，已是六七天之後；說熱鬧，是世人不甘，憐她愛她。她像中秋的月亮，走了之後，人間還得追望。比起張愛玲，另一個人走得更寂寞。起碼，他連最後的繁華都沒有。他是《大成》雜誌的主編沈葦窗先生。』是的，早在一九九三年，我籌拍張愛玲的紀錄片，次年還收到張愛玲的傳真信函。她故去之後《作家身影》紀錄片播出，之後我又寫了兩本關於她的書，並推薦李安導演拍她的〈色，戒〉。而對沈葦窗我至今無一字提及，這篇小文就算是遲來的懷念吧！」現在把這段文字轉錄於此，依舊是對他的懷念！

# 陸丹林和《當代人物誌》

陸丹林（一八九六－一九七二），字自在，號非素，齋名紅樹室，廣東三水人。陸丹林廣額長臉，身材瘦長。據鄭逸梅說他一目失明，以瓷目代之，宛如天成，人罕知之。他一足微跛，係早年遇盜，他大膽抵抗，為盜開槍所傷。幼年就讀於家鄉達立學堂，因在祭孔時拒絕充當陪祭並反對行禮，被校方記大過一次。後入廣州朱執信任校長的培英學校。一九一一年黃花崗之役前夕，加入同盟會，在此期間他結識了一些國民黨中「元老」級的政治人物，曾有過一段短暫的從政經歷，一九一八年，任職廣州軍政府。他學西醫一年多，後來到上海，住中國寰球學生會宿舍，得識該會主幹事朱少屏，並由其介紹加入南社。並開始從事報刊編輯，先後曾主編許多報刊雜誌。尤其以文史和書畫刊物而聞名，堪稱是當年國內和港澳兩地的第一「名編」。

陸丹林主編的刊物，有《人之初》、《中國晚報》、《大光報》、《國畫月刊》、《蜜蜂畫刊》、《廣東文物》、《道路月刊》等刊物。但其中為人們耳熟能詳並津津樂道的是《逸經》和《大風》。《逸經》，一九三六年在上海創刊，是半月刊的文史雜誌。簡又文任社長，由謝興堯任主編，社址在滬西愚園路的愚谷邨。一九三六年底，謝興堯以體弱多病，加上不習慣上海的生活，編輯工作的繁劇，而辭職北上，所以從第二十二期起，由陸丹林繼任主編。陸氏乃將內容大加調整，如「逸經」、「文學」、「建國史實」、「今代史料」、「太平文獻」、「藝林」、「考據」、「詩詞」、「人志」、「特寫」、「紀遊」、「小說」、「掌故」、「秘聞」、

「史乘」等。撰稿人有俞平伯、周作人、葉恭綽、陳子展、謝國禎、王重民、柳亞子、胡寄塵、郁達夫、林語堂、宋春舫、趙景深、瞿兌之、金息侯、徐一士、徐蔚南、謝冰瑩、李青厓等，均一時名作家。還有馮自由與劉禺生，也是《逸經》的臺柱。馮自由根據他自身的經歷與見聞及其在民初「稽勳局」局長任內而彙集的資料，分段寫成《革命逸史》。劉禺生曾為兩廣監察使，每期寫《洪憲紀事詩本事注》，每事作七絕詩一首，加以註釋，並附有圖片，專記袁世凱竊國稱帝事。馮、劉之文，先在《逸經》連載，後來才刊行單行本的。

鄭逸梅說陸丹林對於名作家特別尊重，如周作人要求保留原稿，不得沾污，陸丹林特委事務人員為之謄鈔，以副本發排，原稿奉還。且凡名作家，每篇刊出，將該文多印二十份，寄給作者，俾作者保存。續有所作，即續為覆印，積多了，裝訂一下，儼然為一單行本，這個辦法很博得作者的歡迎。

《逸經》在宣傳抗日，曾與《宇宙風》、《西風》聯合出刊了《宇宙風・逸經・西風非常時期聯合旬刊》。之後迫於形勢，這幾個雜誌的骨幹成員，又避聚香港，於一九三八年三月五日共同創辦了《大風》雜誌（初為旬刊，第七十二期改為半月刊），由著名作家簡又文和林語堂任「大風社」社長，陶亢德和陸丹林任編輯。夏曼（陶亢德）在〈香港的雜誌〉文中說：「香港之有『海派』雜誌，恐怕要推宇宙風逸經社合辦的《大風》為開山祖了。……簡君舉家遷港，烽火漫天，而辦雜誌之心不死，函邀《逸經》編輯陸丹林君去港，並請宇宙風社合作，於是一陣大風，遂起於香港。」《大風》為抗戰期間在「精神上智識上」感到貧乏的讀者，提供文化滋養和精神食糧。內容方面，「為適應時勢之需求」，故「由一元而演為多元」，其中包括文藝創作、書評、譯文、專著、史實掌故、各地通訊、漫畫等。但從第十期開始陶亢德和林語堂的名字就從編輯名單消失了。

《大風》最為人所知曉的是在一九三九年三月五日第三十期刊出郁達夫的《毀家詩紀》，全組詩共二十首，其中七絕七首、七律十二首、詞一闋。這些詩詞當是郁達夫一九三六年春至一九三八年冬陸續寫成，並經多次修改，最後加上注文，每首詩後注文詳細記述他與王映霞婚變的過程，淒惻動人。王映霞以詆語太多，心不甘服，也如法炮製，做了許多詩，附有注釋，反唇相譏，交給陸丹林發表，那就是刊於第三十四期的〈一封長信的開始〉。只是陸丹林覺得太失達夫面子，便僅登了詩，注釋都被刪掉，王映霞對此認為厚此薄彼，有失公允，頗不以陸丹林為然。

陸丹林性情不隨流俗，做事往往與眾不同，個性獨特，好惡分明。據鄭逸梅回憶，陸丹林死前數月預寫遺囑，別具一格，說：「我離世後，遺體送殯儀館，不要再穿衣服，也不要整容，這是愚蠢人所做的笨事，切勿盲從，否則是糟掉物料，對死者無補，對生者有損。遺體送到殯儀館，自行結帳，定於何時火葬，不必管它。這樣做得灑脫，省卻許多無聊瑣事。骨灰不要取回，交托殯儀館即可。因為它沒有一些用處，反成累贅的廢物。」

由於陸丹林經歷變革時代，又與革命人物多有往還，近水樓臺，收集當時資料以及文獻，故得以造就相關著述亦豐，著有《革命史譚》、《革命史話》、《當代人物誌》、《從興中會組織到國共合作史料》（據鄭逸梅說，該書稿約二十萬言，其中頗多珍聞秘事，外間從未發表，材料十之七八，是由陳少白、于右任、譚延闓、徐季龍、汪精衛、唐紹儀、馬君武、馮自由、居正、葉恭綽、鄒魯等口述，由他筆錄，惜乎沒有刊成，稿都散失了。）、《新文化運動與基督教》、《孫中山在香港》、《美術史話》、《紅樹室筆記》、《楓園瑣談》等，其他散見於各報刊的文章甚多，十之八九為文史資料。

其中《當代人物誌》一書共有十五篇，分別是：康有為與李提摩太、吳佩孚與楊圻、林語堂與周樹人、詩壇耆宿陳三立、標榜文治徐世昌、苦學成名馬君武、敢作敢為徐謙、落華生許地山、老子軍創組人張一麐、詩言志的葉恭綽、全能畫家張大千、雕刻家劉開渠、開路先鋒趙祖康、六不將軍陳孝威、婦女運動先鋒張竹君。陸丹林談到這些內容說：「有些是偏重某一個人的一方面而非全貌的，有些是合寫兩個人的關係，反映各個人的特性，有些是綜合各家的記述而考證他的得失異同。寫法各別，文體自然也不一律了。」儘管如此，但此書史料價值仍高，就如同作者在〈序〉中所言：「其中所寫述的，十之八是作者的朋友，大家時有往來，他們的生活逸事，知道很多，寫來似更來得清楚親切。絕非用耳代目，甚至憑空渲染些事蹟來聳人聽聞的所能比擬。」

陸丹林在香港辦《大風》期間結識高伯雨，高伯雨一九四二年一月二十日日記云：「等到八點鐘還不見饒宗頤來，乃往其寓所訪之，稍坐就一齊同出，往訪陸丹林，看他是不是接受日本人的『照顧』，一如外間所傳。丹林在香港住了四年多，他的寓所從來不告訴任何人，人們都知道他的脾氣，也不動問」。

一九六六年，陸丹林在上海，高伯雨仍居香港，此時有朋友勸高伯雨辦一份文史掌故刊物，高伯雨即辦起了《大華》。一九六七年三月第二十五期《大華》開始連載《世載堂雜憶續篇》。據高伯雨後來的回憶說：「其時文化大革命已春雲初展，陸兄還能和我通信無阻，他說他剪存有雜憶全份無缺，可以把未收入單行本的部分抄來給我登刊。自二十五期起登出，標題作《世載堂雜憶續篇》，下屬『劉禺生遺著，雋君住釋』。雋君者，丹林先生化名也。他相識劉君在前，我相識在後，由他注釋再好不過。一共登載十期把全文刊完。」

高伯雨說劉成禺（禺生）的《世載堂雜憶》有補編，其實該書在劉成禺生前並無單行本印行，此書稿後來由錢實甫整理，一九六〇年由北京中華書局出版，收為「近代史料筆記叢刊」之一種。後來還有臺北文海版、臺北長歌版、山西古籍版、遼寧教育版。然這些版本完全根據中華書局版。但當時錢實甫在整理編輯此書時，可能有他的取捨標準，因此有許多文稿並沒有編入。

高伯雨說當年香港有位喜歡翻印書的朋友找他商量，要就《大華》所登的《世載堂雜憶續編》排印出版單本，他也竭力贊成，但終究未果。二〇一〇年，筆者就《續編》重新排版，補入原有的書稿之後，成為「全編本」《世載堂雜憶》（秀威資訊出版），如此讀者當可得窺全豹，而無遺珠之憾矣。只因劉成禺、陸丹林、高伯雨都是我敬佩的作家，因而成就此一段因緣。

高伯雨寫道：「一九六五年十一月，我籌辦《大華》半月刊，丹林答應寫稿來給我，條件是用我的筆名發表，稿費匯給他。《大華》出版後三個月，『文革』出現，丹林就不敢再寄文章來，但他積存的還有廿多篇，發表後稿費絡繹匯去。」一九六六年七月十九日陸丹林給高伯雨的信，其中云：「以後來函，千萬不要附有印件，有印件的不必附函，以免發生誤會，亦不必談及寫稿事，因我久不寫稿，更不為海外寫稿也。前存尊處小款（指代賣書的），匯出時，我收必知之，也不必提及。」表明形勢之險惡到了不能「享有通信之自由」了。高伯雨說：「到一九六六年八月後，『風聲日緊』，他來信示意，我不可匯錢去，免生麻煩，後來就不通音問了。他的文章在《大華》刊登後，我就撕下來來套入信封寄給他，不久，他又叫我別寄到他家去，寄給余十眉，余君收到後會交給他的。」至此，我們今天就可以理解續篇前言那個障眼法的落款「一九六六年九月，雋君記於香江寓樓」的苦衷了。

# 日本名醫眼中的民國人物

「中醫才子」陳存仁，在診務之餘寫了一本《閱世品人錄：名中醫舊上海見聞錄》，寫的是他的交遊，因為他是名醫交遊自然是廣闊的，如章太炎、劉半農、胡適、杜月笙、秦瘦鷗、陳光甫、董浩雲、張宗昌等人，皆可說是中國現代史上文化界、實業界的重要人物，因此該書自有其史料上的價值。

無獨有偶的，有一日本人矢原謙吉，其家世代為武士，但他則留德習醫。一九二六年學成之後，應山本醫生之聘，到中國北京懸壺濟世。由於他醫術湛深，又宅心仁厚，因此生意門庭若市，聞名遐邇。當時留居北京的達官貴人及其眷屬有病皆求診於他，因此他遍識西北軍、東北軍、晉軍的大員，甚至前清遺老，以至當時冀察政務委員時代的朝野名流。諸如：馮玉祥、張學良、宋哲元、秦德純、曹汝霖、蕭振瀛、韓復榘、潘復、溥心畬、陳寶琛、梅蘭芳、余叔岩、胡適、周作人、傅斯年、何應欽、孔祥熙、王芸生、王正廷、王克敏、王揖唐等人，或為診病，或頗熟稔，或成良友。矢原醫生又精通漢文，喜結交文士，當時著名的報人如張季鸞、張恨水、管翼賢（北京《實報》創辦人，抗戰期間成為「漢奸」）皆成為其好友，平日文酒宴會，彼此上下古今無所不談，尤其這些資深報人口中都有獨家內幕，因此所述政海秘辛、個人往事，都有足堪記載者，矢原醫生就一一將這些所見所聞之故事，筆之於書，藏之於篋中，但並未將之示人。抗戰戰爆發後，日軍佔領北京即逼矢原離開，並不准在中國行醫。但他個性剛強，不為勢屈，於是移居德國，以示和窮兵黷武之日本絕決。到希特勒上臺後他再遷居美國，二戰時（一說韓戰時）病逝於美國。

矢原醫生的遺著後經其子矢原愉安交給香港《掌故》月刊連載發表。據曾經見過矢原愉安的人說，他懂日、中、英、德文，他的廣博見聞、舉止談吐，也引人入勝。他寫過〈宣統皇帝私生活兩個神秘的角落〉的文章，也寫過〈馮玉祥有沒有偷盜清宮珍寶〉及張勳復辟的文章。而其父的這些札記，初無名稱，刊登時由《掌故》月刊主編岳騫取名為《謙廬隨筆》，後結集成書。

《謙廬隨筆》以掌故筆記體寫成，共八十六則，因作者對軍政界人物最熟稔，尤其與西北軍、二十九軍和冀察政務委員會的高層都有交往，其所記也都親歷親聞者，其史料價值極高。矢原認為馮玉祥偽善多變，欺世盜名，有人說：馮玉祥以作偽為能為樂，故以師事王瑚，蓋王瑚之作偽功夫，爐火純青，馮玉祥所自嘆不如者。假使馮玉祥能學盡王瑚之能事，則馮君臨天下，四海歸心之期，指日可待。因此論者評馮為：「貌似劉備，才如孫權，而志比董卓，運只袁紹耳。」又馮玉祥是西北軍之勤於叛，善於叛與樂於叛者，而「叛者，人恆叛之」，馮部中除宋哲元、劉汝明與劉驥、張之江、李鳴鐘、鹿鍾麟、劉郁芬諸元老外，幾無人不叛馮。而最為馮及其老西北軍所怕者，是石友三，蓋石之善變，喜變，尤勝馮玉祥多多矣。

矢原認為宋哲元為冀察政務委員會委員長，不過似《水滸傳》裏金槍手徐寧、雙鞭呼延灼之流，故當其與日方折衝時，全乏外交手段。事急時，其大將秦德純市長，輒效劉玄德故事，當眾掩面痛哭，使日方嗒然而去。宋哲元避見日方，最常用的藉口，是「虛火上升，耳鳴不已」，因此為他贏得「多愁善病之宋委員長」之稱號。又其母「七十大壽」舉行之慶典，矢原亦恭逢其盛，其豪華奢侈，實為數十年來所罕見者，足可與當年杜月笙建立家祠並稱，有過之而無不及。「堂會」三日，流水千席，壽聯、壽幛之多，幾如山積。其後張恨水告訴矢原說：「此為宣統大婚後，古城中第一大闊事。三日所耗之資，當足敷十萬貧民一月餬口之用也。」而管翼賢更大爆內幕，謂此次花費，各方面人物，均有所「報效」，其「禮金」或十萬或五萬或一萬，而五千以下，一百以上者，更車載斗量，不可計矣。

對於張學良，矢原有他的獨特看法，他認為瀋陽事變後，迄張學良南下之前，外間咸謂張與南京之關係，極為水乳交融，他卻認為未必盡然。他說張雖以養病為名，日臥於北京協和醫院，實則其病房即為變相之「順承王府」，日集謀士，研商大計。以「避嫌」之故，與日人亦不謀面。而日方對其種種行止，亦瞭如指掌。當時在「居留民會」的濱田曾告訴矢原說：「今日張少帥日夕焦慮之問題，並非何日始能重據東北，而為如何始能永鎮北方，不容他人置喙。」矢原認為觀之若干事實，此一判斷確頗中肯。

矢原眼中的孔祥熙是俗不可耐的，雖山西腔英語不絕於口，但其言無味，充其量不過是劉景升（表）之材耳。其妻雖徐娘半老，而濃妝豔抹，舉止若村婦，猶存浪漫之想。矢原說他不解此對賢伉儷，何以竟能於一文明古國，禮義之邦，呼風喚雨，為所欲為，豈浩浩中土真已江郎才盡乎？孔祥熙字庸之，當時任職行政院秘書的黃秋岳曾不減書生狂態地問矢原說：「你知孔財神的字號，出於何典？」矢原無以對，黃秋岳笑曰：「此簡稱也。原文實為『庸人用之』耳。」連用他的人也罵了進去。黃秋岳還罵馮玉祥，因為馮玉祥原名煥章，正是因為他的上代乃是麻將專家與星象專家，預知此公將來必以倒戈叛變起家，有如麻將中之換張易牌，愈換愈好，所以名之為『煥章』，以諧音『換張』之意云。

而軍閥張宗昌的幕僚潘復字「馨航」，用林白水的福建普通話念之，尤如「腎囊」。自認是張宗昌「智囊」的潘復那堪被罵成張胯下的「腎囊」（陰囊），林白水實在是文筆老辣，而潘復「是可忍，孰不可忍」，於是向張宗昌一叨咕，林白水也就送了命。宋哲元入主幽燕之後，潘復見獵心喜，頗欲乘機重登政壇，遂乃日夕奔走奉承於二十九軍之將級人物中。見人則「呵腰示敬」，抱拳拱手，脅肩諂笑，每日大談女人經。久之，「進德社」

（宋哲元之「招賢館」）中人，遂賜給他「潘大舅子」之名，潘復又多了一個渾號了，但這次他無法再砍別人的頭了。

又有曾隨徐樹錚的「觀戰代表團」赴歐的何遂，向有「狂狷」之名。有一晚他和矢原痛飲於慶林春，微醺之際，索來紙筆，寫下他對南京各院部的看法：行政院——永不換湯；監察院——北妓秦腔；司法院——湖北同鄉；考試院——戴氏佛堂；立法院——萬國文章；外交部——見日心慌；教育部——孔道方張；財政部——枉法貪贓；軍政部——無餉無槍；交通部——吃盡當光；實業部——錢來何方；內政部——地圖一張；海軍部——睹艦心傷。可謂道盡當年國府的腐敗亂象。

除此而外，矢原認為當時日人侵華有三派：一派主併；一派主吞；一派主滅。而外人每混「併派」與「滅派」為一談，實則誤矣。「併派」當屬松室、石原、土肥原、坂垣，以致於田代之流；而「吞派」多為元老份子；「滅派」純屬少壯軍人與若干新貴，他們喜以雷霆萬鈞之勢，一舉而殲。當「滅派」一朝得勢，則中日關係即不可收拾矣。當時土肥原權焰遮天，但他曲意逢迎反日人士，如張季鸞每一時評出，土肥原必讀完並託人向張致意「某日社論高明，即土肥原亦五體投地」；逢張生日，特地送上張氏老家陝西的特產作賀禮，禮單上署：「晚土肥原」；當時管翼賢亦以反日言行，見稱於華北讀者中，土肥原每伺機緣，竭力籠絡。管妻邵挹芬在大柵欄購買皮貨與衣料，當選購畢要付帳時，帳房會說：「土肥原君已代付，務請夫人與管先生賞臉！」宋哲元母做壽，土肥原送歐洲名瓷、金皮空心桂圓。如此等等，不一而足，其態度之謙恭，手法之綿密，都出人意表。由此可見日人之隱忍的野心。

另外鉤沉史實，澄清辯誣也是《謙廬隨筆》的一個特色。一九三二年九月三日張宗昌魂斷濟南車站，據鄭繼成的自述，是其親手狙殺，矢原卻以翔實的第一手資料推論此案乃韓復榘指使別人所為。他說張宗昌飲彈之際，日人五反田正與鄭繼成飲酒猜拳，未嘗片刻分離。後鄭繼成隨僕回山東省政府（鄭當時為省政府參議）時，又幾在張斃命二小時之後，鄭繼成有報仇之心事實情，但殺手卻不是他。矢原認為張宗昌之返山東訪舊，實遭韓復榘之大忌。確實韓復榘當時想用武力驅逐劉珍年，戰事已部署好，張宗昌恰巧到了，韓復榘可能懷疑張宗昌另有企圖，也不願意他同劉珍年接觸。張宗昌死後十來天，韓、劉兩軍即在昌邑展開大戰，可以看出張宗昌之死，與此不無關係。矢原之推論確非空穴來風。

《謙廬隨筆》所記雖有別於正史，掌故學家瞿兌之認為中國正史與雜史的分途自宋始。他說：「我們讀《史記》、《漢書》，覺得史家敘述一個重要人物，每從一二小節上描寫，使其人之性情好尚甚至於聲音笑貌躍然紙上，即一代興亡大事亦往往從一件事故的發生前後經過著意敘述，使當時參加者之心理與事態之變化都能曲折傳出，而其所產生之結果自然使讀者領會於心。」而宋以後之正史，多是鈔錄些諛墓之文，一傳之中，照例是某某字某某，某處人，某科出身，歷官某職，某事上疏如何，某年卒，著某書，子某某，幾乎成了一種公式，千篇一律，生氣全無。因此瞿兌之大為感嘆地說，這樣的史還能算史嗎？

因此宋以後的史是必須連同家乘野史小說筆記之流一起讀的，唯有如此，事情的曲折隱微，人的性情風格，才能知道多一點。因為許多為正史所不載的事件，常需藉助這些雜書的瑣細零碎的資料來細加鈎稽，這些資料在很多情況下卻是構成重大事件的重要環節，因此它常可以疏通史傳記載之疑難，補正史書之不足。

《謙廬隨筆》所敘全憑所見所聞，又其為外國人所寫，與書中人物既無恩無怨，自是較為客觀。而其文字簡潔，無散漫脫節之病；而涉筆成趣，皆能出以自然。犖犖諸端，略如上述。可為治民國史者，多一種珍貴的材料，雖是如掌故筆記，但描繪的栩栩如生，或許更接近歷史的本原吧。

# 我編《上海大亨杜月笙》

杜月笙的名字雖然如雷貫耳，但大多數人對杜月笙還停留在他是青幫老大，似乎一天到晚只是打打殺殺的刻板印象。這是長期受到媒體及坊間寫杜月笙書籍的極大影響所致，是相當偏頗的看法。我們無庸諱言，杜月笙曾為黑幫老大，也曾販賣煙土，開過賭場。但絕非就只有這些事，餘則無足觀矣。杜月笙是中國近代史上一個最富傳奇性的人物。他長袖善舞，對前清遺老、軍閥政客、黨國高層、社會名流，乃至金融工商鉅子，無不執禮甚恭，看他恂恂如也，鞠躬如也地周旋於達官顯宦群裡，揖讓於耆老縉紳間，傾力結交，甚至結拜為把兄弟，或收為門生弟子，給予經濟支援，或月奉規銀，養為食客。而蔣氏高層如孔祥熙、宋子文、戴笠等，無不與之結為密友。有這樣一張足以操縱政界、工商金融界的關係網，有法租界做靠山，杜月笙在上海灘可謂左右逢源、縱橫捭闔，一呼百諾，終成為一代人物。

《傳記文學》已故社長劉紹唐在談到《杜月笙傳》時說：「杜氏自稱『樸實無文』，因為他出身寒微而未受教育，終其一生沒有信函日記等材料遺留下來。中年以後，雖顯赫一時，對民國政治及政治人物有極重要的影響，也主持過許多大企業，但正式史料記載則絕無僅有。推其原因一方面由於杜氏具有謙沖的美德，許多事情由他出面解決，他卻不願別人在事後提起；另一方面，若干人士受杜氏之惠以後，往往有一種極微妙的心理，即在事後多不願、或不敢甚至不屑把杜某人的關係坦白地說出來。在這種『口說為憑』的情形之下寫傳記，最容易也最困難。容易者可以說『死無對證』；困難者眾說紛紜，各是其是，取捨為艱。」劉紹唐在出版這部由章君穀詳細採錄杜月笙身邊門人、親屬、好友等口述的杜月笙生平行跡，而擴展和演繹的《杜月笙傳》時，都已經有如此的感慨了，何況其餘呢？

因此坊間雖出版了大量的杜月笙傳記，或傳奇，它們都犯了一個嚴重的弊病，那就是游談之雄，好為捕風捉影之說，故事隨意出入，資其裝點。更有甚者，更以「遺聞」、「佚事」、「揭秘」為名，大肆謾罵、譏詆，遂行其某種政治目的。而其內容往往只是拾綴陳言，輾轉傳述，甚至以訛傳訛，離所謂歷史真相，真不可以道里計。

「傳記」雖然不全等於「歷史」，但它多少必須忠實於「歷史」。如果「傳記」不忠實於「歷史」，那不是「傳記」，而是「小說」而已。因此史學大師孟森（心史）說：「凡作小說，劈空結撰可也，倒亂史事，殊傷道德。即或比附史事，加以色澤，或並穿插其間，世間亦自有此一體。然不應將無作有，以流言掩實事，不可以其事本屬離奇，而用文筆加甚之；不得節外生枝，純用指鹿為馬方法，對歷史上肆無忌憚，毀記載之信用。」

而當今之所謂《杜月笙傳》者，可說都是後來者誇誇其談的，甚至寫作者都沒有人親見過杜月笙本人。即令名記者徐鑄成寫的《杜月笙正傳》，作者與杜氏也僅有一面之緣，其中的可信度有多少？實在令人懷疑。等而下之的寫杜月笙者，更令人不忍卒讀。曾經與杜月笙有過不少交往的「中醫才子」陳存仁就說：「杜氏並不是理想中的偉男子，完全是一個文弱書生的品型，真所謂『英雄見慣亦平常』。」陳存仁極佩服的是杜月笙判斷力，杜月笙常說：「不識字可以做人，不懂事理不能做人。」他辦一件事，先決定上策如何？中策如何？下策如何？還要考慮到後果會如何？好會好到如何地步？壞會壞到如何程度？他往往先聽別人講話，自己默不出聲，等到別人講完，他已定下了決策，無非是說：「好格，閒話一句」，或者是說：「格件事，不能這樣做」，他的判斷力極強，說過之後，從來不會變更的。杜氏全盛時期，上海凡是規模龐大的工商機構，都延攬他當董事或董事長。他擔任過七、八十個董事或董事長，何以一個最初不識字的人，有這般威望呢？都是因為他處理人事問題，有特殊的方式，往往只用一句話，就可以解決了一個大組織的困難問題，好多公司召開董事會，都移樽就教到他家中去舉行，大抵小事他都不管，大事才請他出來說句話。當時社會間的各式各樣的勢力很大，任何機構只要是由他擔任董事長的話，什麼事情都可煙消雲散，所以他成為上海百行百業眾望所歸的領袖人物。陳存仁的這些看法無疑地更較為客觀而真實。

筆者編校《上海大亨杜月笙》一書，該書分為兩大部分，除找出杜月笙秘書胡敘五所寫的《杜月笙外傳》一書，重新編排分段點校，改正錯字外。另一部份則蒐集與杜月笙有過深交或資深報人親歷親聞的文章，這些文章遠較坊間的杜月笙書籍，要具有史料價值，有很多事都是信而有徵的。

杜月笙因不通文墨，後來很相信捏筆桿兒的人，為了做好文字工作，他請了翁佐卿（左青）、邱訪陌、王幼棠、胡敘五，四個人當秘書。其中翁佐卿是張嘯林的門生，由張介紹給杜的；邱訪陌，由陳群介紹的；王幼棠（曾任淞滬員警廳秘書）由劉春圃介紹的；胡敘五由黃炎培介紹（曾在上海地方協會任秘書）。而其中以胡敘五先生做的時間最久，胡敘五甚至一直跟隨杜月笙到香港。這事我也求證於杜月笙的女兒杜美霞女士。

金雄白說：「我一向認為寫像杜月笙這樣的一個人，自然不失為極佳題材，但任何人有他的長處，也會有他的缺點，更何況於他。所以為杜氏立傳，褒貶之處，下筆頗難得當，而敘五以與他多年賓主之情，知道得多而翔實，評論得生動而中肯，文字的優美，反成餘事。」幾年前，我在上海見到杜月笙好友楊管北的兒子楊麟，他的書架上也有本《杜月笙外傳》，我問他對此書的看法如何？他說真實，尤其寫他父親的那段，真是親歷其境。

胡敘五因長期跟隨杜月笙，因此該書有極高的真實性，例如有關「高陶事件」，書中說：「月笙看過字條，深悉寄老（案：徐寄廎）為人，十分謹慎，如非千真萬確，落筆不致如此堅定。認為事不宜遲，利在速洽。即於翌晚飛往重慶，一面囑采丞留港稍候。其時蔣委員長適有桂林之行，原擬小駐，聞此密報，一宿還渝。召見月笙，前席專對。即囑月笙從速返港秘密進行。月笙返港後，又著采丞從速返滬。纔逾十天，溯老（案：黃溯初）蒞港。當將宗武（高宗武）去日經過、密約要點，逐一和月笙細說，並製成筆錄，俾月笙不致遺忘，得向當局詳陳。於是月笙在同一月內又作第二次重慶之行。」據徐寄廎〈《敬鄉樓詩》跋〉回憶：「時杜月笙君在港，與溯初無素，余為介紹，一見如故，爰偕赴陪都，以某事言之於當路。」而據蔣介石一九三九年十二月十八日日記云：「下午與俄使談外交，與月笙談汪事。」是胡敘五的記載真實不虛。

一九五一年八月七日，杜月笙叫來胡敘五，說是要口述遺囑。時家人、好友均在室內，拭淚點頭。杜月笙這時已是兩頰凹陷，臉色白中透灰，說上幾句話就要大喘幾口氣。他緩緩說道：我已病入膏肓，行將離世，茲將所遺財產（包括現金、債券、不動產等），按具體分配方案，留給各位夫人及子女……各位繼承人要努力守成，艱苦創業，云云。杜月笙口述後，叫胡敘五重讀一遍，然後掙扎著簽上自己的名字「杜鏞」。老友錢新之、陸京士、顧嘉棠、吳開先、徐采丞五人，應杜之邀請，於遺囑上副署，監督以後遺囑的執行。八月十六日杜月笙病逝香江，一代人豪在此劃上句點。

胡敘五則孑身客寄香江，僅靠賣文為生。據金雄白說：「敘五狀貌如三家村學究，木訥又如一謙謙君子，對同文中稍有一得的人，即服膺勿替，說話帶有濃重的安徽土音，雖訥訥不出於口，但嫉惡如讎，極富正義感。他因曾為杜月笙佐筆政，過去時與俠林中人交遊，最難得的就是並未沾有此中習氣。敘五下筆輕盈，辭意茂博，如以貌取人，不信是出於其手。」一九七〇年胡敘五病逝香港，身邊沒有一個家屬，也沒有一個親戚，寥寥十餘朋友，為他在殯儀館草草辦妥了臨終大典，就送往火葬場安葬。是《杜月笙外傳》其史學意識、其文筆、其閱歷，足可作史，不宜等閒以內幕、秘聞之屬視之。它遠較之坊間誇其談的「杜月笙傳奇」，還是高明太多了，畢竟很多事都是作者親見者。

在編畢該書後，我又找到筆名「簾外風」寫的一系列《杜月笙軼聞》的連載文章，作者用的是筆名，告訴人們有如「簾外一陣風」。其實他可能是跟隨杜月笙身邊的秘書，或是杜月笙的策士，或是與杜月笙極為莫逆之人。因為只有具備這些條件的人，才知道杜公館裡面的內幕。只是目前尚未考證出來。

作者以親身見聞寫出居港期間的杜月笙，並細寫在杜月笙身邊的大將，有謀士，有武將，另外還有同時代相關的一些人物。從這些人物及事件中，將可窺見杜月笙一生的起落浮沉。作者掌握太多的細節，從這些細節中，您將可以捕捉到時代的脈動，還原到真實的杜月笙。這些文章寫的是杜月笙最後的一段時光，也可說是杜月笙最後的「完結篇」。但從未結集出書，只存在老舊的雜誌中，今重新整理編校，成《上海大亨杜月笙》一書之續集。另外簾外風在書中寫到的顧嘉棠、楊管北、胡敘五諸人，我都找到他們寫的文章，也一併收錄，可以和書中相對應。唯有這些信而有徵的史料，您才能還原一個真實的杜月笙。

# 最後一位掌故大家
## ——高伯雨

一般人說起「掌故」，無非是「名流之燕談，稗官之記錄」。但掌故大家瞿兌之對掌故學卻這麼認為：「通掌故之學者是能透徹歷史上各時期之政治內容，與夫政治社會各種制度之原委因果，以及其實際運用情狀。」而一個對掌故深有研究者，「則必須對於各時期之活動人物熟知其世襲淵源師友親族的各族關係與其活動之事實經過，而又有最重要之先決條件，就是對於許多重複參錯之瑣屑資料具有綜核之能力，存真去偽，由偽得真……」。因此能符合這個條件的掌故大家，可說是寥寥無幾，而其中高伯雨卻可當之而無愧。

高伯雨（一九〇六－一九九二）原名秉蔭，又名貞白，筆名有林熙、文如、竹坡、西鳳、夢湘、大年、高適、秦仲龢、溫大雅等超過二十五個之多。他是廣東澄海人，祖父高滿華在清道光年間南渡暹羅（泰國）經商辦企業，在新、馬、泰和廣州、汕頭都有商鋪分號，富甲一方。父親高學能（舜琴）是清末戊子（一八八八年）舉人，和丘逢甲同科，後無意仕途，隻身前往日本經商，幾經奮鬥，遂成日本關東地區舉足輕重的華僑巨賈。高家屬下的商業機構有「元發行」、「元發盛」、「文發行」、「元發棧」、「綿發油廠」等等，業務範圍廣及米糧、煙葉、橡膠、電燈、電話、航運等。高伯雨是高學能的第六子，出生於香港文咸西街高家經營的元發行，他四歲喪父，長兄高繩之（秉貞）只顧着發展自己的自來水公司和電話等業務，無暇打理父親的生意，到了一九一三年高繩之又病逝，高家事業從此後繼無人便日漸走下坡。一九一三年高伯雨在廣州公益中學的附小讀書，後來又轉到德才女子學校，再轉到覺覺小學。（高伯雨於一九七四年曾寫《聽雨樓回想錄》在《波文月刊》連載五期，後因雜誌停刊，文章亦告歇筆。三萬餘字才寫到小學尚未畢業，若能完成，其內容豐富當可期也。）一九二三年高伯雨入澄海中學，一九二六年六月中學畢業，到日本東京打算投考早稻田大學，九月遭逢母喪，即返廣州奔喪。一九二八年冬，他赴英國讀書，攻讀英國文學，一九三二年未修完學業而回國。先任職於上海中國銀行總管理處調查部專員，同事中有唐雲旌（一九〇八－一九八〇），也就是後來號稱「江南第一筆」的唐大郎，二〇年代後期唐大郎開始給小報投稿，所作詩詞取材靈活，隨手拈來，涉筆成趣，頗受讀者歡迎。一九三六年高伯雨在南京外交部任僉事。抗戰爆發後他抵香港定居，直至一九九二年逝世。

在港期間，高伯雨編過晚報副刊，為報紙寫過稿，也開過畫展（因他曾隨溥心畬習畫，從楊千里習篆刻），更辦過文史刊物《大華》雜誌。但終其一生，可說寫稿為生，一寫就是五十多年，他曾自嘲為「稿匠」。據保守估計他一生所寫文字當有千萬字之多。然而令人遺憾的是，如此龐大的著作，最後結集出版的只有以「聽雨樓」命名的文集五種（一九九八年遼寧教育出版社出版的《聽雨樓隨筆》，還在高氏去世之後），及以秦仲龢為名翻譯的《紫禁城的黃昏》和《英使謁見乾隆紀實》。其他還有幾種雜著，如《乾隆慈禧陵墓被盜記》、《中國歷史文物趣談》、《春風廬聯話》、《歐美文壇逸話》等，但都是戔戔小冊。高伯雨自己曾說，他曾先後三次編選隨筆，都因為出版社解散或稿件遺失而未能出版，「三次受厄，可謂奇遇」。一九九一年，在香港作家小思、編輯家林道群的幫助下，他的子女自費幫他出版了新版的《聽雨樓隨筆》，這也是他生前的最後一部文集。次年一月二十四日，他遽歸道山了。

晚清至民國，掌故隨筆一類的筆記雜著為數極多，但多為耳食之談，謬悠之說，其中能以淵博翔實及議論精闢見稱於時者，當推黃濬（秋岳）所撰的《花隨人聖盦摭憶》一書為翹楚。該書對晚清以迄民國，近百年間的諸多大事，如甲午戰爭、戊戌變法、洋務運動、洪憲稱帝、張勳復辟均有涉及。內容不僅廣徵博引，雜採時人文集、筆記、日記、書札、公牘、密電，因作者身分的特殊且多自身經歷，耳聞目睹，議論識見不凡，加之文筆優美，讀之有味，被認為民國筆記的前茅。瞿兌之推崇該書謂比之於洪邁的《容齋隨筆》，絕不遜色。而該書也頗受史家陳寅恪的青睞，後來旅美學人楊聯陞、房兆楹亦極力推薦，咸認其不但史料價值極高，而且是近五十年來以文言文所寫筆記的第一流著作。論者認為黃氏能做到這一點，一半是本人博聞強識、深明故實之學識使然，另一半則是與其平生遭遇相關。黃氏早年入京師學堂時，變故尚未發生，猶能親睹舊清之貌；鼎革之後，又以少年雋才見賞於梁任公、樊樊山、易實甫、俞恪士、陳石遺等老輩。瞿兌之嘗謂掌故學者，既必須學識過人，又得深受老輩薰陶，並能夠眼見許多舊時代的產物。

高伯雨從小就席豐履厚，高家富商多喜歡和文人往還，而當時往來寄食於高家的社會名流非常之多，有晚清翰林，當朝政要，閒居軍閥，一代學者等等，在這些人的耳濡目染之下，高伯雨對於晚清乃至民國之事，當有他獨得之秘。加上他熟讀古代和近代的筆記，尤其收藏明清罕見的筆記有上百種之多。還藏有大量的年譜、日記等資料，我們從他發表在《大成》雜誌的文章如：〈「隨軺筆記四種」中的珍貴史料〉、〈別開生面的年譜（麟慶與「鴻雪因緣圖記」）〉、〈從《張元濟日記》談商務印書館〉、〈程克甲子日記及其有關人物〉，甚至〈從我的日記中看四十年前的香港文化人〉、〈從舊日記談到民國二十一年的上海〉等文章，均可知道他對史料重視之一斑。

好友黃岳年兄說，高伯雨由於他特殊的經歷，他寫的許多事，都是自己親耳聽聞，或親身感受的，再加上他獨特的文筆思路，雖舊人舊事卻寫得意興飛揚，靈動異常。而他腹笥極廣，檔案筆記無所不讀，可說是無一字無來歷，無一事無根據。過人的才情和過人的史識，構成了高伯雨文字氣度嫻雅的底色，信而有徵，讀來有味。難怪瞿兌之說高伯雨的書「必定是讀者所熱烈歡迎的」，「讀之唯恐其易盡，恨不得一部接一部迅速問世，才能滿足我們的貪欲。」同為寫掌故和隨筆，高伯雨與徐珂、黃秋岳、鄭逸梅、劉成禺、汪東、徐一士、瞿兌之、高拜石和後來的高陽等人相比，無疑是最好的之一。而時代的劇變，也使得他成為「最後一位掌故大家」，而後無來者了。

記得高伯雨在辦《大華》雜誌時，曾催生作家包天笑寫《釧影樓回憶錄》，逐期在《大華》連載，最後並為他出單行本。這為包天笑耄耋多病的晚年，贏得不少慰安；而《釧影樓回憶錄》正續兩大冊，也為文壇留下珍貴的史料。高伯雨的高情厚誼，誠屬不可多得。如今在斯人逝世二十週年之際，面對他珍貴的文稿，香港牛津出版社整理出版高氏著作十巨冊，其中多冊是首次結集出版。有的是在《大華》雜誌的、有的是在《信報》的專欄，都屬於較短小精幹的文章。尤其在報紙上的文章若無結集，翻檢是不容易的。編輯家林道群先生的用心，無疑地功不可沒。

當然這還僅是高氏所有著作的一小部分，高氏的重要文章在《大人》、《大成》、《春秋》等雜誌上，在沈葦窗的《大人》、《大成》的兩份雜誌上，估計有二、三百篇之譜，有時一期中同時有署名「高伯雨」及「林熙」的文章；而在《春秋》雜誌的某一兩年間，他寫得甚勤，幾乎用了七、八個筆名，在同一期上，當然都是短文。高氏的長文極具份量，集考證與學術，趣味與史實於一爐。筆者近來涉獵晚清及民國史料，看了數百篇高氏的文章，或長篇大論，或雋永隨筆，筆底波瀾，令人嘆服！難怪香港老報人羅孚（柳蘇）稱讚高氏說：「對晚清及民國史事掌故甚熟，在南天不作第二人想。」而林道群也讚曰：「高伯雨一生為文自成一家，他的『隨筆』偏偏不如英國的essay，承繼的是中國的傳統，溶文史於一，人情練達，信筆寫人記事，俱是文學，文筆之中史識俯拾皆是。」這是高伯雨的高妙處，也是他獨步前人之處。《聽雨樓隨筆》可稱得上是白話文筆記的一流著作。

# 陸澹庵力捧名旦綠牡丹

作家陳定山在《春申舊聞》書中提到當年上海小報之筆戰時說：「而陸澹庵方捧綠牡丹（黃玉麟），倚虹遂捨澹庵綽槍驟馬，直攻玉麟。澹庵怒，併舉倚虹隱私而亦攻之，筆戰於以大開。步林屋繼起辦《大報》加入筆戰，右倚虹而攻澹庵，長圍鉅鹿，如火如荼，各路諸侯皆袖手作壁上觀，稱之曰：『西門慶大戰潘金蓮。』此一場廝殺，歷半載始已。」這是指當年上海兩大小報《晶報》與《金鋼鑽報》開打的情形，起因是《晶報》的主持人余大雄原本是好事之徒，筆墨又很尖刻，動輒在《晶報》上指桑罵槐，被罵的人因為沒有地盤可以回罵，因此陸澹庵、朱大可、施濟群、孫玉聲等十人集資在一九二三年十月十八日創辦一個三日刊小報名叫《金鋼鑽報》，以金鋼鑽可以剋「晶」之謂也。果然，《金鋼鑽報》第一號出版，就猛烈向《晶報》進攻，寫《晶報》主人余大雄為甏腳編輯，《晶報》特約撰稿人畢倚虹為甏腳律師。畢倚虹馬上還擊，寫《金鋼鑽報》的編輯施濟群為「腳編輯」，因為他曾賣腳氣丸為生。後來《金鋼鑽報》又派陸澹庵出馬，罵畢倚虹從前閨房私事及新近結婚的太太，文中以西門慶影射畢倚虹，以其住在西門恆慶里之故。而畢倚虹也不甘示弱馬上回擊，直指陸澹庵窮捧綠牡丹，是別有所圖，雙方筆戰於焉展開。

陸澹庵（一八九四－一九八〇），原名陸衍文，字澹盦，後因盦字筆劃太多，改為庵字，他仍嫌多，索性改為安字。江蘇吳縣人，別署瓊花館主，世居蘇州洞庭山莫厘峰下。早年就讀於上海滬南民立中學，後來鑽研法學，畢業於江南學院法科，歷任同濟大學、上海商學院、上海醫學院的國學教授。兼任廣益書局、世界書局編輯。一九二三年至一九三七年間與朱大可、嚴獨鶴、施濟群等合辦《金鋼鑽報》，寫了許多散文、小說和評述古典小說文章。一九二四年他和洪深、嚴獨鶴一起創辦了中華電影學校和中華電影公司，培養出了一批像胡蝶、徐琴芳、高梨痕等早期的電影明星。一九二五年，他還和張新吾一起創辦了新華影片公司，編寫劇本《人面桃花》。一九二七年又親自編導了《風塵三俠》，他還將平江不肖生的《江湖奇俠傳》改編成多集電影《火燒紅蓮寺》，大受觀眾的歡迎，風靡了上海和江南地區。他還將顧明道的《荒江女俠》搬上了銀幕。抗日戰爭爆發後，陸澹庵的治學興趣逐漸由外轉內，完成了《小說詞語彙釋》、《戲曲詞語彙釋》、《說部卮言》、《漢碑考》、《諸子末議》等數十種學術著作。一般說來，具才情、擅辭章的才子往往缺乏深思明辨的學術能力，換言之，「才子氣」和「學者氣」很難統一，「學識」和「才華」往往不能兼及，才高八斗的才子和學富五車的鴻儒通常是兩副面孔，而陸澹庵卻能同時兼備，實是個例外。

陸澹庵，是個戲迷，對京劇名旦綠牡丹如癡如醉，寫了一篇又一篇的文章吹捧這位名旦。於是《晶報》就約請了畢倚虹撰文譏諷陸澹庵「中了綠氣」。引發兩人之間的戰火，後來甚至轉為人身攻擊，終至鬧上法庭。法院認為兩報相爭，唇槍舌劍，僅筆墨官司而已，難以為某人定罪，於是便不了了之。至於綠牡丹乃是黃玉麟也，陸澹庵有一文〈記黃玉麟〉云：「黃生玉麟，黔之安平人，名瓊，別署歐碧館主，初入樂籍時號綠牡丹。黃氏故黔世家，先世仕清為顯宦，父吉人，嘗參贛督李烈鈞幕，嗣以賈傾其家。玉麟蒙家難，乃學為優孟，執贄於伶人戚豔冰之門。豔冰殤，玉麟才十一齡，輒出奏藝，歷遊南北諸巨部，所至有聲。歲庚申（一九二〇年），應聘過滬，滬故聲色貨利所薈，鞠部繁盛甲天下，伶人以色藝負重名者，不勝指屈。玉麟一孺子，卓然自樹其間，一時文人學士婦女童稚，下至僻巷小夫，靡不知有名伶綠牡丹，相與咨嗟歎賞，顛不自持，可謂難矣。逾年，北遊燕京，師老伶工王瑤卿，藝益孟晉。乙丑（一九二五年）之夏，應日本帝國劇聘，東渡至扶桑，每一登場，日人傾巷觀，視若天人，至今報章稱譽弗表。已而又膺聘赴香港，亦載譽歸，我國藝人之揚聲域外者，生與梅蘭芳外，未之聞也。生天資穎敏，讀書識字，能作擘窠書，近頃求學尤劬，充其所極，詎有涯量，生其勉之哉！」。

當時南方伶官世家，除張國泰一系外，還有一個戚家，他們的弟子，都是唱花旦的。戚氏藝名為豔冰，戚氏的崛起，略後於張氏，門下弟子男女兼收，都以牡丹為號。如紅牡丹、粉牡丹、金牡丹等，均為女性，才具也極普通，未能受人重視；卻不道其間有一個男弟子綠牡丹，色藝雙絕，初陳色相，即紅極一時，足稱海上劇壇後起之秀。按在民國初年，南方伶工唱旦角之傑出人選，群推馮子和、賈璧雲、毛韻珂、趙君玉四人，自上述四人老去後，江南名旦，即無優秀之繼起人物，綠牡丹之崛起劇壇，在紅氍毹上，著實走紅了一個時期，堪為南方劇壇放一異彩！

陸澹庵與綠牡丹之間有很深的交誼。陸澹庵從一九二〇年起即擔任綠牡丹的文字師，據作家鄭逸梅說綠牡丹從陸澹庵學書法，陸兼教詩文，並發起綠社，徵集綠牡丹劇照及諸名流如胡寄塵、袁寒雲、朱大可、尤半狂、天臺山農等的揄揚文字，彙刊《綠牡丹集》。施濟群在〈《綠牡丹集》序〉中云：「（余）初不知澹庵之善顧曲也。歲庚申，歌郎綠牡丹，鬻藝滬上，邦人士女，傾倒若狂，而澹庵為尤甚，且列之門牆，授以國學。」另外陸澹庵還為綠牡丹編寫多部劇本，如《風塵三俠》、《龍女牧羊》等。作家盧大方也說到綠牡丹：「筆者初次看見他演戲，是在大新街亦舞臺，掛的是三牌；大都唱花旦戲，如《花田錯》、《鴻鸞禧》等，偶然也演《晴雯撕扇》、《寶蟾送酒》等古裝戲，並無藉藉名。其後，忽然認識了民立中學的一位教員陸澹庵，愛其聰慧，捧之不遺餘力，陸氏是個英文教員，但多才多藝，不但舊文學根底好，對京劇也極富經驗，他本來是翻譯偵探小說的，自認識玉麟以後，便拋棄了做小說的工作，為黃玉麟編製了好幾部小本新戲，如《龍女牧羊》、《風塵三俠》等，再加報紙的極力鼓吹，再度演出，一砲而紅，奠定了他南方首席旦角的地位。」

一九二三年十二月二十七日，陸澹庵以「紅情綠意樓主」的筆名，在《金鋼鑽報》上發表〈綠牡丹之詩〉一文說：「按黃生在滬，除讀書習字外，頗有志於韻語。余嘗為述聲韻平仄以及初學作詩之法，立談之頃，即能了然悟解。此次入都之前，鬻歌大連，又得詩人許覺園君之指導，以二三月之研習，即能握管為詩，句雖稚弱，尚無大疵。其天資之聰敏，有非常人所能及者，洵可喜也。」而在一九二六年六月十三日的《金鋼鑽報》上，陸澹庵又有〈《風塵三俠》之劫運〉一文，寫他為綠牡丹編寫《風塵三俠》的始末及《風塵三俠》一劇曾受到觀眾喜愛的狀況，而此次黃玉麟於大新舞臺的表演，因準備不充分，任意刪改，面目全非，效果不佳，令陸澹庵非常生氣，並對黃玉麟提出期望，「尤願玉麟每演一劇，事前必有預備，勿復如此次舞劍時之窘狀畢露，為人訾議。」關愛之情，溢於言表。

盧大方說綠牡丹比他小幾歲，他之認識綠牡丹也是陸澹庵介紹的。而畢倚虹與陸澹庵的戰火，由罵陸澹庵而連帶罵到綠牡丹，綠牡丹一向受人捧場慣了，一旦中了流彈，這口氣就出在陸澹庵的身上。陸澹庵去見他，他竟不加理會，並且表示這次被罵，都是因陸澹庵而起，今後，他既不要人捧，也不甘為人所罵，請陸澹庵和他斷絕往來，以免遭到連累云云。陸澹庵一番心血，竟然遭到如此反應，當然大為氣憤，但他對黃玉麟還不肯放棄，雖然弟子不再假以辭色，但為師者仍追隨如故，捧角而成為捧角迷者，陸澹庵可算是鞠躬盡瘁的忠臣了。盧大方又說綠牡丹長得白皙漂亮，骨肉亭勻，男性中帶有一些女性美，真是丈夫中的絕色，使人有看煞衛玠之感。但不道他外型好看，脾氣卻很壞，有時更會口出粗鄙之言。有次在彈子房中，圍著他的圈子，因人數過眾，愈幾愈小，在打彈子時，慣例要拿腰彎起來，但一彎了腰，屁股勢必撅起，這時恰巧有個人不留意碰著了他的屁股，他認為有意侮辱，舉起彈棒，在那人頭上重打幾下，還連罵了幾聲「豬玀」！這人因為事出無心，不肯認錯，雙方鬧將起來，幾乎激起公憤，後由「大世界」彈子房的巡場人員，稱為稽查的到來相勸，才和平了事。試想綠牡丹脾氣如此之壞，自然沒有敬師觀念，對陸澹庵，遂也時常欠缺禮貌，終於師生以不愉快的結果收場。

說到綠牡丹赴日演出的情形，徐亞湘教授在〈近代中國戲班在國外的傳播〉一文中指出，黃玉麟的赴日演出原本是一九二三年的事，他由經紀人朱啟綏與日本帝國劇場約定往演一個月，後因關東大地震之故而未成行。一九二五年，帝國劇場再度邀聘，並派舞臺監督二宮博士來上海歡迎，隨行帶有畫師二名，專程參觀京劇的佈景，以備黃玉麟赴日演出時仿製。同年六月底成行，自七月一日起在帝國劇場演出，至八月十一日回返上海，計演出二十五天。期間日本各界名人紛紛到場觀賞，「並各款以盛宴，贈以貴重之禮物，稱頌其詩文」，返滬前最後一場演出，據《申報》報導「臨別時，帝國劇場贈以大銀瓶一對，由總理山本久三郎於最後出演之日，親送上臺，並當眾演說，謂帝劇從未以禮物贈之藝員，此次實為破例。綠去東京日，送行者二千餘人。」

身為伶官常常是少年得意，中年失落，而晚景淒涼。綠牡丹也難逃這個覆轍。據盧大方說綠牡丹在二十餘歲時，便為名妓艷秋老四所俘獲，艷秋本是狗肉將軍張宗昌的下堂妾，富於手腕，更善用心機，雖然當時追逐綠牡丹的名妓甚多，而她的年紀又較綠牡丹為大，但不知何故，黃玉麟竟和她共賦同居。因此當時有人談起「玉秋」之戀，都說艷秋雖屬花國名妓，但當時情況，並非賣油郎獨佔花魁女，卻是花魁女獨佔了賣油郎云。艷秋雖嫁入黃門，號稱從良，但放蕩成性，背著玉麟，和舊雨新知仍時有交往。其中有位是黃玉麟的好友周孝伯，他是南通世家子，娶了狀元張謇三兄之女為妻，年紀很輕，已懸牌為律師，人稱「法律界小阿囡」，老朋友遂都賜以律囡之號。周孝伯不但長得丰神俊朗，宛如玉樹臨風，並且精於劇藝，雅擅聲歌，唱得一口言菊朋腔，也曾登臺彩串，以博人喝采。走馬章臺，更是揮金如土，他具有潘、鄧、小、閒種種條件，自然為歡場女子所歡迎，風流韻事，指不勝屈，老牌影后張織雲，即曾和他一度結合，後來不歡而散，以打官司解決，報間稱為律囡影后之訟。「中醫才子」陳存仁在《閱世品人錄》書中就說：「有一位二世祖周孝伯大律師，曾經和當時紅極一時的女明星張織雲結婚，結婚之前簽過一個極苛刻的婚約，證明男方如果拋棄女方賠償多少損失，而數字之大是周孝伯絕對不勝負擔的。不幸結婚三月，雙方便鬧翻了，女方要他履行婚約，周孝伯囊無餘資，哪裏拿得出來，糾葛鬧到杜宅，張織雲振振有詞，杜氏只說：『周孝伯是嘸沒銅鈿格，官司打到底，也是嘸沒結果的，還是我來罷。』當時即掏出兩張莊票，面額不大，張織雲只好勉強接受把婚約撕了。杜氏同時關照書記，把周孝伯的門生帖取出，當堂撕了，周孝伯廢然而去。」杜月笙對收門生，考慮最多的，一種是武夫，一種是二世祖（即敗家子），他最怕這般人攪風攪雨的行為會妨礙到他的聲譽。

周孝伯與艷秋老四的結識，不知屬於新歡，抑係舊雨。但在黃玉麟婚後，周孝伯與艷秋仍時常暗渡陳倉，這使得黃玉麟精神受到極大的打擊，不久兩人因意見不合，終告離異。黃玉麟改搭外埠班子，在杭、嘉、湖一帶演唱，過者跑碼頭的生活，而艷秋老四則在上海會樂里重張艷幟。一代名花和一代名優，同樣走上晚景淒涼的道路。

據范梅軒〈綠牡丹黃玉麟先生傳略〉一文，說到一九三〇年後，黃玉麟組織劇團離滬赴雲南昆明演出，在金碧遊藝園、天南戲院演出《西遊記》、《石頭人招親》、《開天闢地》、《飛龍傳》等。一九三三年後去重慶、漢口、長沙及東北等地演出，因沾染了鴉片惡習，嗓音和容貌扮相開始衰敗。一九三七年抗戰爆發後，在營口、大連、瀋陽、安東、哈爾濱、齊齊哈爾等地演出。在瀋陽時曾與唐韻笙、李仲林等同臺。一九四三年與金少山、吳素秋、孫煥如等去北平，自己組班演出年餘。因年齡、身體條件的變化，已難以花旦戲召客，即與徐蘭沅、王少卿、李盛斌、白家麟等在廣德樓合組節勤社彩頭班，勉維生計。抗戰勝利後，戒絕鴉片嗜好，改行經商。一九四八年回到上海，因不善經營，資本虧損殆盡，靠教戲度日，生活潦倒。一九四九年後重返舞臺，黃玉麟先與黃桂秋一起在南京中華劇場演出，後又回滬，加入人民大舞臺與黃桂秋等合作短期演出。一九五一年參加上海京劇改進協會流動演員的演出活動。一九五二年在上海市文化局的支援下，組織京藝京劇團，任團長。一九五六年十月起，經林鵬程介紹被上海市戲曲學校聘為京劇花旦教師，為學生傳授了一批有其獨特風格的劇目。

鄭逸梅說：「解放後，每逢星期天，一般筆墨朋友，紛趨襄陽公園茗談為樂。陸澹庵、朱大可、平襟亞、徐凌雲、管際安等，為座上常客，我也每週必到，綠牡丹有時也來參加。」文革中黃玉麟身心受到極大摧殘，於一九六八年十一月十五日含冤離世。

# 汪希文及其岳父江孔殷（霞公）二三事

汪精衛的父親汪琡，字省齋，籍貫浙江山陰（今紹興），後外出遊幕，由海道到廣東番禺（今廣州），從此便寄籍其地。汪琡元配為盧氏，生有一子三女，子名兆鏞（字伯序，一八六一－一九三九）；一八七一年盧氏病歿，汪琡續娶廣東人吳氏，吳氏先育有三女，而後才生下兆鋐（字仲器，一八七八－一九〇三）、兆鈞（字叔和，一八七九－一九〇一）、兆銘（字季新，一八八三－一九四四）三子。「伯仲叔季」，汪精衛在四位兄弟中排行最末，而且是庶出的。

汪兆鏞幼聰慧，十歲能詩，年十八侍從父穀庵先生讀書隨山館，致力於經史古文詞。舉學海堂專課生，為東塾先生陳蘭甫之高足。與同邑梁鼎芬、陶邵學等遊，學益進。光緒六年補縣學生，十一年以優行貢成均。考用知縣。十五年舉於鄉，兩應禮部試不售，遂南歸，以刑名之學遊於州縣幕者有年。汪兆鏞長汪精衛二十二歲，汪精衛出生時，其父已六十二歲，但因食指浩繁，仍得奔走為幕。汪兆鏞為減輕父親的負擔，身為長子的他，對九位弟妹極為照顧，尤其是三位弟弟的課業更加注重，他扮演著「長兄如父」般地教之、養之。我們看汪兆鏞的《微尚老人自訂年譜》中說光緒十七年「余趨侍府君四會縣幕，命課仲、叔、季讀書」，光緒十九年又有「一省府君，並教授叔、季弟讀書」之句。光緒二十二年十三歲的汪精衛喪母；次年又喪父。再次年汪兆鏞到樂昌辦理鹽務，《年譜》中說：「二十四年戊戌，三十八歲，二月赴樂昌，仲弟留省教讀，叔弟留省學幕，余挈季弟、六妹、妻兒一同首途。」他特別將汪精衛帶在身邊，就近照顧。汪精衛在樂昌時，「從番禺章梅軒（琮）讀，致力文史經世之學」，其中章梅軒即是汪兆鈞的岳丈。汪精衛在樂昌這幾年，「學業獲得不少進步，長兄如父，家教嚴得近乎苛刻，汪背後雖有微言，但成年後還是很感激他的大哥兆鏞對他的教育和關懷。」光緒二十七年（一九〇一），汪兆鏞的「叔弟」——兆鈞不幸遘疾遽歿，終年二十三歲。而光緒二十九年（一九〇三），他的「仲弟」——兆鋐甫以縣試第一，補縣學生，但過沒幾天，卻染疫去世，年僅二十六歲。汪兆鏞至此雁行折翼，兄弟之間只剩汪精衛一人。

汪希文，號子申，是汪兆鏞之子，汪精衛的胞姪。汪希文生於光緒十六年九月初六日（一八九〇年十月十九日），只比汪精衛小七歲而已。汪希文和劉紀文兩人，同年同月同日生，只是不同時。汪希文是國民黨元老古應芬的高足，而劉紀文則是古應芬的女婿，當時已訂婚，但未過門而古婉儀卻香消玉殞，惟劉紀文始終視古氏如父。汪劉兩人因古應芬而早認識，到民國六年，護法之役，孫中山在粵稱大元帥，劉紀文在大本營財政部為簽事（唐紹儀、廖仲凱分任部長、次長），汪希文則在內政部為簽事（居正、葉夏聲分任部長、次長）。兩人更加晨夕相見，北伐以前，彼此皆浮沉於宦海，不能說是得意。民國十六年，劉紀文一躍成為南京特別市市長，從此飛黃騰達矣，及後又出任廣州市長凡四年，可稱既富且貴。而汪希文在抗戰前，不過曾任廣東番禺縣長，後來任國民政府財政部簡任秘書、汪偽政府時任行政院參事，外放浙江省政府委員，兼糧食局長，又調社會福利局局長，再調浙江省第四行政區行政督察專員兼區保安司令，論官階不過簡任一級。

說到汪希文外放浙江省政府委員，兼糧食局長，是民國三十一年汪精衛遣其返紹興掃墓，道經杭州，浙江省長傅式說設筵為之洗塵，席間詢問他在行政院擔任何工作，汪希文答稱核閱財政、實業、糧食三部之公事。傅式說乃邀其擔任浙江糧食局長，汪希文婉謝道：「你的好意，自當感謝，但我此次係奉命返紹興掃墓，倘省署於此時提出此事，家叔可能誤會我來鑽營做官，實有不便，請你另請他人吧！」。翌日傅式說竟電呈南京行政院，請任命汪希文為浙江省政府委員，兼糧食局長。汪精衛接電後，乃徵詢行政院秘書長陳春圃意見。陳春圃答道：「部方與省方鬧意見，歷兩月而無法委出浙省糧食局長，以致影響民食，若由行政院內銓選人員出任，倒是折衷的辦法，今既由傅省長呈請，似可照准。」於是，遂提出行政院會議通過，由汪府任命。

汪希文曾婚金氏，民國十七年春，適喪其偶。悼亡後六年，也就是民國二十三年，才續娶江孔殷之十一女江畹徵（江孔殷有子女十八人之多，排行十一、十二是女兒畹徵、畹貽，餘皆為兒子）為繼室，當時汪希文已四十五歲，而江畹徵為二十九歲，兩人結褵僅一年有餘，江畹徵不幸患淋巴癌，不治逝世，汪希文再見鼓盆之痛。

江孔殷（一八六四－一九五一），字少荃，廣東南海人。年少時好動，終日如蝦之跳動，人稱江蝦，他索性以「霞公」為別號，取「霞」字與「蝦」字諧音之故。霞公的先世以業茶起家發財，其父江清泉是上海的大茶葉商，綽號江百萬。到光緒九年他入學（俗稱中秀才）後，家道已中落。霞公年少時讀書不很用功，但聰敏過人，詩詞歌賦、詩鐘對聯這種表面學問，他都能來一手，也寫得一手很好的八股文，二十多歲在廣州文壇中便有「作手」之稱。遺憾的是，他連考三次舉人都名落孫山，八股作手大失威風，常自問：「難道我的文章不如人嗎？要不然，就是命中沒有孝廉公這份福氣了。」到光緒十九年又是鄉試之期，他於是以重金禮聘一個「槍手」，替他入場考試。本是作手，竟然要請槍手，而照理他應該躲起來，不要露面，但自己又覺技癢，又以低廉的代價，替別人入場做槍手。據掌故大家高伯雨查得的資料，這一科中的名人頗不少，大名鼎鼎的康祖詒（有為）獲雋，梁士詒之父保三亦中式，江孔殷中了，而他替李翹芬做槍手也中了。霞公興高采烈，大喜過望，立即命筆作一聯以自炫云：

作手請槍，要瞞人非為好漢；
闊佬響炮，過得海便是神仙！

「響炮」是科舉時代替人當槍手而獲中式的術語。霞公既是作手卻當槍手，既是闊佬（有錢人，他們大都不通文墨），卻又能中式，真是足以自豪的。

又經十餘年，霞公中光緒三十年甲辰科二甲第二十七名進士（汪希文的文章稱光緒二十九年，不確），是晚清最後一屆科舉進士，曾進翰林院，故又被稱為江太史。他點了庶吉士，回到廣州助兩廣總都岑春煊辦新式學堂，利用貢院舊址闢為兩廣優級師範（後來改高等師範，又再改廣東大學，進而改中山大學），封閉長壽寺，沒收寺產以充經費，霞公辦理此事相當出力，經地方大吏奏請，不必散館，即授職翰林院編修。後又斥資報捐江蘇候補道，但尚未補缺而清朝已滅亡了。

迨辛亥革命，霞公便趁早見風駛舵，首先剪去辮髮，附和革命排滿，他不過是想做民國官，不意胡漢民接任廣東督都之後，對霞公一直不甚重視，倘若他有所請託，多為胡漢民所拒。陳炯明是惠州客籍人，於廣州紳士的來龍去脈不甚清楚，眼見霞公才氣縱橫，似乎是能文能武，廣州河南同德里的太史第，平常裡都是「座上客常滿，樽中酒不空」的，因此陳炯明獨能給霞公以青眼，於是，陳炯明與霞公便深相結納起來。袁世凱的總統府秘書長梁士詒，是前清光緒甲午年翰林，江霞公是光緒甲辰年翰林，在昔時同稱為金馬玉堂人客，又是廣東同鄉，前輩與後輩，前清時在北京聚首，自然是頗為親熱，有其傳統友誼。

霞公因不滿胡漢民未能與之合作，無利可圖，且窺知陳炯明的心事，未能忘情於廣東督都的寶座。據說，乃於某夜特密約陳炯明到他的太史第密談，霞公表示他與梁士詒有舊交，可到北京一行，幫陳炯明除去胡漢民，並由陳接任廣東督都。陳炯明聽畢，認為正合孤意，乃贈送程儀巨萬，作為霞公赴北京活動的旅費。霞公向以長於交際，又是老於世故之人，見了袁世凱，自然說得頭頭是道，袁世凱自然十分高興，面囑梁士詒妥為招待。梁士詒當時曾對霞公表示，北京政府對於全國各省之決策，必須軍民分治，督都只管軍政，另設民政長管理民政，謂霞公如能使陳炯明確實擁護北京政府，當內定以霞公為廣東省民政長，霞公亦喜不自勝，乃居留北京，靜候佳音。

其時宋教仁在滬被刺一案，事態逐漸擴大，北京政府與國民黨之間，雙方劍拔弩張，東南四省督都，相繼發出通電，與國會議員相呼應，反對袁世凱對外大借款，聲勢咄咄逼人。袁世凱惱羞成怒，乃於民國二年夏秋間，先後免去江蘇督都程德全、安徽督都柏文蔚、江西督都李烈均、廣東督都胡漢民等東南四省督都之職。特任陳炯明為廣東督都。不久，李烈均在江西湖口豎起討袁之旗，汪精衛受黃興之委託，由上海南下，要督促陳炯明在廣東獨立，加入討袁陣線。陳炯明本是個充滿私心之人，他的本心是想靠著袁世凱，做其南天王的，此時勸他獨立討袁，當然不是他所樂聞之事。因此汪精衛此行特邀朱執信同往，汪精衛是黨中的先進，朱執信又是陳炯明的師尊，素為陳所敬畏的，汪、朱兩人合力，憑其三寸不爛之舌，一夜之間，卒將陳炯明說服。

陳炯明發出通電討袁，此時最難堪的，是居留在北京的江霞公了。袁世凱傳江霞公入總統府問話，聲色俱厲，連梁士詒也愛莫能助。幸而霞公究竟是聰明人，能言善道，他辯道：「人人都能生兒子，但不能生兒子的心肝，陳炯明如此反覆，是意料所不及，孔殷不謹慎之罪，蓋無可辭。」袁世凱尚有怒容，梁士詒代為緩頰，霞公乃辭出，就此買棹南歸，他的廣東民政長之美夢，就此破碎，這回是陳炯明拖累霞公不淺。

民國四年，霞公受聘出任英美煙草公司南中國總代理，與南洋兄弟煙草公司激烈商戰。南洋兄弟煙草公司是南海人簡照南、簡玉階兄弟創辦的。霞公指南洋煙草是日本人的資本，以入日本籍的簡照南出面經營，這在當時日本政府向中國施壓，強逼袁世凱簽署二十一條，導致全國反日，並抵制日貨的期間，無疑地是奏效了。結果南洋煙草的生意一落千丈，而英美煙草公司的煙就銷路大增。據高伯雨文中說霞公每年有二十萬元入息，也有人說不只此數。但只看他那種揮金如土的手段，就知他撈到「風生水起，盤滿砵滿」了。

一九三〇年，霞公返居廣州，於郊區蘿崗洞租得官荒地一千餘畝創辦江蘭齋農場和蜂場，改良水果品種、引進國外良種蜜蜂，得蘿崗橙、黑荔枝及黃金蜂蜜等良種，至今享譽於世。他的妾侍蕊馨、五子譽桂、十一女畹徵分別在農場任總管、技師等職位，成為名副其實的家族實業。並興辦南崗至蘿崗圩的小軌鐵路、興修水利，耗盡資財。直到一九三八年，廣州淪陷，霞公舉家逃難到香港，江蘭齋農場也停辦了。

與霞公同在香港的高伯雨說道：「江蝦在香港避難時，生活仍然多采多姿，因為他是大名流，交遊滿天下，慕虛榮的人都趕著和他相識。有什麼慶典、雅集，人們都請他參加，往往把他和張一麐安排在上座，以『德高望重』論。記得是中國文化協進會有一次不知開什麼會議，他應人家之請站起來講話，講話的內容已經忘記了，只記得他把他的女婿汪希文大罵了一頓，罵汪希文既然要請他去投奔汪精衛，為什麼不把你死了的老子搬去南京安葬云云。（汪希文的父親汪兆鏞，死於一九三九年九月十一日，他是汪精衛的長兄。）同桌某君低聲對我說，江蝦罵女婿『正義凜然』，重慶方面已贈他港幣一萬元，聊可卒歲矣。」

一九四二年年底，霞公回廣州的太史第。抗戰勝利後，他在廣州還是安然無恙，只是年歲已大，又患了偏枯之病，當然沒有從前的豪氣。一九四九年以後，霞公仍居廣州太史第，初時沒有人注意到他，一九五一年佛誕日農曆四月初八，於廣州六榕寺失足，由是癱瘓，入荔灣區黎鐸醫院。是年廣東土改，南海農民追索「逃亡地主」，至醫院強行以籮筐抬返鄉裡，準備對其進行批鬥，霞公瞑目不語，一度絕食，歷四十一日而終。

江霞公之十三子江譽鏐（一九〇九－一九八四），又名江譽球，別字江楓，藝名「南海十三郎」。早年就讀廣州河南南武中學，因頑皮鬧事而被逐出校。在香港大學習醫時，為愛情而中途離港追隨女友到上海，適逢「一二八」事變而不能回港，無法完成學業。他是三十年代名馳省港的年青編劇家，為粵劇紅伶薛覺先編寫了《心聲淚影》，名噪一時。他的代表作還有《女兒香》、《燕歸人未還》、《李香君》、《幽香冷處濃》、《璿宮豔史》等。南海十三郎恃才傲物，創作事業如日方中時，卻遭逢愛情和事業的打擊，生活潦倒，更因神智失常，被送入精神病院，晚年四處流浪，最後一九八四年在青山醫院病逝。他的生平事蹟廣為流傳，最初被杜國威改編成為舞臺劇，並在香港主演，由謝君豪飾演。由於這套舞臺劇非常受歡迎，所以後來被改編成為電影，由相同的演員擔綱演出。後來再改編成為電視劇，於亞洲電視播映，並由林韋辰扮演。三種不同的影劇對他的生平有不同的演繹，亦帶給觀眾「南海十三郎」的不同面貌。

汪希文晚年流落香港，他也是命理學家，於當時的術數界頗負盛名。紫微斗數可說是混合了天文學、地理學、數學、統計學以及論理學，參考普通的常識再加上長時間的體驗而成的一種學問。它設計的原理便是利用天上的北斗星群（屬陰，主星為紫微）、南斗星群（屬陽，主星為天府）、紫微垣群星及其他的雜星為經，以先天八卦化合在後天八卦之內，配合以納音五行為緯，定局佈星，用以預測人一生的際遇與禍福；利用一個人出生的年月日時當時群星的相對應位置，來研究它們相互間的感應關係，進而推斷出人生旅途上的種種事件，以達趨吉避凶的最終目的。汪希文於遲暮之年，而由鬻文為活；以他的詩書傳家，竟效君平賣卜，我們可以體味到他晚景的孤寂淒涼，與生活的清苦艱窘。

一九五九年十二月三十日汪希文在香港《天文臺報》發表〈紀文已死吾猶生〉一文，記錄了自己的命造。他說：「我今年七十歲，現仍行癸巳運，今年太歲是己亥，己亥與癸巳，是天剋地沖，老早我認為今年該死，但不過四季多病而已，是否臘月可以壽終正寢，只有『天曉得』！幸而乃是太歲剋沖大運，不是大運犯太歲，災咎可望減輕，如能交到明年農曆正月立春節，則以後尚有四年好運，或者因我文字債欠得太多，上天要我還清債務，不容我早日息勞也。書至此，不能無感，因口占兩句云：『海濱寄跡苦岑寂，猶是塵勞未了身』可慨也哉！」四十六天後，也就是一九六〇年二月十五日，他服安眠藥自殺於香港沙田萬佛寺。據他四兄說：「舍弟重要心理有二：一、篤信命理，以為今年必死，與其受病痛之纏綿，不如早求解脫。二、有自尊心。不欲啟齒求人，不欲累及親朋。以此兩點交織於心，故有此項處置。」

# 《睢陽五老圖》的被奪及最後流向

狄葆賢（一八七二－一九四三）字平子，又字楚青，別署平等閣主。江蘇溧陽人。幼隨父狄學耕，生長江西，後居滬。擅詩文、書、畫。家富收藏，精鑒別。戊戌政變，亡命日本。光緒三十年（一九〇四）歸國後，因鑑於世界潮流，欲富國強種，必先加強新聞事業，以喚起國人，激勵奮發，乃毅然以個人之力，在上海望平街創辦《時報》，與當時上海銷售最多、讀者最廣的《申報》、《新聞報》，成「鼎足三分」之勢。狄平子除雄於「資」「才」之外，他所結交的也多屬達官名流、紳商巨富，及文化界、藝術界的菁英。如熊希齡、陳陶遺、黃炎培、張季直、康有為、梁啟超、趙鳳昌、葉恭綽、林康侯、雷繼興、陳景韓、畢倚虹等，或為董事，或為顧問，或為主筆，或為撰述，使得當時的《時報》，其聲勢之盛，其內容之新，深受讀者喜歡，後來居上，不知妒煞了多少同業。

與此同時，他又開設有正書局，出版善本古籍（影印本）或歷史名著、文學研究、佛學專著，數量之多，姑不具論。更以高薪僱用兩名日本技工，用當時最新款的珂羅版，精選精印的各種古今名畫，為數之多，不下六百種，單就《中國名畫集》就印出了三十八輯，他如各種名人畫冊約三百種，珍本碑帖約二百種。雖然它晚於廉南湖（泉）一九〇二年創辦的文明書局兩年，廉南湖方以收藏名世，遊日本，得其印刷術以歸，以珂羅版精印四王畫冊。狄平子笑曰：「南湖窶人子耳，但知四王吳惲。」當時有正書局選印藝術珍品之多之佳，與獲利之鉅，對

《時報》後期虧損的彌補，大有裨益。此後商務印書館、神州國光社，及藝苑珍賞社等，均步其後塵，相繼影印書畫冊籍，狄平子之開複印書、畫、碑、帖精品之先河，可謂文化界中第一人。

狄平子在其《平等閣筆記》中說：「先君子嗜畫若性命，張四壁者，悉歷代名人手蹟。」狄平子的父親狄學耕（一八二〇－一九〇〇？），字曼農，清嘉慶二十五年生，是一位政聲卓著，頗負賢名的知縣官，更是一位大名鼎鼎的收藏家。狄平子又說：「先君子生平最寶愛之畫有二：一為王叔明（案：王蒙，字叔明，自號黃鶴山樵，是元代傑出畫家，與倪瓚、黃公望、吳鎮共稱「元四家」）《青卞隱居圖》立軸，有董香光（案：董其昌字香光，江蘇華亭縣人）書『天下第一王叔明畫』八大字，橫列於上方：在華亭當日，已推重如此，誠山樵平生最得意之筆也。一為宋人畫《五老圖》冊，自宋以來，名人多有題識於後。此二者，先君子皆不肯輕易示人。」其中宋人畫《五老圖》冊，就是指《睢陽五老圖》。是宋代河南睢陽地區的五位賢臣：馮平、王渙、杜衍、朱貫和畢世長，後來從其職位上退隱田園，與自然為伍，宋人所繪《睢陽五老圖》，錢明逸為之作序。當時名人歐陽修、范仲淹等十八人曾依韻和詩，其中宋元明清數十人為之題贊，可謂流傳有緒。

狄曼農因收藏有此兩件名畫，而引來了相當大的麻煩，正所謂「匹夫無罪，懷璧其罪」！對此狄平子在《平等閣筆記》中有記載，其情況大致如此：清同治初年，狄曼農在江西為官時，王某以道員身份，暫時代理江西臬司（按察使）的職務。他知道狄曼農藏有名畫，欲奪《青卞隱居圖》，不得，而懷恨在心。同治七年（一八六八），狄曼農任江西都昌縣知縣時，因地方民性強悍，恰逢兩大族以故各執一詞，兩不相讓，卒至發生械鬥案件，不聽彈壓。這時狄曼農的頂頭上司姓王的按察使，早已垂涎狄家名畫，見有機可乘，遂興風作浪，小題大做，藉詞委某道員先後帶兵駐防，假借彈壓名義，威脅恫嚇，危言聳聽，竟說該縣民眾，結黨叛亂，非大加剿討，蕩平該鄉村不可。狄曼農以身為地方官，理應為民請命，更有責任保護治下人民的財產及生命之安全，乃以死力爭，至此王某遂密囑某道員諷示其意，要是不肯割讓《青卞圖》，就算是《五老圖》也可了事。狄曼農在此時此地，權衡輕重，倘因一畫而殺身破家，固在所不惜，明代王世貞的父親王 因收藏名畫《清明上河圖》，而被嚴嵩迫害得家破人亡的前車之鑒，他願蹈之；但若為了自己心愛的畫而使治下許多無辜鄉民，遭受毀家殺戮之禍，則又於心何忍？思之復思之，他終於忍痛獻出《五老圖》，換得全縣平安，也結束了這場不幸的災禍。

由於狄平子在《平等閣筆記》並沒有提及王某的名字，或許有所顧忌吧。因此臺灣書畫研究者莊申在〈睢陽五老圖補述〉一文，雖引用《平等閣筆記》原文，但也沒有提到王某為何人。而掌故大家高伯雨以其熟悉晚清職官錄，而認定「這個臬司王某名王德固，字子堅，河南鹿邑縣人，道光十八年進士，同治六年三月，以道員補受江西臬司，同治八年十二月五日，擢升四川布政使司，大概獲得《五老圖》後歡天喜地升官去也。」但這只是高伯雨依職官錄推測的，沒有更進一步資料的佐證。但據狄平子一九二八年著錄在《平等閣藏中國名畫集》中的「平子丈《青卞圖》跋」就直接點出王某就是王霞軒。而王霞軒就是與鄭文焯、況周頤、朱祖謀合稱清季四大詞人的晚清著名詞人王鵬運的父親，王霞軒名必達，字質夫，號遐軒，一號霞軒，廣西臨桂人。據《臨桂縣誌・人物志》云：「王必達，字質夫，道光二十三年癸卯（一八四三）舉人，以軍功保舉投江西建昌縣知縣，歷官至督糧道，改授甘肅安肅道，兩省皆軍務孔棘，盤根錯節，從容遊刃，一時大府胡文忠、曾文正、左文襄、沈文肅、李文忠皆以為改，改廣東惠湖嘉道，道卒。」

《平等閣筆記》有談到《五老圖》的流向，說：「至光緒癸巳甲午之間，其子某某侍御，以此冊售盛伯希祭酒，後幅又加有胡、曾、左、李諸氏之題識，今尚在祭酒家；惜余遊京師時，未得一見，為可憾耳。」其中「光緒癸巳甲午之間，其子某某侍御」，而王鵬運恰是光緒十九年癸巳（一八九三），授江西道御史的。又說有左宗棠題跋，據李俊傑〈宋人五老圖的軼事〉文中說：「王霞軒係左宗棠幕僚，王霞軒為博取上司歡心，將《五老圖》進獻左宗棠。但左宗棠『展玩十數過』除於原冊加題跋之外，並未接受此名蹟，仍歸還給了王霞軒。左氏在題跋上寫：『觀察王君霞軒，以所藏《睢陽五老圖》貺我。……書此以還霞軒，如遇五老後裔，仍奉此畀之，於誼尤協耳。』」而狄平子的「平子丈《青卞圖》跋」云：「至光緒癸巳（一八九三），其子幼霞以五老冊售於盛伯希祭酒。其時，徐頌閣協祭函來詢此事之顛末。先君子約略其詞，托言以友誼相贈，未以實情相告。今歲易周星，記其真相以告後之藏此畫者。」在此狄平子亦直接點名其子名幼霞，而王鵬運字佑遐，一字幼霞，自號半塘老人，因為此時王鵬運也已過世（一八四九－一九〇四），所謂「今歲易周星，記其真相以告後之藏此畫者」。因此較《平等閣筆記》晚出的「平子丈《青卞圖》跋」不但記載王霞軒奪畫，也記載王鵬運賣畫之事。而李俊傑文中說：「王霞軒是專事近奉之小人，對於這幅名畫並無收藏雅趣，遂以三百金售給盛昱，牟取暴利。」顯然是不確的。狄平子先後兩文，都指出將此畫賣給盛昱的是王鵬運（幼霞）。

盛昱（一八五〇－一九〇〇），字伯羲、伯熙、伯希，號意園。滿洲鑲白旗人。光緒光緒丁丑（一八七七）進士，選庶吉士，散館授編修。累遷國子監祭酒。盛昱精通經史輿地以及清代掌故，與繆荃孫、沈曾植並稱「談故三友」。精詩文，工八法，潛心金石學，為當時最大之金文收藏家。著有《郁華閣遺集》、《雪履尋碑錄》、《意園文略》等。只是狄平子所記的一八九三年賣出是有誤的。據《鄭孝胥日記》光緒十五年十二月十五日（一八九〇年一月五日）記：「晨，詣琉璃廠，與王梧岡同至德寶齋觀《睢陽五老圖》，乃王幼遐所藏，售於盛伯希者也。初，幼遐出此卷欲質二百金，以託旭莊（案：王仁東，王世襄的祖父）；旭莊以可莊（案：王仁堪，旭莊之兄）使粵未返，辭以歲末更議，未之留也。仲弢（案：黃紹箕）作書與王蓮生（案：王懿榮），稱是天下奇寶。伯希聞而來觀，既見，即攜登車，翌日，酬三百金。」據勵俊〈漫談《睢陽五老圖》〉一文說，今藏於紐約大都會博物館的「畢世長像」和宋人錢明逸《五老圖序》，其中錢明逸序的紙頁邊有盛昱題記一條，記其獲藏《五老圖》的時間在光緒十五年（一八九九），而柳葉〈《睢陽五老圖》補充〉一文，引《鄭孝胥日記》知是光緒十五年十二月十五日（陰曆），實際上已是陽曆一八九〇年元月五日，這是更精準的日期。

據柳葉文中說，當年盛昱得到《五老圖》後，曾拿給不少朋友觀賞。李慈銘《越縵堂日記》光緒十六年庚寅二月二十九日（一八九〇年三月十九日）記：「下午設宴，伯羲攜《睢陽五老圖》來觀，傍晚始散，約諸君分韻賦詩紀之。」而據《沈曾植年譜長編》這一天是盛昱、沈曾植和楊崇伊的生日，李慈銘招集友人聚會慶生。

而盛氏卒後（一九〇〇），《五老圖》歸於著名收藏家完顏景賢收藏。完顏景賢（？－約一九二四），字享父，號樸孫，滿洲鑲黃旗人。戶部員外郎華毓子。精於賞鑒，字畫書籍，收藏甚富。十九世紀著名收藏家，著《三虞堂書畫目》。做為此畫的曾經擁有者的後人狄平子，始終關心它的流向，他在「平子丈《青卞圖》跋」也說：「按《五老圖》後歸景樸孫。」而上海博物館所藏《五老圖》題跋中有金鞏伯（金城）的題跋云：「鞏伯始見此冊於盛祭酒家，其時祭酒已下世。不數年，此冊歸半畝園景氏，鞏伯再見之，冊中曾識數語者也。」據萬君超〈《睢陽五老圖》流傳考〉一文說，著名畫家金城（號北樓，一八七八－一九二六）曾有觀此圖的篆書題跋：「甲寅五月吳興金城敬觀於京師景氏之半畝園。」甲寅為一九一四年，半畝園是完顏家族的私園。

據金城的題跋云：「今年秋，吳興蔣孟蘋自半畝園景氏購進此冊。鞏伯借觀，遂留浹旬。同觀者嘉善張祖廉，因記鞏伯之言於後，錢塘楊晉書之，時乙卯重陽前四日。」可知《五老圖》在乙卯一九一五年秋已歸蔣孟蘋了。又據柳葉文中說，乙卯九月十四（十月二十二日）鄭孝胥日記：「蔣孟蘋來示《睢陽五老圖》，嘗於盛伯希祭酒齋中見之。」次年丙辰正月十三日（一九一六年二月十五月日）記：「為蔣孟蘋題《睢陽五老圖》，用杜正獻原韻。」上海博物館所藏《五老圖》題跋中有鄭孝胥所題一詩，詩後自跋云：「光緒丙戌春日嘗觀於盛伯希坐中，乙卯之冬蔣君孟蘋復以相示。丙辰正月十三日鄭孝胥書。」而跋中所云「光緒丙戌春日嘗觀於盛伯希坐中」，恐怕是記憶有誤，光緒丙戌為一八八六年，此圖尚未歸盛昱。

蔣孟蘋，乃是大名鼎鼎的藏書家蔣汝藻（一八七六－一九五四），字元采，號孟蘋，別署樂庵，清吳興人。光緒二十九年（一九〇三）舉人。他與嘉業堂劉翰怡為姑表弟兄，二氏均南潯巨富，蔣見劉藏書著名，亦以專收宋元名著，與劉爭藏書家之名聲矣。其最著者，乃宋刻周密詩集《草窗韻語》，聞得之於袁寒雲者，沈曾植呼之為「妖書」，葉昌熾則稱之為「尤物」，說是「紙墨鮮明，刻畫奇秀，出匣如奇花四照，一座盡驚……觸手古香，令人著錄為稀有奇珍也。」遂取作者名和書名各一字，別名其藏書為「密韻樓」。後又收得寒雲「皕宋書藏」之善本無數，其名益盛。蔣汝藻後來在上海主要經營房地產業、航運業等，是二十世紀初上海輪船招商局的大股東。一九二五年，他因經商失利，只得將大批珍本古籍抵押給浙江興業銀行。到一九二六年初，仍無力贖回，遂將大部分藏書，以十六萬兩賣給商務印書館，成為東方圖書館（涵芬樓）的重要館藏。

萬君超在〈《睢陽五老圖》去國之謎〉一文中說，在一九一六年由上海來遠公司出品、題為「管復初鑒定」的一本《古畫留真》圖錄裡，宋《睢陽五老圖》赫然印在其中。上海來遠公司是旅歐著名古董商人盧芹齋（一八八〇－一九五七）在國內開設的兩家「海外分號」之一，另一家設在北京，來遠公司的總部設在法國巴黎，成立於一九〇九年。盧芹齋在上海分號有號稱上海古玩業的「四大金剛」吳啟周、張雪庚辦理進貨；京號則由與盧芹齋素有鄉誼之好的藏書家、實業家蔣汝藻掌控，另有大吉山房古玩店祝續齋、繆錫華參股。據萬君超的推測有這樣兩種可能：在一九一六年時，蔣汝藻已經將《睢陽五老圖》賣給了盧芹齋的上海來遠公司。另有一種可能是，蔣汝藻將自己收藏的《睢陽五老圖》印入《古畫留真》中，是想委託盧芹齋幫他售往歐美，而他實際上仍然是《睢陽五老圖》的擁有者。

王連起在〈宋人《睢陽五老圖》考〉一文中明確寫道：紐約大都會博物館入藏《睢陽五老圖》之一「畢世長像」及部分題跋的時間是一九一七年。而鄭重所著《中國文博名家畫傳・張蔥玉》中說：「現藏美國的盧芹齋檔案中有記載，在一九一五年至一九二〇年間，盧芹齋將唐昭陵二駿石刻及《睢陽五老圖》販售美國。」盧芹齋（C・T・LOO便是其公司和他的英文縮寫）是二十世紀初國際著名的大古董商，將許多中國國寶級的文物販賣至國外，包括中國藝術史上最偉大的傑作之一，昭陵六駿中的「颯露紫」和「拳毛騧」。有人說：中國流出海外的一大半古董是經過盧芹齋的手的。自一九一五年起盧吳公司向美國出口文物長達三十年，國寶不計其數，賺了多少錢呢，盧芹齋本人的不詳，僅僅作為小股東的祝續齋每年可分得銀元十幾萬元，當年琉璃廠一間古玩鋪的全年流水（總銷售額）也沒這麼多！林語堂先生當年因研發中文打字機到處借錢，後在盧芹齋資助下，打字機的原型才艱難問世。

寫於一九二八年十一月的「平子丈《青卞圖》跋」就說：「數年前，上海畫估分為五卷，以重價售於西人。惜哉，吾竟未及一見也。」可見《五老圖》是被拆開販售的，據目前的資料顯示，紐約大都會博物館購得畢世長像的時間是在一九一七年。而朱貫像和杜衍像在入藏美國耶魯大學博物館之前，至少在一九四〇年前夕，仍是美國收藏家小摩爾（Ada Small Moore）的私人藏品。而入藏於美國弗利爾美術館的馮平和王渙像，據李霖燦在〈《睢陽五老圖》後記〉文中說：「袁守和先生知道我好看畫，便特意介紹我去看通運公司的姚叔來老先生，他一聽我說到宋《睢陽五老圖》的兩幅在弗利爾藝術館，便哈哈大笑起來，說這幾張畫都正是他經手賣出去的。」而據勵俊〈漫談《睢陽五老圖》〉一文，這一點與該館的記錄的「在一九四八年從通運公司處購得」吻合，可見姚氏所言不虛。但這兩張畫到底何時從「來遠公司」流出，何時被「通運公司」收購，外人就不得而知了。

莊申在〈《睢陽五老圖》補述〉一文中曾云：「據（蔣）穀孫老伯告稱：狄曼農所藏冊本，曾於抗戰勝利之後，移居臺灣之前，猶在上海一度見及。」蔣穀孫（一九〇二－一九七三）名祖詒，是蔣汝藻之子，自幼聰慧，少受薰陶，故精於書畫、古籍、碑帖鑒定，王國維曾給予相當高的評價。蔣汝藻生意失敗後，蔣穀孫在上海、北平等地從事書畫古玩生意。一九四九年前夕，由香港赴臺灣，長期任職於文化部門從事書畫鑒定工作，並曾任臺灣大學教授。對於蔣穀孫的說法，王連起提出強烈的質疑：「是時，蔣穀孫氏或年幼不預其謀。但其被李霖燦、特別是莊申先生認為是深諳書畫鑒藏者，《睢陽五老圖》被賣往國外的時間是不可能不知道的。……早在一九一七年，此圖像及部分跋已被蔣氏自己家賣到了美國，怎麼能在抗戰勝利後還在上海『一度見之』呢！」因此蔣穀孫有可能是對莊申「說謊」，似在為其父隱瞞真相。

再者姚叔來還對李霖璨提起，當時外國人不懂中國書法，故題跋無人要，有一部分題跋仍回流上海。據上海博物館藏《睢陽五老圖》題跋冊之吳湖帆題記云：「……於吳興蔣氏獲觀此冊，未幾而又觀於吳興張氏，迄今五六載，再觀於澄江孫氏。壬午夏日，孫邦瑞兄言及是冊為其胞兄煜峰先生所得，珍惜逾恒，不輕示人，可為是冊慶所歸矣。癸未暮春之初，攜示寒齋，快賞旬日。顧煜峰將歐陽文忠公等北宋名賢十八家詩題，物色合浦之珠，以彌補四百年分鏡之憾，尤為快舉，則不獨五老之幸也。又五老宋畫原像藏狄氏時尚存，聞為吳興蔣氏分售歐美，不知何時得慶完璧，千載功罪自有完評。煜峰先生其永寶之。倩庵吳湖帆謹識。」其中「吳興蔣氏」，是指蔣汝藻之子蔣穀孫；「吳興張氏」是指張珩（字蔥玉，一九一四－一九六三）。從吳湖帆寫於癸未（一九四三）暮春的題跋推算，勵俊說，這批題跋最晚在一九三八年出現在上海。而鄭重引張蔥玉一九三八年六月一四日日記：「七叔（張叔馴）以宋人《睢陽五老圖題跋》冊、梵隆《白描羅漢卷》……，抵予舊欠萬元。」張叔馴名乃驥，字齊齋，是南潯張石銘第七子。其父去世後，一九三一年他分得了二百萬家產，成為房地產鉅賈。張叔馴不但是古錢收藏家，並以鑒藏文物有聲中外。至於這批抵債的書畫是張叔馴自己購藏還是分得遺產的一部分，鄭重說「我們不得而知」。但可確定的是得之於蔣穀孫，蔣穀孫的姑姑蔣汝芝嫁給張叔馴的叔叔張增熙（牟群），蔣穀孫是張叔馴的表兄，兩人經常有字畫的交易。而經過五、六年後，這批題跋卻到了「澄江孫氏」，也就是江陰孫邦瑞家。據陳定山的《春申舊聞》一書也說：「《五老圖》嘗歸吳興蔣孟蘋收藏，後亦失散，其題跋在江陰孫邦瑞家。」

孫邦瑞（一九〇三－一九七二），江蘇江陰人。是民國時期著名的書畫收藏家，其收藏多數為國內博物館所收藏，至今上海博物館的新館牆上仍鐫刻著孫邦瑞的名字。孫邦瑞的哥哥孫煜峰（一九〇一－一九六七）為房地產巨富，並為閘北水電公司董事長和總經理，亦極富收藏。孫邦瑞與吳湖帆交往頻繁，不光經常與吳湖帆討論書畫藝術。向其請教書畫真偽，更每年夏天都會去郊遠地區荷塘採折荷花荷葉送去吳家，供吳湖帆作粉本資料。所以孫邦瑞與吳門梅景書屋弟子都私交篤厚。其所藏吳湖帆作品也最為精彩。

與吳湖帆題跋時間相近的《鄭振鐸日記》「一九四三年五月十一日」記載：「（在吳湖帆家）又見尤摹《五老圖》，宋元人題跋甚多，有范成大、楊萬里、洪邁、洪適、虞集、趙之昂等，皆真跡；此圖真本，嘗歸蔣孟蘋，蔣拆下《五老圖》，分售美、法，而留存題跋真跡，復配以尤氏摹本，歸之張蔥玉。去歲蔥玉售之集寶齋，今歸孫氏。凡名跡，一歸略識之無良販子手中，便有五馬分屍之厄，反不如落於無知無識之商賈鋪子裡，尚能保存『天真』也。言之可為浩歎！」

由《鄭振鐸日記》日記得知蔣孟蘋將從國外回流的部分題跋真跡，復配以尤求的摹本賣予南潯張家，由張叔馴轉到姪兒張蔥玉的手中，到一九四二年張蔥玉將它賣給集寶齋，據吳湖帆說是壬午（一九四二）夏日歸於孫煜峰，而《鄭振鐸日記》說一九四三年才歸於孫氏。王連起說，根據文獻《睢陽五老圖》有六件摹本，但今存於世的僅石渠著錄本、尤求本和明人佚名本三種。尤求，約活於明朝嘉靖至萬曆年間，字子求，號鳳丘，長洲（今江蘇蘇州）人。善畫寫山水畫及人物畫，尤擅長畫仕女。他曾臨摹北宋《睢陽五老圖》副本，為朱氏後裔保存。清人陸心源（一八三四－一八九四）所撰之《穰梨館過眼錄》曾加著錄。據王連起文中說，據陸元淳乾隆三十五年庚寅（一七七〇）跋可知，尤求的《睢陽五老圖》在此期間已經離開朱氏家族了，其後不知流落何方。最後可能輾轉亦為蔣孟蘋所收藏，蔣穀孫曾對莊申提及「此本所畫，雖然全以北宋原繪為準，至其題詠，則全由與尤求同時之明人書成」，他並說他來臺之前，猶於滬上一度見及。但證之鄭振鐸之言，則根本是他家的收藏。

吳湖帆和鄭振鐸都指出《五老圖》為蔣孟蘋所拆而分售國外，他們都希望有朝一日《五老圖》原本和這些題跋能合浦珠還。但這希望可能將永遠落空了。直到一九六四年，孫煜峰將包括《睢陽五老圖》題跋冊（含尤求摹本）在內的四十件書畫捐贈上海博物館。因此現在上海博物館所藏《睢陽五老圖》是明代尤求的摹本和部分題跋真蹟，而宋人畫《五老圖》及部分題跋真蹟至今仍分藏在美國三個博物館中。

# 也談王蒙《青卞隱居圖》
## ——對陳定山的質疑

元朝至正二十六年（西元一三六六年），畫家王蒙完成了《青卞隱居圖》。「青卞」即卞山，在今浙江省湖州市吳興區西北約十公里處，一名弁山，為瀕太湖第一高峰。在王蒙的筆下，它與那些海拔遠高於它的黃山、華山、終南山一樣高峻壯闊，引人神往。畫面描繪卞山高峻巍峨的氣勢，並渲染山深林密的幽寂氣氛。它被認為是最能代表王蒙風格的作品之一，明董其昌推崇為「天下第一王叔明」。

王蒙（一三〇八－一三八五）元畫家。字叔明，湖州人。後因避亂隱居於浙江臨平（今浙江餘杭臨平鎮）黃鶴山，自號黃鶴山樵，或黃鶴山人等。王蒙在藝術上的卓越造詣與其家學淵源有莫大的關係，他童年時即瞻仰外祖父趙孟頫的藝術成就及風采，承其薰陶，甚至舅父趙雍、趙奕、表弟趙麟對他的繪畫亦有所助益。但對王蒙影響最大、最直接的仍是其父王國器。王國器工詩詞，傳世元人書畫舊蹟上，有不少他的題詠，元代文學家楊維禎曾評其詞：「堅強清爽，妍麗流利，此殆雪月中神仙也。」他又喜愛收藏古法帖、字畫及古陶瓷等文物，亦長書法。現藏北京故宮博物院的趙孟頫《臨黃庭經卷》後就有他的十一行題跋，從中可以略見其書藝之一般。王蒙的山水畫後來進而師法王維、董源、巨然等人，創出新風格。王蒙曾在元末（至元到至正初年）做過「理問」的官，雖屬僚屬小官，但官階不低。只是仕宦的時間不長，隨即棄官後隱居，到至正末年，二十餘年間他以布衣之身，過著芒鞋竹杖，臥白雲望青山的生活。明初王蒙出任泰安（今屬山東）知府，是時他與朝中公卿間往還密切，曾與郭傳及僧知聰同在丞相胡惟庸府中觀畫。明洪武十三年朱元璋以丞相胡惟庸企圖謀反為由，將其處死，王蒙受其牽累，洪武十八年死於獄中。王蒙能詩文，工書法，尤擅畫山水。寫景稠密，佈局多重山複水，善用解索皴和渴墨苔點，表現林巒鬱茂蒼茫的氣氛。山水之外，兼能人物。其作品對明、清山水畫影響甚大，僅次於黃公望，後人將其與黃公望、吳鎮、倪瓚合稱為「元四家」。倪瓚（雲林）曾有詩贊曰：「王侯筆力能扛鼎，五百年來無此君。」王蒙傳世的代表作有《青卞隱居圖》、《春山讀書圖》、《葛稚川移居圖》、《秋山草堂圖》等。

朱樸（一九〇二－一九七〇，字樸之，號樸園，晚號省齋。）在《畫人畫事》一書中說：「此外，因為此圖（指《青卞隱居圖》）先前曾經明、清兩代名鑒藏家華中甫、安儀周二氏收藏，及後又入清內府寶笈，所以，也是造成其所以特別名貴的附帶條件之一。」其中安儀周（安岐，一六八三－一七四六？）是清代書畫鑒藏家，號麓村。所藏書法名畫，上自三國，下至明末，大都記錄在《墨緣彙觀》一書中。該書成書於乾隆七年，共六卷，每卷以時代為序先列目錄，然後逐條著錄。每條先標其質地、尺寸、著色，後敘其內容、流傳，品評優劣，兼能糾正前人之誤，補充前人之缺。其考證精當，頗具卓識，為著錄古代書畫的佳著。

《墨緣彙觀》對《青卞隱居圖》的記載如下：「王蒙《青卞隱居圖》：白紙本，中掛幅，長四尺一寸有餘，闊一尺二寸五分。此圖水墨山水，滿幅淋漓，山頂多作礬頭皴法，麻披而兼解索；苔點加以破墨，長點更為新奇；此乃自開生面者。其間山勢嶙峋，林木交錯，一人曳杖步於山徑，畫左山林深處，結廬數間，堂內一人，倚床抱膝而坐，甚得幽致，此乃隱居之所也。案叔明作畫，多宗董巨，有時追宗右丞，界畫法衛賢。此圖全用巨然法，其荒率峭逸，而又超乎巨師之外；董文敏題為山樵第一山水，非虛美也，右首題：『至正廿六年四月，黃鶴山人王叔明畫青卞隱居圖。』右上角押『趙』字朱文印，下角有『魏國世家』白文印，左上角有趙姓白文印，下角押『貞白齋』白文印。此圖為明錫山華氏中甫所藏，內有『真賞』朱文瓢印，『華夏』白文印，及項墨林諸印。上藏經紙詩塘董文敏題云：『筆精墨妙王右軍，澄懷觀道宗少文；王侯筆力能扛鼎，五百年來無此君；倪雲林贊山樵詩也。此圖神氣淋漓，縱橫瀟灑，實山樵第一得意山水，倪元鎮退舍宜矣。庚申中秋日，題於金昌門季白舟中，董其昌。』上綾隔水，文敏又題：『天下第一王叔明畫』，此八字排書，字大寸許，款署『其昌』。」由此可知，《青卞隱居圖》是王蒙贈送給他的表弟——趙孟頫孫子、畫家趙麟的。趙麟曾鈐有「魏國世家」、「貞白齋」等鑒藏印，因趙麟的曾祖父嘗被元代皇帝賜封為「魏國公」。

安岐去世後，家道中落，所藏大部分精品納入清乾隆內府，其餘部分散入江南。《青卞隱居圖》有乾隆的題跋及「乾隆御覽之寶」、「乾隆鑒賞」、「三希堂精鑒璽」等璽印，稱譽為「無上神品」，並著錄於《石渠寶笈》之中。在此之後，《青卞隱居圖》又到了收藏家李宗翰手中，他在此畫中鈐有「靜娛室書畫記」等印。到清末年間，歸收藏家狄學耕（一八二〇—一九〇〇？）收藏。狄氏字曼農，號叔子，齋名種石軒，江蘇溧陽人。能山水，富收藏。狄曼農在同治七年（一八六八）任江西都昌縣知縣。據其子狄葆賢（號平子，一八七二—一九四三）在《平等閣筆記》中云：「先君子生平最愛之畫有二：一為王叔明《青卞隱居圖》之軸，有董香光書『天下第一王叔明畫』八大字，橫於上方，在華亭當日，已推重如此，誠山樵平生最得意筆也。一為宋人畫《五老圖》冊，自宋以來，名人多有題志。此二者，先君子皆不肯輕易示人。」

狄曼農因收藏有此兩件名畫，而引來了相當大的麻煩，正所謂「匹夫無罪，懷璧其罪」！對此狄平子在《平等閣筆記》中有記載，但據狄平子著錄在《平等閣藏中國名畫集》中的「平子丈《青卞圖》跋」說得更詳盡，其云：「……同治初年，先君子宦遊豫章，有王霞軒者來權贛章。欲奪此《青卞圖》不得。而隱恨於中。歲戊辰（一八六八年），先君子實授都昌宰。邑俗悍，有兩村械鬥案起，不聽彈壓。王乃藉詞委道員以重兵駐邑境，相持年餘。至欲加鄉人以叛亂之名，而洗蕩其村舍。先君子力爭，王乃屬道員諷以意，謂《青卞圖》必不可者。或《五老圖》來亦可解此厄。先君子乃歎曰：『殺身吾所不畏，《清明上河圖》之已事固願蹈之。不甘以古人名跡任人豪奪以去。惟因此一畫幅至多殺戮無辜之愚民，則撫衷誠所不忍，不能不權衡輕重於其間也。』於是遂以《五老圖》歸之，事乃解。……戊辰十一月（一九二八年）狄平子葆賢謹志於寶賢庵。」

根據朱省齋在《藝苑談往》中的〈《天下第一王叔明畫・青卞隱居圖》拜觀記〉說，圖下方白綾上並有近人題記七則：

（一）光緒丙午四月，漚尹太夷同觀。

（二）光緒丁未十月，上虞羅振玉觀。

（三）此書余自丙午歲觀後，夢寐不置。戊申三月，京師南歸，冒雨過平等閣，重觀竟日。歸安金城並記。

（四）光緒戊申四月遊滬，得從平等閣觀此神品；余家舊藏山居圖，他日當攜來就質也。閩縣陳寶琛識。

（五）民國廿一年八月八日，張學良拜觀於北平綏靖主任公署。

（六）冒廣生葉恭綽同觀。

（七）甲申四月，吳湖帆謹觀。

由此可知看過這名畫的名人可真不少，有題字的有光緒丙午（一九〇六）的朱祖謀（漚尹）、鄭孝胥（太夷）；光緒丁未（一九〇七）的羅振玉；光緒戊申（一九〇八）的金城、陳寶琛。還有之後的冒廣生、葉恭綽、吳湖帆等人，可說都是近現代文化藝術界的名流大老。另外據傅申說，張大千在己未年（一九一九）剛從日本遊學歸國不久，拜在曾熙（農髯）和李瑞清（梅盦）兩位書法名家門下習書作畫。是年秋他隨侍兩位老師前往狄平子的平等閣觀畫，看了一百數十幅宋元明清的作品。到一九四五年大千居士在題自倣南唐顧閎中《鬥雞圖》時，還記憶猶新地說：「皆一時妙絕之尤物，王叔明《青卞隱居》尤為驚心動目！」

但令人奇怪的是《青卞隱居圖》居然有張學良的觀款，陳定山在《春申舊聞》中記述了張學良與《青卞隱居圖》的一段故事，他說：「初，張宗昌之南下也，知狄氏擁有天下第一名畫，欲攫之以獻少帥。平子畏其威，以贗鼎獻。漢卿不知也。張宴瀋陽，以慶得寶，並贈平子萬金，天下皆知寶玉大弓乃在陽虎矣。九一八事變，漢卿失地，猶挾贗鼎以為重器。會日本天皇加冕，中國收藏家多有出其精品，赴日參加盛會者，日本擇其尤精者印為《唐宋元明名畫大觀》四巨冊（今坊間所有乃縮本兩小冊），平子之《青卞隱居》赫然在其中。漢卿見而大惑，以詢沈能毅，時能毅方為漢卿幕客，具言其隱。漢卿大怒，欲親南下與平子辦理，會西安事變，漢卿獲罪，失去自由，事亦隨寢。」

但陳定山這說法是不可信的，因為許多事實經過檢驗是完全站不住腳的。一則張宗昌率領奉軍南下，在民國十四年（一九二五）二月到了上海，五卅慘案（一九二五年五月三十日）發生後，張學良奉父命於六月十三日率奉軍二千人進駐上海，和上海文教界酬應甚歡，陳定山說狄平子以假的《青卞隱居圖》獻給張學良，張學良不知還回贈狄平子萬金，此事完全不確。二則日本大正天皇在一九二六年十二月二十五日死去，昭和天皇即日繼位，並在一九二八年十一月十日舉行登基大典，登位後於十四日祭天地，十六日大宴百官。在日本從來沒有「加冕」這個名稱。陳定山把日皇登位大典，從一九二八年延後到一九三一年的「九一八」事變之後，顯係明顯的錯誤。試想如果日皇登位大典在「九一八」事變之後舉行，那中國的收藏家還會在國難當頭而置輿論於不顧而挾其珍品往東京參加畫展嗎？另根據資料，昭和三年（一九二八年），日本國為了慶祝昭和天皇的登基大典，舉辦了規模空前的唐宋元明名畫展覽會，展品包括日本歷代收藏的中國古代名畫以及特地從中華民國徵集的藏品，數量達到六百餘件。展覽會期：昭和三年十一月二十四日至十二月二十日；會場：東京府美術館。後來由唐宋元明名畫展覽會編集《唐宋元明名畫大觀》，分別在昭和三年、四年、五年分批由日本東京大塚巧藝社出版。《青卞隱居圖》是在其中沒錯。香港掌故大家高伯雨說：「（他）後來又買到日本出版的《唐宋元明名畫大觀》，也有此圖，可知狄平子於一九三〇年曾以此參加日本東京展覽會。」高氏的說法也是不對的，因為《青卞隱居圖》是印在昭和五年（一九三〇）出版的《唐宋元明名畫大觀》，因此高氏也把唐宋元明名畫展覽會推遲了兩年。三則沈能毅是浙江桐鄉人，一度曾為狄平子《時報》館的經理，後有人介紹到張學良處當秘書，所謂秘書者，等於侍從而已。高伯雨也認為沈能毅雖曾在《時報》任職，怎能知道有假《青卞隱居圖》的事，如果能知，則知道《青卞隱居圖》有副本的人，亦不止沈能毅一人，既然知道的人有不少，便會傳到張學良耳中，無須等十年後西安事變前夕才知道。

再者張大千一九一九年在狄平子家見到王蒙的真跡，便被王蒙那沉雄蒼厚的筆墨、幾近龍脈起伏的山勢深深吸引。及至後來見到王蒙的《林泉清集圖》，不禁為之癡迷，迫不及待地借來臨摹了兩本。據大千居士在一九四六年夏的臨本上所題：「此圖為王煙客所藏，董玄宰題云：『當在青卞隱居之上。』……己巳歲（一九二九年）夏歸張漢卿。……」是張學良在一九二九年已藏有王蒙的另一幅名畫《林泉清集圖》了。又二〇一一年七月二十四日，隆瀚拍賣（原北緯拍賣）更名後的第一場拍賣，彙集了近三百件中國古代宋元明清遺珍、近現代書畫大師名作等。拍賣當天的亮點，在王蒙的《山嶽神秀圖》手卷，這幅畫以一千兩百萬元人民幣起拍，最後以三千一百萬元人民幣落槌。據瞭解，這幅手卷在民國期間進入張學良府中，後由國民政府四九軍軍長王鐵漢帶至臺灣，又轉至美國。這次是從美國「回流」進行拍賣的。

由此可知張學良是熱愛收藏的，而且收藏過至少兩件王蒙的名畫。當年少帥正值年少意氣，藏意濃厚，涉及到古籍、文玩、書畫等領域，收藏之豐富堪與張伯駒比肩。據說在瀋陽少帥府，張學良辦公室隔壁，有間密室，除了至親好友，一般人是不能進去的。室內儲藏的並非金銀珠寶，而是他費盡心力搜羅來的一些明清字畫。明代著名書畫家沈周、唐寅、董其昌的真跡，清代義大利人郎世寧的人物，八大山人的水墨畫等珍品傑作，張學良皆不惜以鉅款求購。每每收到一件墨寶，他即閉門謝客，躲在秘室中反覆欣賞，仔細勘證，往往通宵達旦，如癡如醉。張學良藏室名為「定遠齋」，因此其藏品多鈐有「定遠齋」、「定遠齋主人」、「毅庵」、「漢卿」等藏印。

曾在一九〇六年，任《時報》外埠新聞和副刊《餘興》編輯，並編輯《小說時報》和《婦女時報》的包天笑，與狄平子關係至深，並且是相知的朋友。當時人在香港定居的包天笑，看到陳定山的文章後，曾在一九六四年十二月二十日在香港《文匯報》發表文章駁斥云：「陳定山在臺灣出版《春申舊聞》，真是亂造謠言，有他極熟的老朋友，他亦揶揄之，笑罵之，固不知是何居心。」

依據《青卞隱居圖》下方白綾上張學良的觀款：「民國廿一年八月八日，張學良拜觀於北平綏靖主任公署。」是在「九一八」事變之後的一九三二年。據當時在上海銀行界服務的高伯雨說，《青卞隱居圖》是狄平子親自送去給張學良欣賞的。大概經過沈能毅聯絡後，張學良派飛機到上海，把畫和畫主接到北平。當時張學良確有誠意收買此畫，而狄平子正在經濟困難中，亦想以善價沽出。賣主開價三萬，買主還價二萬五千。後來議價不成，張學良把畫還給狄平子，張學良想名畫居然買不到手，欲名留藝林，於是題個觀款在上面，狄平子在北平受少帥禮遇，當然不好拒絕。

狄平子死於一九四三年，包天笑記其身後事云：平子逝世後，有五個兒女，一個兒子又遠出，急須分家。生前又多虧空，除售去住宅外，乃出售書畫。開親友會議，葉譽虎（恭綽）主持其事。而陳定山在《春申舊聞》中則說：「平子歿，家人以遺畫托葉譽虎，經紀其事。列目自黃鶴山樵《青卞隱居圖》，錢舜舉《山居圖》以下，尚有吳仲圭《風雨竹》、唐六如《鶴澗圖》、仇十洲、董文敏等凡二十餘件。時已勝利，索價關金券二十萬，裝池人劉定之走告余，余大喜，急同車往看譽虎。譽虎以橫單示余曰：『二十萬，真大廉，然錢舜舉《山居圖》不真。余曰：『僅一《青卞》，已值二十萬，何求其奢！』約定五日交款，至三日，魏廷榮忽以電話告余：『買《青卞》矣！』余大詫，趨車急往，則《青卞》已懸堂中，廷榮喜極，撫余背曰：『余售道契地兩畝易之，合值二十萬也。』余急問《山居》，廷榮曰：『無之。』既而詫曰：『尚有《山居圖》耶？』乃知譽虎獨以一《青卞》，售魏氏二十萬，其他諸件，皆乾沒矣。余氣結而退，不復見譽虎。久之，劉定之來告余，云：『廷榮另以二十萬得錢舜舉《山居》，及文、唐、董等軸，而吳仲圭《風雨竹》尚不在內。』譽虎每吐語，目常下視，以此畏其心計之工。」

對於此事，朱省齋在《畫人畫事》一書中說：「十七、八年以前，不佞正在上海主辦『古今出版社』，有一天，文友吳湖帆先生忽然興高采烈的來告訴我，說他聽得狄氏後人有將《青卞圖》出賣的消息，開價一百根金條（每條十兩），問我願否同他合資購買。我欣然答應，託他竭力進行。四五日後，我在家裡舉行一個茶會，賓客有冒鶴亭、梅畹華、馮幼偉、吳震修諸氏，湖帆亦是其中之一，當時我順便就問他進行之事如何？他說：一兩天前葉遐庵先生特地去通知他，說關於《青卞圖》事，他本人早已與狄氏後人談得差不多了，現在外傳我們亦想購買此畫，因之前途認為奇貨可居，頗影響他的談判云云。湖帆又云，我們不便與譽虎競爭此事，不如罷手，以免引起誤會，問我是否同意，我一笑允之。不料一個月之後，湖帆忽然忿忿的告訴我說：《青卞圖》已為魏廷榮買去了，並大怨譽老之誤了我們的好夢；我聽了不知如何回答方好，又只得一笑了之了。」

對此兩說，陳定山說賣畫的時間是「時已勝利」，是不確的，當在一九四三年。朱省齋說當年他在上海主辦「古今出版社」（案：一九四二至一九四四年間）無疑的是正確的。而一九四三年在上海流通的貨幣為日本的「軍用手票」和汪偽政府的「中儲券」這兩種偽幣，價值日下，市面大批買賣，皆以黃金為標準，很少用重慶發行的「關金券」，這時候，南京重慶發行的貨幣，皆惡性膨脹。「關金券」兌換黃金，打個很大折扣，二十萬「關金券」，一二兩黃金都兌不到，所謂以「關金券」二十萬就買到《青卞圖》，簡直無稽之談。再則《青卞圖》有

「甲申四月，吳湖帆謹觀。」的觀款，據朱省齋後來在香港對高伯雨說，當魏廷榮買到《青卞圖》之後，真是意氣風發，大有傲視海上收藏家之勢。一日魏廷榮設盛宴，邀請朱省齋、吳湖帆兩人欣賞《青卞圖》，於是有吳湖帆的觀款，是酒後應魏廷榮所請而題的。「甲申四月」是一九四四年四月，距日本投降還有一年四個月，因此陳定山說是抗戰勝利後，完全是錯的。

陳定山的說法中較為嚴重的指責是說葉恭綽「趁火打劫」，不但從中牟利而且「乾沒」了狄平子的畫。對此高伯雨認為陳定山惡意誣蔑前輩，誠如包天笑所說「不知是何居心」。高伯雨說：「一九四二年，日本人佔領香港後，拘留葉恭綽先生，把他送回上海，如果葉先生不顧晚節，到上海後，和日偽合作，幹些有害國家的勾當，誠屬晚節有損，但他沒有這樣做。他在上海過艱難日子，出賣所藏文物以維持生計。同時還以身邊的書畫文物太多為嫌，先後分贈與親友。稍留心當年藝術文化情況的人，無不知之。自己所藏的珍品，還肯割愛，去之為快，未必一方面又設法營求幹些對不起死友的事。如果他有乾沒舊友託賣的書畫，事後必為人所知（因著名的書畫，流傳有可追查物主的線索，與金錢不同），但後來藝術界中並無流傳葉恭綽乾沒了狄平子所藏的某某畫件。可知陳定山是造謠誣害，立心破壞老友名譽了。」

朱省齋說，魏廷榮買《青卞圖》，代價是黃金一百條，不過，這宗大買賣當然是討價還價後，來回商議了多少次才確定下來的。議價定為黃金一百條，另以其他名畫若干為附贈。陳定山一直認為葉恭綽「白撿」了元代吳仲圭（鎮）的《風雨竹》，但吳鎮的《風雨竹》並沒有著錄在葉恭綽的《遐庵清秘錄》一書中，雖其中確有《元吳鎮畫竹卷》。但吳鎮的《風雨竹》與《吳鎮畫竹卷》是不同的畫作，前者屬於吳鎮墨竹譜，是元順帝至正十年（一三五〇）的作品；而後者是元順帝至正十九年（一三五九）的作品。葉恭綽有記曰：「藏此卷已二十年，余五十學畫竹，今將七十，讀此方略有悟入，一藝之難如此。民國三十八年大暑葉恭綽遐翁。」由此可知《吳鎮畫竹卷》早在一九二九年已為葉恭綽所收藏，絕非狄平子的舊藏。因此「乾沒」之說，可說是毫無任何證據。

高伯雨又說：「葉公相識滿天下，門生故吏不知凡幾，和他相識的人，如果稍能知其生平行誼及德行者，無不欽佩他品德的。」高氏又舉出葉恭綽還帖給張大千之事，此事在一九七五年三月，張大千應葉公超先生之託，為其叔父葉恭綽先生的《葉遐庵先生書畫集》作序時和盤托出。張大千在序開頭曰；「遐庵先生歸道山倏忽逾歲矣，歿不能哭其門，葬不能臨其穴，心中哀疚，無時或已。」中記其事曰：「予少略不檢束，頗好博戲，江紫塵丈於上海孟德蘭路蘭里，創詩鐘博戲之社，當時老輩如散原、太夷、吷庵皆常在局中，予雖腹儉，亦無日不往，無日不負也。先曾祖舊藏《王右軍曹娥碑》，……江丈索觀，攜共賞焉。當夜入局大負，金盡，向江丈貸二百金，才數局，又負盡，又數貸數負，瞬逾千金矣。江丈笑曰：『此卷其歸我乎？再益二百金可耳。』以是遝歸江丈，而予以輕棄先人遺物，中心悔恨，從此絕跡賭肆。閱十年，先太夫人病居皖南郎溪家兄文修之農圃，予與仲兄仍居吳門，每週輪次往侍湯藥。太夫人病勢日篤，忽呼予至榻前，垂詢祖傳之《曹娥碑》，唐人前後題名，何久不見之，殊欲展閱。予惶恐極，不敢以實告，詭稱仍在蘇寓。太夫人謂次週必須攜來小慰病情，予亟唯唯。此卷聞江丈早已售出，輾轉不知落於何所，中心如焚，將何以覆老母之命。迨歸網師園，先生與王秋齋即來省問，予當以母病篤告，又以此最痛心事，並將此卷經過歷歷述之，倘此卷尚可求獲，將不惜重金贖之，即送郎溪，使老母得慰。先生即自指其鼻云：『這個麼，在區區那裡。』予喜極而泣，即挽秋齋於屋隅而求之曰：『譽虎先生非能鬻文物者，予有三點乞與商求之，一、如能割讓，請以原值償。二、如不忍割愛，則以敝藏書畫恣其檢選，不計件數以易之。三、如兩俱不可，則乞暫借二週，經呈老母病榻一觀，而後璧還。』秋齋即以予意轉告先生，先生曰：『烏是何言也！予一生愛好古人名跡，從不巧取豪奪，玩物而不喪其志。此乃大千先德遺物，而太夫人又在病篤之中，欲一快睹，予願以原璧返大千，即以為贈，更勿論值與以物易也。此卷不存履道園，棄之上海，明日往取，三日內即有以報命。』予與仲兄聞之感激淚下，趨前叩首謝，太夫人彌留之夕，幸得呈閱。予罪孽深矣！先生風概，不特今人所無，求之古人亦所未聞也。」

高伯雨的結論是：「試想這是何等崇高的品德。當此時，葉公還未踏入老境，不過四十多歲欲望正強之際，尚能如此，難道到了六十多歲衰年的時候，會乾沒朋友的字畫來博取私利？陳定山形容葉公是個卑鄙的骨董吸血鬼，未免過份，只會使讀者見了罵陳定山缺德而已。」高氏之論，應該是正確的。只不過葉恭綽還《曹娥碑》當在一九三六年，已是五十五歲了，非高氏所言四十多歲。

又魏廷榮得到《青卞隱居圖》，乃藏於於上海徐家匯天主堂，在上世紀五十年代中期歸上海文物管理會。朱省齋在一九五七年從香港回到上海，日記上說：「五月二十二日晨赴天平路上海市文物保管委員會看畫，由沈吳兩君招待，極為周到。拿出全部目錄來一看，除了已見於《畫苑掇英》者之外，又復添加了很多名跡，如鼎鼎大名的黃鶴山樵《青卞隱居圖》，即其一也。講到這幅《青卞隱居圖》，二十年前我在上海的時候，曾於狄平子家中看過一次的，雄偉瑰奇，時縈腦際。不料今天復得從容觀賞，真是三生有幸了。」後來《青卞隱居圖》又轉歸上海博物館收藏。

# 創下許多「第一」的性學專家

## ——姚靈犀其人其書

記得姚靈犀的名字，最早來自周越然（一八八五－一九六二），周越然擁有編譯家、藏書家、作家等頭銜，他從編輯商務印書館的《英語模範讀本》教科書而致富，然後把版稅拿去買書，買些中西的「海外孤本」，成為當時著名的藏書家。又由於他不僅蒐藏還研究這些書籍，寫下不少的版本考證、書話之類的文字，又使他成為一位作家。周越然所藏固不乏宋刊元槧，更以詞曲小說等明清精刻精印本、手稿鈔本為其特色。書人收藏，與商人不同。成功之訣，在於特色。他深得此中三昧。他說「書之奇者，不因版古，必因稀見」，因而他的庋藏，不收古董商追逐的宋槧元刊，而是中、英文珍本秘笈雅俗兼收，在我國藏書史上，重視中西並蓄，周越然可謂得風氣之先者。另外他特別重視蒐羅東西方情色文化的香豔書為其特色。這在當時風氣未開的中國，是需要眼光和勇氣的。用他自己的話說，「北平某報譏余專藏淫書，南京某報罵余專譯淫書，其實，余所藏所譯皆名著也。」他單是《金瓶梅》的中外版本就有十多種。他豐富的性學藏書，多是人棄我取的孤本珍品，是研究古代相關性文化的珍貴史料。

周越然在寫於一九四四年的讀書札記〈《金瓶梅》與《續金瓶梅》〉一文，便提到姚靈犀的《瓶外卮言》一書，他說：「《瓶外卮言》為研究《金瓶梅》者最佳最便之參考書，此書於民國二十九年由天津法租界天津書局出版。書內含（一）著者時代及社會背景，（二）詞話，（三）版本之異同，（四）與《水滸傳》、《紅樓夢》之衍變，（五）小札，（六）集諺，（七）詞曲等篇，共二百六十頁。〈小札〉係專名或土語之字彙；如蓋老（某婦之夫也），色系女子（絕好也），刮刺（勾引也），油水（侵潤也），四海（交遊廣也），眼裡火（目中出火，見則心愛也），不聽手（不聽指使也）等等，無不一一詳解之。」《瓶外卮言》在一九四〇年出版，對《金瓶梅》有獨好的周越然，馬上購得該書，而且寫下提要，這或許是該書最早的書評。

之後這部研究《金瓶梅》的開山之作——《瓶外卮言》就一直無人提及，如李田意編的《中國小說研究論著目錄》、澤田瑞穗編的《金瓶梅研究資料要覽》、魏子雲著《金瓶梅探原》，甚至號稱相當完備的《金瓶梅研究書目》（宋隆發編）都不見著錄該書。一直到一九八〇年三月，旅居美國三十五年，先後任美國勞倫斯大學、耶魯大學和印第安那大學中文教授的柳亞子的長公子柳無忌（一九〇七－二〇〇二）教授，在臺灣的《書評書目》雜誌發表〈不見著錄的一部金瓶梅研究資料〉一文，才詳細介紹了姚靈犀的《瓶外卮言》。柳無忌教授說：「此書出版於抗戰期間早已淪陷的天津，所以一直不為國人所注意，在國內亦未流傳。我手頭有的那本，為昭和三十七年（一九六二）日本采華書林重印本，繼澤田瑞穗的《金瓶梅研究資料要覽》，列為「采華學術叢書」第二號。書前有昭和三十七年采華書林主人的〈發刊辭〉。」「禮失而求諸野」，沒想到被時代湮沒的《瓶外卮言》，卻在域外的日本被重印出來。

柳無忌對此書的評價云：「這些文章，不論是轉載他人的作品，或作者自撰，其貢獻與重要性都次於本書下半部的幾篇。尤其是實為洋洋大著的所謂〈金瓶小札〉（一百至兩百四十頁，共一百四十頁），凡有關小說中不易解釋，隱晦難詳的俚言俗語，均『一一拈出，考其所本』；此類工作，對於金瓶梅的讀者極有幫忙。不僅此，文中有許多條，亦見於其他小說，及劇曲，因此極有參考的價值。此文簡直是一部俗語辭典，可以補張相《詩詞曲語辭》、陸澹安《小說詞語匯釋》、傅朝陽《方言詞例釋》、朱居易《元劇俗語方言例釋》書的不足。此外，如最後二篇〈金瓶集諺〉與〈金瓶詞曲〉的這種編集工作，亦沒有前人做過。」如同三、四十年前的周越然，柳教授也道出了〈金瓶小札〉的重要性，它是解開《金瓶梅》中俚言俗語的一把鑰匙，何況它還對這些隱晦難詳俚言俗語考其所本，這非對當時的名物、風俗等等有淵博的涉獵者不能為。而〈金瓶集諺〉與〈金瓶詞曲〉兩文，更有著開創的性質，姚靈犀也意識到，因此他在〈金瓶集諺〉後曾有一段話云：「此書方言俗諺，索解甚難。賞奇析疑，殊饒興趣。先此拋磚引玉，初非貴櫝輕珠也。俟有增補訂正時，再將《金瓶梅》之批評，前人記述，西門慶、潘金蓮之紀事年表，書中人名表，書中時代宋明事故對照表，暨《金瓶寫春記》，《詞話》本刪文補遺等，一併付刊，以成完璧。」只可惜我們不知道他是否完成這些工作，因為沒見到有增訂本流傳下來。

學者施蟄存（一九〇五－二〇〇三）晚年寫有〈勉鈴〉一文，發表在一九九一年《學術集林》（卷二）。該文釋《金瓶梅》的淫具，卻能文字風雅有趣。文章說：「西門慶隨身帶有一個淫器包兒。這個包兒的內容，屬於藥物類的有『閨艷聲嬌』、『顫聲嬌』，這二者是同物異名。有『封臍膏』。屬於淫器類的有『銀托子』、『硫黃圈』、『相思套』、『藥煮白綾帶子』、『懸玉環』、『景東人事』、『勉鈴』。一共只有十種，大概作者所知道的已全部開列出來了。」施蟄存關於「勉鈴」的考釋，是因《金瓶梅》第十六回中有一首〈西江月〉云：「號稱金面勇先鋒，戰降功第一，揚名勉子鈴」。西門慶釋之：「勉鈴，南方勉甸國出來的。先把它放入爐內，然後行事，妙不可言。」由此可見，這小玩藝原為泊來物。施蟄存考據後總結緬鈴乃是「一個小銅球，遇熱能自跳動」。但他卻又不解，「爐」為何物？他認為「用不到放入爐中」。他以為：「緬甸男子以此物嵌於勢上，與婦人合歡時使其顫動，以求刺激」。「決不是放入婦人牝內的」。其實施先生把「爐」字，理解成爐子的爐，是錯的。「爐」字明明是女陰，這在《中國古代房內考》中就有這個解釋。

我們看一下姚靈犀的解釋：

**勉子鈴**　即緬鈴也。《談薈》及《粵滇雜記》均詳言之。淫鳥之精，以金裹之，其形如鈴，可助房中術者。見《辭源》「緬鈴」條。又《漁磯漫鈔》及他書皆謂鵲不停、石鍤，均此物也，而各異其名。

**爐**　謂女子陰也。亦名曰鼎，皆道家採補之流，巧立之名目也。

而另外施蟄存談到的幾樣淫器及春藥，我們在姚靈犀的〈金瓶小札〉中，也找到解答：

**托子**　淫器也。今不傳其製。據原書「試帶」一回，略云，白綾帶較銀托子柔軟，不格的人疼，又得連根盡沒。又據「含酸」一回，竟用雙銀托，想鑄銀為圈，勒於身根。束則血僨陽強，藉以久戰。又壓陰髮磔怒。或於玉莖之下，更有銀片襯托，而以藥煮成者也。

**景東人事**　景東即孟艮，在緬甸。俗呼「觸器」為「人事」。三五十年前香粉店、荷包店有售廣東人事者，俗呼為「角先生」。按「人事」疑是「人勢」之訛傳。王世貞《史料後集》載，世蕃當籍，有金絲帳、金溺器、象牙、廂金觸器之類，執政恐駭上聞，令銷之。可知明中葉奢淫之風，此器已盛行矣。

**相思套**　《棲流略》曰，「龜帽，使毒不致上蒸，精不致下凝。俗所謂『風流套』者也」。現市上有售風流如意袋者，不僅為避毒之用。高棱肉刺，兼以媚內。一經御後，婦女莫不相思欲絕。此淫器也。

**硫黃圈**　《棲流略》曰，「所謂鵝棱圈者，蓋以補修其形也」。勢之頸，束以圈，古用硫黃製，磨研則生熱。後世以牛筋為圈，或削鵝翎，或剪絨鬚，圍於外。進則順，退則磔張，如瓶刷然，亦淫器也。

**藥煮白綾帶**　據原書，當其製帶時略云：以倒口針縫白綾為帶，內裝顫聲嬌，束之於根，繫之於腰，較銀托子為柔軟，不格人痛，又得連根盡沒也。其試帶時略云：替其紮於麈柄之根，繫腰間甚緊，一經聳弄，比平常舒半寸有餘，間不容髮。按此帶舊都香粉店、荷包店昔有售之者，近三十年已禁絕矣。

**懸玉環**　淫器也，不知何物。或係懸蓮者。

**封臍膏**　膏藥之貼於臍上者。守命門，固精液。今故都藥肆，有暖臍膏。

**香閨聲嬌**　《詞話》作「閨豔聲嬌」，房中藥也。《北戶錄》言紅蝙蝠收為媚藥，此藥敷於下體者，與內服藥不同。

除此而外，姚靈犀還提到不少的名詞，如非對性學方面的知識極為淵博者，恐不易解釋清楚的，如：

**月水**　一名桃花癸水，亦曰月客，或曰紅潮，即婦女之月經。

**天癸**　見《內經》。古統謂男精女血。今專言月經。

**龜**　龜者男子勢也。養龜即以藥洗陰，或運氣使之昂然偉岸也。以龜為喻，像其伸縮之形。

**睡鞋**　昔纏足婦女臨寢必易軟底睡鞋，以防纖趾鬆弛，更因剗襪有欠美觀，著此取媚於枕席間。

**梳籠**　一作梳櫳，或作梳粧，又曰梳弄。客為妓女開苞之謂。女子年及笄曰上頭，從前妓女、清倌皆結髮為辮，迨經客為之成人（又曰點蠟，即擇吉燃紅燭以賀）。例於筵席外，備釵環首飾、衣服被褥、彩禮賞金，妓於是梳髻。從此為渾生意之神女矣。

**身上喜**　言處女破瓜時之元紅也。因處女膜初破，必有猩紅一點，俗名曰喜。古時以此驗女子之貞操。

**入馬**　與人通姦之始，調戲入手曰入馬。

**入港**　男女通姦。勾引上手，名曰入港。猶船泊岸也。

**怯床**　此妓家術語，言其每於接客時，生恐懼心，畏交合也。男子不能御婦女亦謂怯床。

**老和尚撞鐘**　行淫姿勢之一種。雙腿高蹺，以帶懸足於上，將臀離空。

**倒澆紅蠟**　行淫之式。雌乘雄也。

**丟身子**　即出精之謂。

**相思卦**　一名鬼卦。婦人以弓鞋擲地，視反覆為陰陽。《聊齋志異》「鳳陽士人」，手拿著紅繡鞋兒占鬼卦。注謂「春閨秘戲」。夫外出，以所著履卜之，仰則歸，俯則否，名「占鬼卦」。

周越然有篇〈西洋的性書與淫書〉文中開宗明義即說：「性書與淫書不同。性書是科學，淫書是小說。性書是醫學，是心理學；淫書是謊言，是『鼠牛比』（案：吹牛皮）。西洋有性書，又有淫書。我國有淫書，而無性書。我們讀了性書，多少總得些智識。我們看了淫書多少總受些惡習。」姚靈犀的一些著作可說是性書，包括他的《思無邪小記》等等，而且是相當有系統的探討到「性」文化。有人推崇張競生（一八八八－一九七〇），一九二六年他出版《性史》第一集，社會嘩然，使他自己身敗名裂，甚至被稱為「賣春博士」。但若就他的《性史》而觀之，是有些「鼠牛比」，因此後來譯著有《性的教育》和《性的道德》，並翻譯了英國藹理士的《性心理學》等書的潘光旦（一八九九－一九六七），在《性心理學》的譯者自序中說：「在有一個時候，有一位以『性學家』自居的人，一方面發揮他自己的性的學說，一方面卻利用藹氏做幌子，一面口口聲聲宣傳要翻譯藹氏的六、七大本研究錄，一面卻編印不知從何處張羅來的若干個人的性經驗，究屬是否真實，誰也不得而知。」潘光旦對張競生這種「野狐禪」的行為，是有所批評的。他對張競生出版《性史》更是深表不滿。周越然甚至說：「西洋性心理學中，常載許許多多『性史』。『性史』就是個人婚姻前後的實錄，心理學家據為研究資料的。首先印行這種資料者，是心理學專家艾理司氏。依科學言，性史全不誨淫。後來張競生採取了艾氏的意思編《性史》（第一集），為什麼大家譏笑他呢？因為張君的著作，確實誨淫。他的那篇董二嫂，是《癡婆子傳》的化身，當然不能登大雅之堂。張競生以後的小冊子，效慕張競生《性史》而作的小冊子，我見過的，總在一百五十種以上。這樣的多，都因為紙張低下的緣故。現在紙張缺乏，馬路上喊賣春宮，喊賣《性史》的癟三，幾幾乎完全沒有了。」時間有時是最好的證明，「搞噱頭，耍花招」的把戲，有時只能一時之間「嘩眾取寵」，終歸要被淘洗掉的。

雖然大學問家錢鍾書（一九一〇－一九九八）說：「假如你吃了個雞蛋覺得不錯，何必認識那下蛋的母雞呢？」那是錢先生為了拒絕太多媒體記者的採訪的推托之詞，但我們「讀其書，可不識其人」乎？但對姚靈犀而言，他的許多著作都已被湮沒了，還需靠從日本再影印回來，對於他的生平資料更是少得可憐，我曾找遍網路所能找到的，就那麼一些，而且可信度是存疑的。二〇一三年六月一日，因緣際會我見到了廣川醫院院長柯基生先生，目睹柯醫生的收藏，正如寫過《纏足——「金蓮崇拜」盛極而衰的演變》（Cinderella's Sisters: A Revisionist History of Footbinding）的紐約哥倫比亞大學巴納德分校歷史系教授高彥頤（Dorothy Ko）在書中所說的：「關於姚靈犀的資料，柯醫生的收藏無人能出其右。」是的，全世界的圖書館似乎都沒有全套的姚靈犀的《采菲錄》，柯醫生居然收藏原版完整的兩套（每套六冊），另還有一些殘本。當然更讓人驚嘆的是柯醫生收藏大陸各省及臺灣的「金蓮」數目高達上萬雙，這在全世界的收藏也是「無人能出其右」的。因此曾經見過姚靈犀的歷史學者來新夏（一九二三－二〇一四）教授，曾為文感嘆連姚靈犀曾長期生活的天津圖書館都只收藏一套殘本的《采菲錄》，而姚靈犀珍藏的金蓮想必也蕩然無存。但隔代有知音，柯醫生不僅保有姚靈犀的所有著作及未刊的詩詞稿《衮雪齋詩詞稿》十冊、《春還堂存稿》一冊、《小慙集》一冊，這十二冊詩詞都是手稿，以書法名家的姚靈犀（他常為天津《風月畫報》題詞）將其以線裝的形式裝訂成冊，墨跡紙香如故。

從柯醫生提供的資料得知，姚靈犀名訓棋（此根據家譜，而網上資料誤其名為君素），字君素，號衮雪，筆名靈犀。其父名姚箴，母名卞堃德。根據他〈六六初度〉詩云：「朱顏易改笑華顛，枉說詩才老漸圓。初度斟兼元日酒，前生識遍大羅仙。蕭齋飽賞青松雪，檢府虛傳綠水蓮。差喜兒孫有餘慶，桑榆難得太平年。」而其中自注云：予生於清光緒己亥冬月廿九，為一八九九年十二月三十一日。今年周六十六歲，適為一九六五年一月一日也。而網路資料說他卒於一九六三年，顯係錯誤。另高彥頤（Dorothy Ko）在前書中說：「根據他（姚靈犀）的朋友徐振五寫於一九六一年的一首詩，姚靈犀出生於己亥（一八九九）十一月三十日。姚靈犀的最後一首詩作，寫就於一九五九年。」此皆明顯錯誤，姚靈犀生於一八九九年陰曆十一月二十九日，也就是陽曆十二月三十一日。至於他卒於何年，目前尚無資料，至少到一九六五年元旦他還活著，高彥頤（Dorothy Ko）說他最後一首詩作，寫就於一九五九年，顯係沒見到〈六六初度〉詩。

姚靈犀江蘇丹徒人，從他的〈六一生日自述〉詩得知他生於貧困之家，三、四歲時，家遷到揚州，並入私塾，受業於一位老秀才，也打下他紮實的國學底子及後來能詩能文的才賦。一九一七年他遷居天津，並娶妻查鳳琳。據天津著名崑曲家陳宗樞說：「（姚靈犀）風流倜儻，擅詩古文辭。才思便捷，流寓津門，在天津文藝界頗負盛名，為夢碧詞社成員。」夢碧詞社由天津著名詞人寇夢碧主持，據說「堪稱當代詞界最具水準、最有影響的詞社」。一九二二年姚靈犀去東北，他詩中所云：「隻身去邊塞，戎馬多苦辛。秋風落關榆，故鄉思鱸蓴。」而這年年頭他的女兒彤光出生，年尾兒子姚齊也出生了。一家四口，使得他為謀生計不斷地奔忙，詩云：「年立賦言歸，又逐南車塵。白門未朞月，道路生荊榛。倉皇過沽水，另作入幕賓。時作或時輟，遭遇多邅迍。」由詩觀之，他謀職一直不順利。一九二五年秋，他在南京督幕時，有好友「唐蕙猗、胡叔磊、畢素波，皆過江來問訊，舊雨重逢，歡言道故。……遂創吟秋詞社。事未成，而浙師侵境，先後與蕙猗、叔磊，航海來京師。」一九二六年春，他在沈宗畸處認識傅芸子，沈宗畸讀了唐蕙猗、胡叔磊、畢素波、姚靈犀、傅芸子五人的詩文後，而奇之曰：此五儁也。後來姚靈犀就直隸省署秘書，偕胡叔磊赴天津，公餘之暇，仍以聯吟為樂。一九二七年初夏，姚靈犀集傅、唐、胡、畢等五人，共成「南金」社。所以取名「南金」，蓋取晉朝薛兼等入洛，見張司空的故事。《晉書・薛兼傳》：「兼清素有器宇，少與同郡紀瞻、廣陵閔鴻、吳郡顧榮、會稽賀循齊名，號為『五儁』。初入洛，司空張華見而奇之，曰：『皆南金也。』」唐朝元稹〈春晚寄楊十二兼呈趙八〉詩：「寄之二君子，希見雙南金。」「南金」是比喻南方的優秀人才。「南金」社成立後，「久之同社文稿，集有盈帙，亟謀刊布，乃有雜誌之輯。芸子介弟惜華，文學優長，戲劇深邃，此編頗多臂助，亦續入發起之列。並推予主其事……」於是姚靈犀為《南金》雜誌社社長兼主編。

一九二七年八月《南金》雜誌創刊。《南金》社址位於「意奧交界三十二號」，姚靈犀擔任社長兼主編，編輯部有胡叔磊、畢素波、傅惜華等。除總社外，在北京另設分社，分社長由傅芸子擔任。《南金》為三十二開，每期約八十頁左右。詩詞、書法、篆刻、書畫、隨筆、雜文、論文等應有盡有，另配有彩色插頁。作為綜合性文藝雜誌，其「內容文字之古雅，圖畫之清新，印刷之精美，久為世人所稱讚，稱其為北方唯一最美之文藝月刊」（《南金》第九期廣告）。《南金》前後一共辦了十期，根據柯醫生所收藏的合訂本觀之，姚靈犀每期均找當時名人或名書法家來題「南金」兩字的刊名，第一期（一九二七年八月十日）鄭孝胥題；第二期（一九二七年九月十日）羅振玉題；第三期（一九二七年十月十日）金梁題；第四期（一九二七年十一月十日）邵次公題；第五期（一九二七年十二月十日）樊增祥題；第六期（一九二八年元月二十日）葉恭綽題；第七期（一九二八年二月十日）袁中舟題；第八期（一九二八年三月三十日）寶熙題；第九期（一九二八年四月三十日）陳寶琛題；第十期（一九二八年八月三十日）紅豆館主（溥侗）題。另據《南金》第十期《戲曲專號》所刊載的〈本社特別啟事〉：「本社社長姚君素以事南歸，同人公推胡叔磊為津社社長，傅芸子為平社社長兼總編，一切事務統由胡傅二君負責……」也就是說，姚靈犀在第九期出刊後去了南方，姚靈犀南歸後，《南金》停刊了四個月，一直到同年八月才繼續出版。《南金》的組織機構因此進行了調整，原主編胡叔磊出任社長，主編一職則由傅芸子接任。社址也一度遷往法租界大陸大樓二〇一號。而這期也成為《南金》最後的絕響了。

姚靈犀在《南金》雜誌除了連載《瑤光秘記》小說（該小說後來在一九三八年十月由天津書局出版單行本）外，又發表了〈非花記〉（只登一期，沒寫完）、〈畫訶記〉（後收入《思無邪小記》一書中）、〈鑑戒實錄（上）〉、〈鑑戒實錄（下）〉等文章。而同時他在天津的《坦途》雜誌發表不少的詩詞作品，分別是：一九二七年第二期的〈金縷曲〉、一九二七年第三期的〈金菊對芙蓉〉、一九二七年第四期的〈金縷曲〉、一九二八年第五期的〈寶鼎現〉、一九二八年第六期的〈謝贈寶刀戕代作〉、一九二八年第七期的〈百字令〉、一九二八年第八期的〈湖月〉、一九二八年第九期的〈一萼紅〉、一九二八年第十一期的〈論交〉。其中〈金菊對芙蓉〉是藉描寫御溝來感懷往事並不如煙，詞云：「怨葉流紅，殘螺漲碧，盈盈自繞宮牆。念良緣無分，好景無常，玉泉一出難回首。想年時，洗象風光，欄干徒倚，有人擫笛，偷譜霓裳。偎煖卅六鴛鴦，記照過眉痕，湔過衣香，更橫波閱徧，幾度興亡。葒蘩已冷前朝夢，算朱明，往事淒涼。李花亂起，無情綠水，曾葬紅粧。」而〈論交〉詩云：「承恩不在貌，論交不以利。酒食相徵逐，交情安可致。小人率如此，君子重道義。道義日益重，百事無虛偽。小人果斂跡，君子見真諦。試觀今之人，誰復知此意。酒食為紹介，勢利則諂媚。見而爭逢迎，背面即譏議。賢者寒其心，不敢云友誼。貌美有時衰，利盡各猜忌。叔夜久灰心，孝標增憤恚。處之以中庸，先求無怍愧。」談的是君子與小人及交友之道。由此一詩一詞，即可知姚靈犀的詩詞造詣了。

姚靈犀的重要著作則為《采菲錄》，《采菲錄》是三〇年代姚靈犀在編天津《天風報》副刊「黑旋風」時的專欄名字，取自《詩經‧谷風》：「采葑采菲，無以下體。」一專門刊載與纏足有關的文字。後更以專欄所載文章和陸續收集的資料編次成帙，彙成一部民俗學巨著，仍稱《采菲錄》。全書共六冊，分序文、題詞、采菲錄之我見、考證、叢鈔、韻語、品評、專著、撮錄、雜著、勸戒、瑣記、諧作、附載等類。其內容包含有纏足史料、品蓮文學、禁纏放足運動資料、政府法令、宣傳文字、時人心得種種，並附有大量照片和插圖。《采菲錄》，副題「中國婦女纏足史料」，初編、續編由天津時代公司於一九三六年一月、二月印行，三編、四集由天津書局於一九三六年十二月及一九三八年二月印行，一九四一年又有新編和精華錄問世。是至今為止整理彙編纏足史料最為齊全的著作，相信也是空前的一部著作。

來新夏在〈姚靈犀與《采菲錄》〉文中說：「上世紀四〇年代初，我在旅津廣東中學讀高中時，常在班上聽到談論我們高一級有個姓姚的才女。她的父親姚靈犀是個研究女人小腳的文人。當年我心中有個疑問，小腳有什麼可研究的，為什麼她的父親研究小腳？有一次和父親說起此疑問，父親笑著說，『姚先生是我熟人，很有學問，就是研究走了偏鋒，很遭人非議，等有閒我帶你去見見他。』不久，我便和父親同去拜訪姚先生。當時，他住在天津張莊大橋英法交界路近一條名叫義慶里的胡同裡。見面後，他很健談，和父親談了許多話，其中不少有關《采菲錄》被社會誤解的話。臨別時，他還送我們一套《采菲錄》。」

《采菲錄》初問世，即招來非議無數，很多人認為姚靈犀是抱著賞玩、褒揚甚至提倡的心態來編輯此書的，以致於他不得不在《續編自序》裡闡明本意，「夫纏足之惡俗，不獨為婦女一身之害也，其影響於民族健康也亦至巨。然其歷史悠遠，久經勸禁而未絕者，必有強固之理存乎其間。吾人欲摒斥一事一物，必須窮源竟委以識其真象，而後始能判其是非。如勸人戒毒，非徒托空言者，亦須先知鴉片之來源及其為害之烈，而後能毅然戒除。故欲革除纏足之風，先宜知其史實，予之搜集資料，勒為專書，即此意也。」

自五代起，中國婦女盛行纏足後，就可以在筆記中看見纏足的記載，如北宋徐積詠蔡家婦有「但知勒四支，不知裹兩足」之句。陸放翁《老學庵筆記》云：「宣和末女子鞋底尖，以二色合成，名錯到底。」《宋史・五行志》：「理宗朝，宮人束腳纖直，名快上馬。」蘇軾〈菩薩蠻〉云：「塗香莫惜蓮承步，長愁羅襪臨波去；只見舞迴風，都無行處蹤。偷穿宮樣穩，竝立雙趺困，纖妙說應難，須從掌上看。」由此看來，在宋代一般人已經把小腳看成是最美的裝飾了。

研究小腳最到家的是清朝的方絢，字陶采，又號荔裳，他曾仿張功父的《梅品》體裁，作《香蓮品藻》。他把小腳分為五式：蓮瓣、新月、和弓、竹萌、菱角。又說香蓮有三貴：一曰肥；二曰軟；三曰秀。他還加以闡釋：「瘦則寒，強則矯，俗遂無藥可醫矣。故肥乃腴潤，軟斯柔媚，秀方都雅。然肥不在肉，軟不在纏，秀不在履，且肥軟可以形求，秀但當以神遇。」他又把小腳分為十八種，分別是：

**四照蓮**（端端正正、窄窄弓弓，在三寸四寸之間者。）
**錦邊蓮**（四寸以上至五寸，雖纏束端正，而非勁履，不見稜角者。）
**釵頭蓮**（瘦而過長，所謂竹萌式也。）
**單葉蓮**（窄胝平跗，所謂和弓式也。）
**佛頭蓮**（豐跗隆然，如佛頭挽髻，所謂菱角式，江南之鵝頭腳也。）
**穿心蓮**（著裏高底者。）
**碧臺蓮**（著外高底者。）
**並頭蓮**（將指鉤援，俗謂之裏八字。）
**並蒂蓮**（銳指外揚，俗謂之外八字。）

**同心蓮**（側胼讓指，俗謂之裏拐。）
**分香蓮**（欹指讓胼，俗謂之外拐。）
**合影蓮**（如侑坐欹器，俗稱一順拐。）
**纏枝蓮**（全體紆迴者。）
**倒垂蓮**（決踵躡底，俗稱坐跟。）
**朝日蓮**（翹指向上，全以踵行。）
**千葉蓮**（五寸以上，雖略纏粗縛，而翹之可堪供把者。）
**玉井蓮**（銳是鞋尖，非關纏束，昌黎詩所謂「花開十丈藕如船」者也。）
**西番蓮**（半路出家，解纏謝纏者。較之玉井蓮，反似有娉婷之致焉。）

這十八種香蓮，有好的，也有壞的。因此他又把小腳分為九等：

**神品上上**：穠纖得中，修短合度，如捧心西子，顰笑天然。不可無一，不能有二。
**妙品上中**：弱不勝羞，瘦堪入畫，如倚風垂柳，嬌欲人扶，雖尺璧粟瑕，寸珠塵纇，然希世寶也。
**仙品上下**：骨直以立，忿執以奔，如深山學道人，餐松茹柏，雖不免郊寒島瘦，而已無煙火氣。
**珍品中上**：紆體放尾，微本濃末，如屏開孔雀，非不絢爛炫目，然終覺尾後拖沓。
**清品中中**：專而長，皙而瘠，如飛鳧延頸，鶴唳引吭，非不厭其太長，差覺瘦能免俗。
**艷品中下**：豐肉而短，寬緩以荼，如玉環《霓裳》一曲，足掩前古，而臨風獨立，終不免「爾則任吹多少」之誚。

**逸品下上**：窄亦稜稜，纖非甚銳，如米家研山，雖一拳石，而有崩雲墜崖之勢。

**凡品下中**：纖似有尖，肥而近俗，如秋水紅菱，春山遙翠，頗覺戚施蒙瓃，置之雞群，居然鶴立。

**贗品下下**：尖非瘦形，踵則猱升，如羊欣書所謂「大家婢學夫人」，雖處其位，而舉止羞澀，終不似真。

據說小腳的妙處分為三等：上等是在掌上、在肩上、在鞦韆上。中等是在被中、在燈中，在雪中。下等是在簾下、在屏下、在籬下。當一雙纖纖小腳，被當時的男人在上述的九種場合「憐惜」和「撫摩」，將會帶給男人無限的神往！

《采菲錄》一問世，有些新文人和所謂「正人君子」群起誅伐。有人未認真讀其書，即誣姚靈犀有傷風化者。但也有人認為這是一部研究風俗史的著述。而姚靈犀則有他自己的主張，他在詩中云：「婦女千餘年，備受窅娘毒。痛楚深閨中，午夜聞啼哭。當其行纏初，纖纖由蹜蹜。迨至及笄時，刻意等膏沐。生蓮步步香，擬月弓弓玉。荔裳作品藻，笠翁有偶錄。我亦步後塵，千古接芳躅。同好稿紛投，圖影寄相屬。嗜痂竟成癖，海內咸刮目。禍棗與災梨，斯文竟可鬻。勸戒雖諄諄，闡理關性欲。采菲成新編，卷懷恨不速。」

據陳宗樞說，一九四四年天津尚在淪陷時期，偽教育局局長何慶元出面在法院狀告姚靈犀編印誨淫書籍，法院立案審理，經姚多方奔走請託，此案遷延近年餘，至一九四五年日本投降，不了了之。而據來新夏說：「但當年對此案就有不同傳說：有說是傳訊，有說是收監。據我父親說，姚先生被監禁過短時間，但一直沒有直接證據。」而據柯醫生所藏姚靈犀〈出獄後感言〉詩云：「……詎知風流罪，忽興文字獄。蛾眉例見嫉，豻目橫加辱。罰鍰二百金，拘縶一來復。方知獄吏尊，始知環人酷。……」姚靈犀確曾因為編撰《采菲錄》、《思無邪小記》等性學書籍被視為大逆不道而鋃鐺下獄。

《思無邪小記》又名《豔海》，或易名為《髓芳髓》，是姚靈犀從一九二五年，在侯疑始主編《翰海》連載，「蒐集古今小品，涉及香豔者，上起經史，下逮說部，選取錄若干則，或加箋注」，集結成書。名為《思無邪小記》，意即鄭衛之音不刪，而以邪僻之思為戒也。後來他移居南京，稿遂中輟。再後來傅芸子主編《北京畫報》，曾刊登一部份。最後在天津的《天風》、《風月》兩報中續刊。前後耗費十五年時間收集種種「獺祭之書籍」，竟達千餘種之多，其記錄有關性文化的資料一時罕有其匹。他原本秘未示人，但聞嗜痂者眾，乃刊此以饜所望。於是一九四一年由天津書局出版。茲錄幾則如下，當可想見一斑。

《漢書藝文志》房中八家，內有容成陰道，務成子陰道，堯舜陰道，湯盤庚陰道，天老雜子陰道，天一陰道諸書，皆房中術也。惜乎此書失傳。但有《素女經》、《素女方》、《玉房秘訣附玉房指要》、《洞玄子》四種。近世長沙葉德輝刊入《雙梅影闇叢書》而已。

※

長沙葉德輝自印《雙梅影闇叢書》一本，譚延闓書耑，裝印綦精，為當時贈友之品。內中大致與石印流行之《素女經》相同。惟最後有唐白行簡〈天地陰陽交歡大樂賦〉篇，為坊本所無，謂於某山石室中獲得者。賦長約數千言，於交接之事，分時分類，鋪敘甚詳。文詞豐豔華冶，得未曾有。惜殘闕不完，間多誤字。白行簡為樂天兄弟行也。

※

文言香豔小說，昉自唐人。如唐代叢書中，太真梅妃外傳等篇是也。宋代有碧雲[馬段]之作，述歐九事，文亦雅蓄。記幼時曾於某書中見之，惜已不詳。至元代，香豔作風乃極盛，如《繡谷春容》所載，多出於元人之手，惟此書近已不易覓。清季末葉，粵中某書局石印有《國色天香》者，計兩本。內刊小說數種，即全由《繡谷春容》中摘取者。計有《龍會蘭池錄》、《劉生覓蓮記》、《尋芳雅集》、《雙卿筆記》（此雙卿非情史悟岡所撰《西青散記》中之雙卿也）、《白錦瓊奇會遇》、《天緣[案：疑應作緣]奇遇》、《鍾情麗集》共七種。不特文筆嫵麗，在《板橋雜記》、《畫舫》諸錄之上，即其中詩詞，描述男女熱情，均能極容盡致，敢於赤裸裸寫出，非後來人所能及也。惜乎彼書取材，尚非《繡谷春容》全璧[案：原作壁]，滄海遺珠，終屬缺憾。《繡谷春容》一書，海內想有存者，暇當訪之。

※

生理學名詞，女子陰部，統名之曰生殖器。其墳起之處為陰阜，傅以細毛，極形茂密。其下則為陰唇，生於廷孔外口之兩側，儼如門扇，以蔽陰戶者。其內則有小陰唇，紅鮮薄嫩，如花瓣自抱其蕊，而陰核適當其中。一般婦女皆如是也。余曩遊大同，則聞渾源州婦女有重門疊戶之說，初不甚信，繼念水仙有複瓣，牡丹有重臺者，安知造物者不能賦此異爐妙鼎耶？嬌雲，處子也，月娘，婦人也。窺其浴，薄而觀之，所謂大小陰唇皆肥大高厚，逾於尋常，宛然重瓣。洎交接時，愉快不可名狀。韓冬郎詩，異花何必更重臺，恰可移贊渾源婦女玉戶耳。

※

《漁磯漫鈔[按：原作砂。作為書名，想應作鈔]》云，滇南有樹，名「鵲不停」者，枳棘槎枒，群鳥皆避去不敢下，惟鴞之交也則棲止而萃其上，精溢於樹，乃生瘤。土人斷瘤成丸鳥卵，近人肌膚輒自跳躍，就私處益習習然。相傳閨閫密用，然極難得也。《簪雲樓雜說》亦同此說。或謂「鵲不停」即緬鈴，一名太極丸。鴞應作鵬。

※

藤津偽器，房中淫具也。古名觸器，厥狀殊醜，無異陰莖。用時先置盎中[案：原作盎盎中。顯然衍一盎字]以熱湯浸之使軟。稜高頭肥，長約六寸許。下端有孔，穿以線帶，帶繫於踝上，然後仰臥，雙手抱膝，繫帶之腿微翹，足根當陰，納器玉戶中，疾徐伸縮，盡興而為，不啻交媾時也。故嫠婦女尼恒喜試之，既可保全名節，且能怡情遣興。人之大欲，情何能免。一經潛試，緣以成癖。旦旦而伐之，於是花容憔悴矣。大悲君曾戲作角招八律，因俗呼觸器為「角先生」也。

※

《西廂記》豔冶絕倫。以「繡鞋兒剛半折，柳腰兒恰一搦。羞答答不肯把頭抬，只將鴛枕捱。雲鬟彷彿墜金釵，偏宜鬆髻兒歪。我將你紐扣兒鬆，我將你羅帶兒解。蘭麝散幽齋，不良會把人禁害。咍，怎不回過臉兒來？軟玉溫香抱滿懷。呀，劉阮到天臺。春至人間花弄色，柳腰款擺，花心輕折，露滴牡丹開。蘸著些兒麻上來。魚水得和諧，嫩蕊嬌香蝶恣採。你半推半就，我又驚又愛，檀口揾香腮」以上為正寫。以紅娘口中「他並投效綢繆，倒鳳顛鸞百事有。我獨立在窗兒外，幾曾敢輕咳嗽。立蒼苔，只把繡鞋兒冰透」及「你個月明纔上柳梢頭，卻早人約黃昏後。羞得我腦背後，將牙兒襯著衫兒袖。怎凝眸，只見你鞋底尖兒瘦。一個恣情的不休，一個啞聲兒廝耨[案：原作褥]，那時不曾害半星兒羞。」詞之淫豔，以此為極。

又《思無邪小記》中曾品評二十四幅中國所繪之春宮圖，後來姚靈犀為曹涵美（一九〇二—一九七五）的《金瓶梅全圖》第三冊（全十冊，共五百幅）寫序時，特別比較中西春宮圖說道：「吾人觀攝影術所得西洋秘戲，鬚眉畢見，乳陰分明，然不及中國所傳手卷冊頁摹擬入神者，為耐人尋味，即中國畫有含蓄故也。才子佳人，面目身份俱覺可愛，不似西洋照相，男皆荒傖，女均妖蕩，窮形盡相，徒失美感。惟有餘不盡之情，更為聰慧者所顛倒，造意淫二字之人可謂聰明絕頂，故梵典四天天王之淫，自為高下。……想瑞香花下、湖上石畔，一幀春梅旁耽，何等高超！緣男女二根之狀不雅，而男子厥物更不雅觀，即婦人私處亦不求酷肖，兩股之間墳起便足（原圖所繪頭角崢嶸，厥狀甚醜）。秘辛所狀，數字而已，男勢萬不可見，不得已時玉莖半露，若逼真便蛇足矣。……婦人纖趾，古有藕覆罩足背，鞦韆上人藕覆垂足，鞋尖亦不可見，是亦可法。」這顯示出姚靈犀的審美觀。

《未刻珍品叢傳》收錄姚藏稿本《閨豔秦聲》、《塔西隨記》、《麝塵集》，三書均應是首次刊行。《閨豔秦聲》得於天津，著者署名古高陽西山樵子，歌房幃帷燕昵之曲。據考證《閨豔秦聲》最初發表於一九二三年的《大公報》，但其完本見於一九三六年排印的《未刻珍本叢傳》。原作者姓單名阿蒙，文當成於乾隆後期或嘉慶年間。它是一篇由男性作者擬女性口氣來描寫女性情思的作品。我國古代創作這類「易性文學」的傳統源遠流長。《閨豔秦聲》則是古代「易性文學」中一篇饒有情趣的佳作。《塔西隨記》著者署名萍跡子，述曲巷狎邪之事。《塔西隨記》記載了磚塔胡同之西的口袋底、城隍庵、錢串胡同、三道柵欄、小院胡同、玉帶胡同等處的二十多家妓院。在清末光緒庚子以前，「塔西」可謂「北國花叢，鶯嬌燕媚，鬢影釵光」，「隨記」就是對這一帶妓院情況的隨筆記錄。《麝塵集》得來最奇，姚靈犀偶過揚州惜字形檔，見《鹽法志》一冊，將要投入火中處理，急忙攔下帶回，不料竟在書中翻出九頁詩稿，記姬侍怨誹之語，應是怨妾遺詩，倖存於世，遂命名為《麝塵集》，刊印面世，「使閱者知馮小青而外，別有一段傷心史」。姚靈犀在書前作弁言一篇云：「嗚呼。宇宙之間，文人眾矣，抑鬱不自得，乃寄情於豔聞瑣事，以翼其言之無罪，而聞之者好之之可傳也。然而傳不傳無定也。宇宙之間，好女子之淪為姬侍者亦眾矣，抑鬱不自得，乃形諸吟詠，以翼甚或聞於世也。然而聞不聞無定也。世間類此之文字，散佚摧燒者，曷可勝數。而此三者獲存，不可謂非幸事也。」

當年《未刻珍品叢傳》出版時有筆名「龍眠章六」在《風月畫報》為文推介，云：「姚君靈犀，天才卓越，冠絕朋儕，文章風雅，迴異恒流，以是三津各報，群爭聘為撰述，每一文出，茂雅縝密，細膩精緻，邀人驚羨，由來久矣。前者從事纂輯《采菲錄》，品蓮名作，美不勝收，而考風問俗，攸關文獻者實鉅，至麗句清詞，溢譽海內，讀者自有月旦，毋待僕多贅也。邇者於公餘之暇，有《珍品》之輯，洵為有文皆艷，無語不香，至其事之緣起，得之遇合，乃集《閨豔秦聲》、《塔西隨記》及《髩塵集》彙輯而成，卷首弁言，已詳敘之矣，有命名為三奇者，誰曰不可，若其校印之精雅，裝幀之斋璜，乃其餘事耳，爰贅數言，用為介紹。」

姚靈犀是一位博涉群籍，很有性格和獨有見地的人。來新夏說：「幾十年來，很少有人有文論及姚先生和他的著述。我則認為姚先生既非風流罪犯，亦非無行文人，而是一位社會史研究者，文獻、文物的收藏家，是一位獨具隻眼的學者。他是一個小人物，但他做了他認為應該做的事情。他承受了不該承受的苦難，即使他的著述中涉及『性』的問題，他也應被認為是性學研究者，至少應和張競生、劉達臨和李銀河等人相比論，給他的研究以應有的肯定。」而柯醫生也不無感慨地說：「近代名儒姚靈犀因著《采菲錄》，詳述纏足助性生活獲罪。西元一九四四年當金賽（美國性學研究開拓者）獲得企業捐助，專研性學時，姚靈犀因風流罪罰二百金破產，從此東西方性學研究進入消長分水嶺。」

今天我們重新點校他的著作，並重新出版它，我們覺得他在當時以無比的勇氣，開創很多的「第一」：他所編《采菲錄》，對有關纏足的史料可謂網羅殆盡，而且是前無古人；他所寫的《思無邪小記》，記錄有關性文化的資料一時罕有其匹；他的《瓶外卮言》對《金瓶梅》的詞語的辨析也獨一無二，而且稱得上是「開山之作」。

面對這樣的人物、這樣的著作，我們似乎不該再讓它湮沒不彰了。

# 民國奇人李晉（組紳）和他的回憶錄

第一次聽聞李組紳的大名是多年以前看曹聚仁的《聽濤室人物譚》一書，其中有一則〈我與李組紳老人〉，曹先生談到過李組紳很早就想寫回憶錄，曾找過他，要他來寫，談過幾次，他覺得這位老人有些囉唆，對於他這個賣稿為生的人，若要筆錄他的回憶錄頗為費時。因此他勸李老用錄音機錄了下來，等他來整理，但大概李老也不慣用錄音機，也不曾動手過，這事就這樣拖了下來。而這回憶錄後來由李老口述，由秦嶺雲筆錄而成，在香港的雜誌連載過，但從未結集出過書。

根據秦嶺雲、芝翁的資料，得知李組紳單名一個「晉」字，是浙江寧波人。他與著名的「小港李家」是同縣而不同村，同姓而非同宗，也就是說截然無干。他是天津大買辦葉星海的外甥，李徵五的姪兒。民國初年畢業於北洋大學（今天津大學），畢業後不從政而從商，從事和洋商有關的生意。一九一八年，出資與葉星海、李組才、曹汝霖、陸宗輿合夥創辦利濟貿易公司，是天津最早的外貿公司。寧波人善於經商，更加上他的個性，樂於結交，而資力又足以肆應一切，於是紮下良好的基礎。由於他中西學問，俱有根源，真知灼見，不同凡俗，又具有高度熱情，謀人以忠，出錢出力，稀鬆平常，甚至捨己耘人，亦所不顧。因此交遊益廣，除商界以外，舉凡當時的政界、新聞界、金融界的重要人士，都有深交。辛亥那年因緣際會他與黎元洪見面，等到後來黎元洪入京，李組紳以一個商人身份，跌蕩十丈京華中，周旋於達官顯要間，既非謀臣，亦非策士，但影響力卻不容小覷，有時甚至參與密勿。在袁世凱跋扈之時，把黎元洪玩於股掌之上，而當洪憲醞釀之際，黎元洪總算是一個大節無虧的人物，這其間的進退拿捏，李組紳給予他的建議獨多。民國十一年，黎元洪給吳佩孚攛掇著二次出山，當時內閣總理，黎元洪派顏惠慶代理，也是出於李組紳的獻計。後來顏惠慶因有小誤會，臨時變卦，表示不幹，黎元洪頓陷窘境，其間「月下追韓信」一幕，也是李組紳憑其三寸不爛之舌把顏惠慶說得回心轉意，免得黎元洪成了光桿總統。

在北洋人物中，黎元洪總算是廉潔自好的一位。據說他一生的積蓄約近六十萬元，資產項目，備載小冊，經常帶在身邊，即其如夫人黎本危亦難看到，卻給李組紳看過。黎元洪後來退隱津門後，頗事營運，將一半積蓄投入李組紳所辦的礦業中，推心置腹，有如家人。民國十七年六月，黎元洪在天津逝世，其時李組紳方在南方，聞訊傷感難禁，亟亟北行，匍匐致奠。黎夫人視如子姪，許以孝服成禮。據秦嶺雲說，李組紳在晚年與他談及此陳年往事，猶自傷感不置，而於穿白袍與紮白腰帶的殊遇，則引為生平榮幸。

李組紳後來成為華北礦業的巨擘，當時礦業界有「南劉北李」的稱謂，劉就是劉厚生，北票煤礦公司的董事長，他找來地質學家丁文江當總經理。翁文灝曾回憶道：「一九二一年，丁君就任北票煤礦公司之總經理，從事開發熱河大部分之煤礦。為專心致力於公司事務起見，丁文江堅辭地質調查所所長之職，並推薦我接所長。丁文江任北票煤礦總經理後，對於該礦之發展，細心規劃，兩年後每日產量竟達二千噸以上，想到當初的該礦的資本的規模，實在感嘆丁文江辦事能力之強。」而以資歷而言，李組紳在礦業界的盛名，可當得起「老行尊」而無愧，劉厚生比起他還稍後些。李組紳辦的是六河溝煤礦，煤質甚佳，適於煉焦，年產約五十萬噸。在其全盛時期，李組紳在漢口設一鐵廠，以煤煉鐵，俾盡其利。

民國八年南開改設大學，次年李組紳和嚴範孫、張伯苓商定，於南開大學文理商三科之外，另設礦科，學制與一般大學相同，惟在寒暑假中，師生下廠進礦，從事實習。一面又商得美國福特公司創辦人亨利・福特的同意，准由南開大學選派優秀的畢業生，前往該公司的屬下各廠礦學習，吸取最新技術，所有出國的手續及經費，均由礦科的董事會撥付。因為這礦科，在整個組織上，算是南開大學之獨立科系，除每年貼南開大學三萬元外，其他所需經費，完全獨立，另在校外設有董事會，綜綰其事，推翁文灝為董事長，而李組紳自居其副。辦了多年，成材頗眾，南開大學礦科為中國近代工礦業培養了早期英才，甚至包括中國近代物理學大師吳大猷，最初也曾就讀南開大學礦科。但當時中國礦業尚在萌芽時期，礦科學生出路不大，經費又由私人支持，故難以為繼，乃於民國十五年停辦，改設電工科，吳大猷才轉入物理系。

在北洋軍閥中，李組紳獨讚美馮玉祥一人。因為自從馮玉祥用了李組紳的建議而營救出羅文榦後，他對馮玉祥大有好感；再經過幾次率直諍言，也都為馮所接受，交情又深了一層。儘管馮之所為，如倒戈盜寶，反覆無常，為世詬罵；但據秦嶺雲說，如果有人在李組紳面前向他提到這些，就等於冒犯了他，他一定會為馮氏辯駁，非得讓他滔滔地說個暢快不會讓你走。只因為馮玉祥那股子陰沉險詖的德行，對李組紳卻是言聽計從，因此他對於馮之關切，操心計慮，周密懇摯。例如民國十四年初，奉張與馮之鬥爭已白熱化，馮向段祺瑞請開去本兼各職，出洋遊學，其意原是負氣拿翹，但段祺瑞卻以邊區防務來責成他，馮乃野心勃勃之人，對於邊區貧瘠之地，非意所愜。但李組紳對他說，西北雖苦，比在首善之區，處必爭之地，總強得多了。天高皇帝遠，關起門來，有什麼不好做的。偌大陝甘等省，別的不說，開爿銀行，應不是難事，果能走通此路，以後也就夠你招兵買馬了，總好過沒有地盤，受人排擠的好！楚漢相爭時，劉項相約，先入關者為王，今時雖非昔比，而天然形勝是不會走樣的。人傑地靈，處處可以發跡，何須揀精擇肥。況且吳佩孚方擬挾蕭耀南、孫傳芳以再起，萬一奉直聯手對付你，兩面受敵又怎麼辦？這番話，想得周到，說得透徹，馮玉祥的心竅也就給打開了。於是他接受任命，將部隊開向西北去。以後馮在西北設銀行，發行鈔票，又發行流通券，徵這徵那，鴉片煙土亦在搜刮之列，餉源較裕，實力自增，西北軍得以壯大起來，成為問鼎中原的資本。李組紳的一席話是起了些作用的。

馮玉祥和李組紳可說是稱兄道弟，但遇到十萬火急的要錢關子，什麼都不顧了，照樣是勒派徵賣的一套。當馮在五原誓師，鼓勇東近之際，六河溝煤礦便又受到一次大災難，所有存煤，統統被徵發變賣，移充軍費。後來李組紳向馮質問此事，馮初恧然；繼則諉稱係其部下時任運輸司令的許驤雲所為，他本人並不知情；終則羊入虎口，皮骨無存，撈不回半點分文。所以六河溝煤礦雖為李組紳一生心血之所注，但結果反成了累己累人，吃力而不討好。

又民國十六年八月間，孫傳芳擬乘機挽回已墮之勢力，勾結直魯軍南下，襲取南京，一時情勢險惡異常。馮玉祥將電報攤給眾人看，把手向桌角一擊，說：「局勢演變至此，咱沒法不暫時撤退。」大家面面相覷，李組紳卻說：「總司令，您得幹呀！如果直魯軍南下，你又西撤，北伐之舉豈不前功盡棄？還談什麼革命？」馮把手一攤道：「咱實力不過如此，你又不是不知道，獨木難支，怎能把孤注盲目地一擲？」李組紳說：「黃花崗之役，他們有多少人？難道說你今天的實力，還趕不上他們？你開口服從國民黨，閉口服膺國民革命，事到臨頭，還是一味保全實力！」馮給他這一激，也氣沖沖地反駁：「依你之見又當怎樣呢？你說！你說！」李組紳脫口說道：「直魯軍已成弩末，最多只是一股子蠻勁在前傻衝，諒他不會提防到這邊來，你如密令前方部隊，啣枚疾進，給他個冷不防攔腰截擊，豈不合了兵法所謂『出其不意攻其無備』了嗎？不然的話，你是退卻了，跑了，難道全部人馬還願意再跟著你去西北？」這些話說得相當正確，暗和兵法的攔腰猛擊，於是馮玉祥要他再說得具體一點，李組紳說：「就現勢來衡量，你可以叫石友三率部出大名，韓復榘部出河間，兩部同趨德州；一面再密令鹿鍾麟出歸德，兜頭迎擊。這麼一來，縱然起不了大作用，預料直魯軍的攻勢，可以給你吸住，至少也可減輕南京方面所受到的壓力了。」馮以嘲笑口吻說：「可是你這諸葛亮算漏了，咱一出動，你能肯定的說那張作霖不會附我之背？」李組紳毫不遲疑地答道：「你忘了呢？前兒個劉治洲不是被派去太原了麼？只須要他策動閻百川（錫山）的山西軍，出兵堅守石家庄，奉軍的兵力也就給絆住了。這一點，我相信閻錫山一定會同意的；相信在較短時間裡，也可以守得來。」馮又問：「那湖北的唐生智呢？你說會不會在後面搗咱們的蛋呢？」李組紳接著說：「直魯軍是彼此相同的敵人，饒他唐孟瀟也不至或不敢起我們的手的。為防他趁火打劫，不妨把現駐豫境信陽許昌一帶的靳雲鵬旅，和駐在豫東的龐炳勛所部對調一下，讓龐擋住唐生智，正是銖兩悉均，諒可無虞，靳原為吳佩孚舊部，調駐鄭州附近，雖不是馮系隊伍，也就不能不聽命於你了。」馮心中一想，果然是一盤好棋，便說：「甭說啦，咱這回就聽你的啦！」真的就把直魯軍在濟南及徐州東面，給牽制住了，無法南下援助孫傳芳。八月下旬，孫傳芳以五個師又三個混成旅兵力，在龍潭棲霞山一帶七次偷渡，終被革命軍一一予以擊滅，是為北伐史上有名的龍潭之役。

李組紳痛心於內憂外患之紛至迭乘，那些年間他積極投身於賑濟工作。由西北大旱災而成立的陝甘三省賑濟委員會，由漢口大水而成立的長江水災賑濟委員會，他均有參加；領導人雖為朱子橋（慶瀾）先生，而實際工作大半是由他在主持。及「九一八」事變發生，正值旱災粗了，水災續發之際，朱子橋以救東北為第一要務，馳往北平，組織義勇軍，於賑務自難兼顧；所遺事務，一股腦兒統交李組紳代理主持。李組紳在此數年中，拋棄本業，一心救人，邪寒盛暑，親歷災區，輾轉於礫石飛滂之間，與旱魃老蛟相搏鬥，自認為做了一件有意義的事。

「一二八」淞滬戰役發生，李組紳參加上海市臨時救濟會實地工作，對於搶救難民，至為積極。王一亭、聞蘭亭等推他向工部局日領事館交涉，開放外白渡橋，從天通庵附近各里弄，搶運出難民三千餘名，結果圓滿達成任務。許世英亦以沿蘇州河一帶與華界毘連，英國兵營把它封閉了，應請工部局向其交涉，從速開放，俾使對岸的難民，得以進入租界，以苟性命，這事也由李組紳去找工部局總辦鍾斯協商。最後達成協議暫行開放烏鎮橋，所有沿蘇州河對岸難民，准由該橋進入租界。至於在真如南翔一帶，設置收容所一事，則推由潘公展、陸京士負責辦理。

一九四九年後，他寓居香港，已屆高齡之年，生活殊蹙，但其心境豁然，從容不迫，豪情勝慨不減當年。據秦嶺雲說他豪飲健啖，甚少疾病，從未患過腸胃症，更未鬧過高血壓。一九六六年二月十二日，猶去沙田友人處吃炒麵，飽啖而歸。次日晨起，談笑晏如，偶需飲料，其夫人出房代取，回房時見已與世長辭了。為時之短，不足兩分鐘，未煩一醫，未服一劑，撒手人間，去得爽快，一如其人。

李組紳的回憶錄——《民國政壇見聞錄》寫了三十五篇，全書十六萬字。談到的人物均為民國初年政壇赫赫有名之士，如黎元洪、顏惠慶、顧維鈞、羅文榦、馮玉祥、王寵惠、鄭毓秀、孫莼齋、唐紹儀、袁世凱、曹汝霖、王正廷、錢新之、蔣介石、孔祥熙、張宗昌、朱子橋、許世英等等，所談之事更是整個民國，甚至北洋軍閥間的種種內幕，李組紳曾告訴秦嶺雲說：「我所談的一些往事，都是身歷其事、耳聞其聲的經過。雖年湮月遠，手頭又乏參考書，其間人名、時間容有記憶不清之處，但其真實性無可置疑。」這其中有許多卻從未經人道之談，其珍貴處也就在此。

掌故學家瞿兌之認為宋以後之正史，多是鈔錄些諛墓之文，一傳之中，照例是某某字某某，某處人，某科出身，歷官某職，幾乎成了一種公式，千篇一律，生氣全無。他大為感嘆地說，這樣的史還能算史嗎？他說：「我們讀《史記》、《漢書》，覺得史家敘述一個重要人物，每從一二小節上描寫，使其人之性情好尚甚至於聲音笑貌躍然紙上，即一代興亡大事亦往往從一件事故的發生前後經過著意敘述，使當時參加者之心理與事態之變化都能曲折傳出，而其所產生之結果自然使讀者領會於心。」從來歷史只是冠免堂皇的官書，必須參照野史，才能明瞭其真實底蘊。唯有如此，事情的曲折隱微，人的性情風格，才能知道多一點。因為許多為正史所不載的事件，常需藉助這些野史掌故瑣細零碎的資料來細加鈎稽，這些資料在很多情況下卻是構成重大事件的重要環節，因此它常可以疏通史傳記載之疑難，補正史書之不足。《民國政壇見聞錄》的意義也就在此。

Do歷史24　PC0400

# 重看民國人物
## ——從張愛玲到杜月笙

**作　　者**／蔡登山
**責任編輯**／黃大奎
**圖文排版**／連婕妘
**封面設計**／陳佩蓉

**出版策劃**／獨立作家
**發 行 人**／宋政坤
**法律顧問**／毛國樑　律師
**製作發行**／秀威資訊科技股份有限公司
地址：114 台北市內湖區瑞光路76巷65號1樓
電話：+886-2-2796-3638　傳真：+886-2-2796-1377
服務信箱：service@showwe.com.tw
**展售門市**／國家書店【松江門市】
地址：104 台北市中山區松江路209號1樓
電話：+886-2-2518-0207　傳真：+886-2-2518-0778
**網路訂購**／秀威網路書店：https://store.showwe.tw
國家網路書店：https://www.govbooks.com.tw

**出版日期**／2014年9月　BOD一版　**定價**／380元

|獨立|作家|
Independent Author
**寫自己的故事，唱自己的歌**

重看民國人物：從張愛玲到杜月笙 / 蔡登山著. --一版. --臺北市：獨立作家, 2014.09
面；　公分. -- (Do歷史；PC0400)
BOD版
ISBN　978-986-5729-33-2 (平裝)

1. 傳記　2. 作家　3. 中國

782.18　　103016499

國家圖書館出版品預行編目

# 讀者回函卡

感謝您購買本書，為提升服務品質，請填妥以下資料，將讀者回函卡直接寄回或傳真本公司，收到您的寶貴意見後，我們會收藏記錄及檢討，謝謝！

如您需要了解本公司最新出版書目、購書優惠或企劃活動，歡迎您上網查詢或下載相關資料：http:// www.showwe.com.tw

您購買的書名：________________________________

出生日期：________年________月________日

學歷：□高中（含）以下　□大專　□研究所（含）以上

職業：□製造業　□金融業　□資訊業　□軍警　□傳播業　□自由業

□服務業　□公務員　□教職　□學生　□家管　□其它_____

購書地點：□網路書店　□實體書店　□書展　□郵購　□贈閱　□其他

您從何得知本書的消息？

□網路書店　□實體書店　□網路搜尋　□電子報　□書訊　□雜誌

□傳播媒體　□親友推薦　□網站推薦　□部落格　□其他__________

您對本書的評價：（請填代號　1.非常滿意　2.滿意　3.尚可　4.再改進）

封面設計____　版面編排____　內容____　文／譯筆____　價格____

讀完書後您覺得：

□很有收穫　□有收穫　□收穫不多　□沒收穫

對我們的建議：________________________________

________________________________

________________________________

________________________________

請貼
郵票

11466
台北市內湖區瑞光路 76 巷 65 號 1 樓

**獨立作家讀者服務部** 收

（請沿線對折寄回，謝謝！）

姓　　名：＿＿＿＿＿＿＿＿　年齡：＿＿＿＿　性別：□女　□男

郵遞區號：□□□□□

地　　址：＿＿＿＿＿＿＿＿＿＿＿＿＿＿＿＿＿＿＿＿＿＿＿＿

聯絡電話：(日)＿＿＿＿＿＿＿＿＿＿(夜)＿＿＿＿＿＿＿＿＿＿

E-mail：＿＿＿＿＿＿＿＿＿＿＿＿＿＿＿＿＿＿＿＿＿＿＿＿